1주차

주간학습계획표

한 주간의 계획을 먼저 세워 보세요. 매일 학습을 마친 후 맞힌 문제의 개수를 쓰세요!

회차	영역	학습 내용	학습계획일	맞은 문제수
01회	속담	**뛰는 놈 위에 나는 놈 있다** 자신이 정말 뛰어나다고 생각할지라도 주변을 찾아보면 그보다 더 뛰어난 사람이 있기 마련입니다. 그럴 때 '뛰는 놈 위에 나는 놈 있다'라는 표현을 씁니다. 즉, 이 말은 '어떤 한 분야에서 뛰어난 사람이라도 그보다 훨씬 더 뛰어난 사람이 있다는 것을 알고 자만하지 말라'는 의미입니다.	월 일	독 해 5문제 중 ☐ 개 어법·어휘 7문제 중 ☐ 개
02회	관용어	**눈살을 찌푸리다** 어떤 일이 마음에 들지 않으면 표정이 일그러집니다. 그럴 때 '눈살을 찌푸리다'라는 표현을 씁니다. 즉, 이 말은 '무언가 못마땅해 눈 사이를 찡그리게 된다'라는 의미입니다.	월 일	독 해 5문제 중 ☐ 개 어법·어휘 6문제 중 ☐ 개
03회	사자성어	**백전백승(百戰百勝)** 어느 전쟁에서든 지지 않는 장군이 있다면 그 장군은 역사적으로 길이길이 기억될 것입니다. 그럴 때 '백전백승(百戰百勝)'이라는 표현을 쓴답니다. 즉, '백 번 싸우면 백 번 모두 이긴다'는 의미로 천하무적 이라는 뜻입니다.	월 일	독 해 6문제 중 ☐ 개 어법·어휘 7문제 중 ☐ 개
04회	속담	**하룻강아지 범 무서운 줄 모른다** 방금 태어난 강아지가 호랑이 무서운 줄 모르고 덤비면 정말 우스워 보이겠죠? 그럴 때 '하룻강아지 범 무서운 줄 모른다'는 표현을 쓴답니다. 즉, '겁 없이 무모하게 행동한다'는 뜻입니다.	월 일	독 해 6문제 중 ☐ 개 어법·어휘 7문제 중 ☐ 개
05회	관용어	**낯이 두껍다** '낯'은 눈, 코, 입이 있는 얼굴의 앞면을 말합니다. 만약 이 낯이 아주 두껍다면, 부끄러운 짓을 하고도 아주 태연하게 표정 하나 변하지 않을지도 모릅니다. '낯이 두껍다'는 말은 이처럼 '아주 뻔뻔하다'는 뜻입니다.	월 일	독 해 6문제 중 ☐ 개 어법·어휘 5문제 중 ☐ 개

뛰는 놈 위에 나는 놈 있다*

자신이 정말 뛰어나다고 생각할지라도 주변을 찾아보면 그보다 더 뛰어난 사람이 있기 마련입니다. 그럴 때 '뛰는 놈 위에 나는 놈 있다'라는 표현을 씁니다. 즉, 이 말은 '어떤 한 분야에서 뛰어난 사람이라도 그보다 훨씬 더 뛰어난 사람이 있다는 것을 알고 자만하지 말라'는 의미입니다.

공부한 날 [ ]월 [ ]일 시작 시간 [ ]시 [ ]분

>>> QR코드를 찍으면 지문 읽기를 들을 수 있어요
3단계 01회

먼 옛날의 일입니다. 어느 날 옥황상제가 **지상**❶의 동물들을 모아 말했습니다.

"새해 첫날 달리기 대회를 열겠다. 가장 먼저 하늘 문에 도착하는 열두 동물은 신이 되어 땅을 지키게 될 것이다."

땅에서 하늘 문까지 가는 길은 **아득했습니다**❷. 하지만 소는 자신만만했습니다. 먼 거리를 달리는 데에는 큰 힘과 지치지 않는 끈기가 필요했기 때문이었습니다. 소는 그 부분만큼은 그 누구보다 자신 있었습니다.

달리기 대회 **당일**❸, 소는 **전력**❹을 다해서 뛰었습니다. 시간이 지날수록 소와 다른 동물들의 차이는 점점 더 벌어졌습니다. 그리고 마침내 하늘 문이 보이기 시작했습니다. 그러나 소가 마지막 힘을 다해 땅을 박차는 순간, 소의 눈앞에 자그마한 무언가가 튀어나왔습니다. 소의 등에 몰래 숨어있던 쥐였습니다.

조금도 지치지 않았던 쥐는 그대로 하늘 문까지 달렸습니다. 결국 소는 쥐에 밀려 2등이 될 수밖에 없었습니다. 옥황상제는 지쳐 헐떡이는 소를 보고 말했습니다.

"㉠**뛰는 놈 위에 나는 놈 있는 법***이지. 힘과 끈기만으로는 지혜를 당해내지 못하는구나."

그렇게 해서 쥐는 열두 마리의 동물 중 첫 번째가 될 수 있었습니다.

그 후, 옥황상제의 신하가 된 쥐, 소, 호랑이, 토끼, 용, 뱀, 말, 양, 원숭이, 닭, 개, 돼지는 '십이지신(十二支神)'이라 불리며 땅을 지키게 되었습니다.

– 우리나라 설화

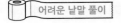 **어려운 낱말 풀이**

❶ **지상** 땅 위 地땅 지 上위 상　❷ **아득했습니다** 보이는 것이 매우 희미하고 멀었습니다

❸ **당일** 어떤 일이 있는 바로 그날 當당할 당 日날 일　❹ **전력** 온 힘 全모두 전 力힘 력

1 다음 중 이 이야기에 대한 설명으로 알맞지 <u>않은</u> 것을 골라 보세요. ------------ [　　]

① 쥐는 소를 처음부터 앞질렀다.

② 십이지신의 탄생에 대한 이야기다.

③ 쥐는 달리기 대회에서 1등을 했다.

④ 쥐와 소는 신이 되어 땅을 지키게 되었다.

⑤ 땅에서 하늘 문까지 가는 거리는 멀었다.

2 옥황상제가 밑줄 친 ㉠과 같이 말한 까닭을 짐작하여 빈칸을 채워 보세요.

소는 큰 ☐ 과 지치지 않는 ☐☐ 를 지니고 있었지만, ☐☐ 로운

쥐의 꾀에 당해 2등으로 밀려나고 말았기 때문입니다.

3 다음은 '뛰는 놈 위에 나는 놈 있다'의 뜻을 짐작하는 과정입니다. 빈칸을 알맞게 채워 보세요.

내용	- 소는 달리기 대회를 앞두고 ☐☐☐☐ 했다. 달리기 대회에서 우승하기 위한 능력을 두루 갖추고 있었기 때문이다. - 그러나 소는 2등을 하고 말았다. ☐ 의 꾀에 당했기 때문이다.
정리	소는 달리기에 무척 뛰어난 능력이 있었지만, 그보다 앞선 동물이 있었다. 이를 두고 옥황상제는 '뛰는 놈 위에 나는 놈 있다'라고 표현했다.
결론	**'뛰는 놈 위에 나는 놈 있다'**는 아무리 재주가 뛰어난 사람이라도 그보다 ☐ 잘난 사람이 있기 마련이라는 뜻이다.

'십이지신'은 우리나라에만 있지 않습니다. 중국에도 '십이지신'이 있습니다. 중국의 '십이지신'을 이루는 동물은 우리나라와 같습니다.

일본이나 인도, 베트남, 태국 같은 나라에도 '십이지신'이라 불리는 열두 동물이 있습니다. 그런데 이들 나라의 문화나 환경, 그리고 그 나라에 서식하는 동물들의 종류가 다르기 때문에 '십이지신'을 이루는 동물이 우리나라의 '십이지신'과 조금 다릅니다.

우리나라와 가까운 나라인 일본에서는 '십이지신'의 마지막 동물 자리에 '돼지' 대신 '멧돼지'를 두고 있습니다. 옛날 일본에서는 돼지를 키우거나 잡아먹지 않았기 때문에 돼지가 드물었다고 합니다. 그래서 산에서 자주 볼 수 있었던 멧돼지를 '십이지신'에 포함시켰던 것으로 추측됩니다.

인도에서는 호랑이 대신 사자, 닭 대신 공작새, 그리고 용 대신 '나가'라는 신비의 동물을 '십이지신'에 포함시키고 있습니다. '나가'는 인도 신화에서 보물을 지키는 뱀으로, 무척 강한 힘을 가졌다고 전해집니다.

베트남에서는 물소가 소 대신 두 번째 동물에 자리합니다. 그리고 태국에서는 토끼 대신에 고양이를, 돼지 대신에 코끼리를 '십이지신' 동물에 포함시키고 있습니다.

↑ 왓 시사켓 사원에 있는 나가 모양의 조형물

4 다음 동물들은 어느 나라의 '십이지신'에 포함되어 있는지 선으로 알맞게 이어 보세요.

공작새	•		•	인도
멧돼지	•		•	태국
고양이	•		•	일본

5 본문의 '십이지신' 달리기 경주 이야기를 베트남의 '십이지신' 이야기로 바꿔 보았을 때, 빈칸에 들어갈 동물로 알맞은 것을 골라 보세요. ──────────────── [   ]

[   ]는 처음부터 1등으로 달렸습니다. 그런데 결승점 앞에서 갑자기 자그마한 무엇인가가 나타났습니다. [   ]의 등 뒤에 숨어 있던 쥐였습니다. 조금도 지치지 않았던 쥐는 결승점까지 달렸고 1등을 했습니다. 그 모습을 본 옥황상제가 말했습니다.

"뛰는 놈 위에 나는 놈 있는 법이지. 힘과 끈기만으로는 지혜를 당해 내지 못하는구나."

① 사자   ② 공작새   ③ 고양이   ④ 코끼리   ⑤ 물소

1 단계 다음 뜻에 알맞은 낱말을 [보기]에서 찾아 써 보세요.

[보기]　　　　전력　　　지상

[1] **온 힘**을 다해도 꿈쩍하지 않는다. → ☐☐

[2] **땅 위**의 모든 동물들 → ☐☐

2 단계 서로 같은 뜻이 되도록 선으로 이어 보세요.

[1] 대회 당일 •　　　　　• 대회 하루 전

[2] 대회 전날 •　　　　　• 대회가 있는 날

[3] 대회 이튿날 •　　　　　• 대회 다음날

3 단계 주어진 낱말의 뜻을 참고하여 빈칸에 들어갈 알맞은 낱말을 써서 문장을 완성해 보세요.

[1] 희철이는 달리기 시합에서 승리하는 데에 ☐☐☐☐ 했다.

　　　→ 매우 자신이 있음

[2] 우리 반은 줄다리기 시합에서 ☐☐ 있게 버텨 우승을 했다.

　　　→ 쉽게 그만두지 않고 끈질기게 버티는 기운

시간 끝난 시간 ☐ 시 ☐ 분

1회분 푸는 데 걸린 시간 ☐ 분

채점 **독해** 5문제 중 ☐ 개

어법·어휘 7문제 중 ☐ 개

02회

관용어 둘 이상의 낱말이 오래전부터 함께 쓰이면서 본래의 뜻과 다른 뜻을 지니게 된 표현

눈살을 찌푸리다*

어떤 일이 마음에 들지 않으면 표정이 일그러집니다. 그럴 때 '눈살을 찌푸리다'라는 표현을 씁니다. 즉, 이 말은 '무언가 못마땅해 눈 사이를 찡그리다'라는 의미입니다.

>>> QR코드를 찍으면
지문 읽기를 들을 수 있어요

3단계 02회

공부한 날 [ ] 월 [ ] 일   시작 시간 [ ] 시 [ ] 분

먼 옛날 중국에 한신이라는 사람이 살았습니다. 한신은 가난했지만 큰 뜻을 품고 있었습니다. 그러나 마을 사람들은 여기저기 밥을 얻어먹고 다니는 한신을 **못마땅하게** 여겼습니다.

그러던 어느 날, 한신이 길을 가는데 한 사내가 길을 막아서며 말했습니다.

"너는 늘 칼을 차고 다니지만, 칼을 쓸 용기는 없는 겁쟁이가 아니더냐? 자, 네게 용기가 있다면 그 칼로 나를 찔러 보아라. 그렇지 않으면 내 **가랑이** 사이로 지나가야 할 것이다!"

한신은 잠시 물끄러미 그 사내를 바라보더니, 이내 무릎을 꿇고 사내의 가랑이 사이를 기어서 지나가기 시작했습니다. 그 모습을 지켜보던 사람들은 **눈살을 찌푸리며*** 말했습니다.

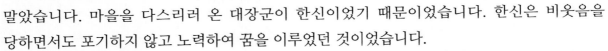

"저 자는 자존심도 없단 말인가? 정말 한심하기 짝이 없군!"

그로부터 몇 년 뒤, 마을 사람들은 새로운 대장군이 마을을 다스리게 되었다는 소식을 듣게 되었습니다. 마을 사람들은 새로운 대장군을 맞이하러 갔다 깜짝 놀라고 말았습니다. 마을을 다스리러 온 대장군이 한신이었기 때문이었습니다. 한신은 비웃음을 당하면서도 포기하지 않고 노력하여 꿈을 이루었던 것이었습니다.

한신을 무시하고 괴롭혔던 마을 사람들은 벌벌 떨었습니다. 한신이 복수할 것이라 생각했기 때문이었습니다. 옛날에 길을 막아섰던 사내는 너무 무서웠던 나머지 한신에게 용서를 빌러 찾아갔습니다.

"그때 감히 몰라 뵙고 칼을 쓸 용기도 없는 겁쟁이라 하는 실수를 저질렀습니다. 부디 용서해 주십시오!"

"내가 어찌 칼을 쓸 용기도 없이 칼을 차고 다녔겠나? 다만 그때 그대를 찔러 죽였다면 나는 살인범이 되었을 것이고, 그렇게 되면 내가 품은 꿈은 **영영** 이룰 수 없기에 참기로 했던 것뿐이다. 그때의 치욕을 참아 내어 지금의 내가 있는 것이 아니겠는가?"

한신은 그렇게 말하며 자신을 괴롭혔던 사람들을 모두 용서해 주었습니다. 또 도움을 주었던 이들에게는 큰돈을 주어 은혜를 갚으니, 한신을 무시했던 사람들은 과거를 후회하며 부끄러워할 수밖에 없었습니다.

– 「초한지」 중

1 다음 중 이 이야기에 대한 설명으로 알맞지 <u>않은</u> 것을 골라 보세요. ------------------- [   ]

① 이야기의 중심인물은 '한신'이다.

② 한신은 결국 꿈을 이뤄 대장군이 되었다.

③ 한신은 가난해서 여기저기 밥을 얻어먹으러 다녔다.

④ 한신은 칼을 쓸 용기가 없어 칼을 차고 다니지 않았다.

⑤ 마을 사람들은 한신이 대장군이 되자 복수를 당할까 걱정했다.

2 한신이 길을 막아선 사내의 가랑이 사이로 지나간 일에 대한 마을 사람들의 생각과 한신의 생각을 각각 써 보세요.

마을 사람들의 생각	한신은 칼을 쓸 용기가 없는 겁쟁이에 ☐☐☐ 도 없어 가랑이 밑을 기는 치욕을 참을 수밖에 없었을 것이다.
한신의 생각	만약 사내를 칼로 찌르면 살인범이 될 것이고, 그렇게 되면 ☐ 을 영영 이룰 수 없을 테니 치욕을 참아야겠다.

3 다음은 '눈살을 찌푸리다'의 뜻을 짐작하는 과정입니다. 빈칸을 알맞게 채워 보세요.

내용	한신이 길을 막아선 사내의 ☐☐☐ 사이를 지나가자, 마을 사람들은 한신이 자존심도 없는 사람이라 생각하며 한심하기 짝이 없다고 말했다.
정리	평소부터 한신을 못마땅하게 여기던 마을 사람들이었는데, 자존심도 없이 가랑이 사이를 지나가는 모습을 보자 한신이 더욱 못마땅했을 것이다.
결론	'눈살을 찌푸리다'는 무언가가 ☐☐☐ 해 눈 사이를 찡그릴 때 쓰는 말이겠구나.

어려운 낱말 풀이 | ❶ 못마땅하게 마음에 들지 않아 좋지 않게 ❷ 가랑이 허리에서 두 다리가 갈라지는 부분
❸ 영영 영원히 언제까지나 永오랠 영 永오랠 영

[4~5] 다음 글을 읽고, 문제를 풀어 보세요.

먼 옛날 어느 나라에 공주님이 살았습니다. 공주님은 황금 공을 연못에 빠트리고 말았습니다. 공주가 엉엉 울고 있자, 연못에 사는 개구리가 나와 말했습니다.

"공주님, 제가 황금 공을 찾아 드릴 테니 제 소원을 하나 들어주시겠어요?"

개구리가 황금공을 찾아오자 공주는 개구리의 소원을 들어주기로 했습니다.

"제 소원은 공주님과 입맞춤을 하는 것입니다."

공주는 ㉠눈살을 찌푸렸습니다. 징그러운 개구리와 입을 맞추는 건 상상도 하기 싫었습니다. 공주는 아버지에게 사정을 말했지만, 왕은 오히려 공주를 혼냈습니다.

"약속을 했으면 반드시 지켜야 한다. 당장 개구리의 소원을 들어주거라!"

공주는 화가 났습니다. 그래서 입을 맞추러 온 개구리를 벽에 던져 버렸습니다. 그러자, 벽에 부딪힌 개구리가 연기와 함께 왕자로 변해 버렸습니다.

"공주님, 사실 저는 왕자인데 저주를 받아 개구리가 되었던 것뿐이랍니다."

공주는 하찮고 징그럽다고 생각한 개구리가 멋진 왕자가 되자 깜짝 놀랐습니다. 그리고 약속을 지키지 않은 것이 부끄러워 고개를 숙이고 말았습니다.

– 그림 형제, 「개구리 왕자」

---

4 공주가 밑줄 친 ㉠처럼 행동한 까닭을 알맞게 설명한 친구에 ○표를 해 보세요.

정복: 공주는 개구리에게 약속을 지켜야 하는데, 그 방법을 알 수 없어 난감해하고 있군.	재윤: 공주는 개구리를 징그럽다고 생각하고 있는데, 입맞춤을 하자고 하니 기분이 나쁘고 못마땅한 모양이군.
[　　　]	[　　　]

5 위 이야기를 읽고 정리한 내용에서 바르지 <u>않은</u> 내용을 골라 보세요. .... [　　　]

- **공주**: 황금 공을 찾아 오겠다는 ①개구리의 소원을 들어주기로 약속을 했다. 개구리와의 약속을 지키지 않으려고 했지만, 왕의 호통을 듣고 ②결국 약속을 지켰다.
- **개구리**: 원래 왕자이지만, 저주를 받아 개구리가 되었다. ③공주에게 소원으로 입맞춤을 해 달라고 했다.
- **왕**: 공주의 아버지로, ④약속을 중요하게 여긴다.

02회 | 어법·어휘편

1단계 다음 그림에서 '가랑이' 부분에 ○표를 해 보세요.

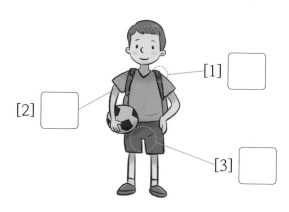

[1] ☐
[2] ☐
[3] ☐

2단계 다음 중 밑줄 친 '영영'의 쓰임이 <u>어색한</u> 것을 찾아 ○표를 해 보세요.

[1] 나는 그렇게 부모님을 **영영** 떠나보내야 했다. ⸻⸻⸻ [   ]

[2] 금방 다시 올 테니까 여기서 **영영** 기다리고 있어. ⸻⸻⸻ [   ]

[3] 지금 하지 않으면 **영영** 꿈을 이룰 기회를 놓쳐 버릴 거야. ⸻⸻ [   ]

3단계 다음의 열쇠를 보고 아래의 십자말풀이를 풀어 보세요.

		[2]
	[1]	
[2]		

가로 열쇠

[1] 본문에서 가난했지만 큰 꿈을 품어 대장군이 된 인물.
    한나라 건국에 큰 공을 세웠다.

[2] 사물의 가운데, 또는 가장 중요하고 기본이 되는 부분

세로 열쇠

[1] 지나치게 모자란 사람을 보고 느끼는 딱하고 기막힌
    감정. ☐ ☐ 하다.

[2] 바로 그 사람. 또는 어떤 일을 해낼 수 있다고 스스로
    굳게 믿음. ☐ ☐ 있다.

시간 끝난 시간 ☐시 ☐분   채점 독해 5문제 중 ☐개

1회분 푸는 데 걸린 시간 ☐분   어법·어휘 6문제 중 ☐개

사자성어
어떤 일에 대한 교훈이나 일어난 까닭을 한자 네 자로 표현한 말

백전백승(百 戰 百 勝)*
일백 **백**   싸움 **전**   일백 **백**   이길 **승**

어느 전쟁에서든 지지 않는 장군이 있다면 그 장군은 역사적으로 길이길이 기억될 것입니다. 그럴 때 '백전백승(百戰百勝)'이라는 표현을 쓴답니다. 즉, '백 번 싸우면 백 번 모두 이긴다'는 의미로 천하무적이라는 뜻입니다.

공부한 날 ☐ 월 ☐ 일 시작 시간 ☐ 시 ☐ 분

>>> QR코드를 찍으면 지문 읽기를 들을 수 있어요

3단계 03회

　　고구려는 그 어떤 나라의 **침략**①도 이겨 냈습니다. 고구려에는 **백전백승***의 위대한 양만춘 장군이 있었기 때문입니다.

　　중국의 당나라가 고구려에 쳐들어왔을 때 양만춘 장군은 안시성을 지키고 있었습니다. 이십만 명이나 되는 군사들이 안시성을 둘러쌌습니다. 그러나 양만춘 장군은 전혀 기죽지 않고 외쳤습니다.

　　"고구려는 당나라에 지지 않는다!"

　　안시성을 둘러싼 당나라와의 전투에서 양만춘 장군은 **백전백승***이었습니다. 당나라 군대는 보통의 방법으로는 양만춘 장군이 지키는 안시성의 방어를 뚫어 낼 수 없었습니다. 당나라의 왕은 고민 끝에 말했습니다.

　　"양만춘 장군의 방어가 그렇게 탄탄하다면, 안시성보다 높은 흙산을 쌓아라. 그러면 쉽게 안시성 안으로 들어갈 수 있을 것이다."

　　마침내 안시성보다 높은 흙산이 완성되었습니다. 그러나 양만춘 장군은 군사를 이끌고 나가 흙산을 **점령**②했습니다. 안시성 전투에서 이길 마지막 방법이었던 흙산이 점령당하자 결국 당나라는 패배를 인정했습니다.

　　"정말 대단한 사람이다. 적이지만 존경하지 않을 수 없군. 존경의 표시를 남기고 가야겠어."

　　당나라의 왕은 **백전백승***의 위대한 양만춘 장군에게 존경의 표시로 비단 백 **필**③을 남기고 갔습니다. 이후 당나라의 왕은 절대 고구려로는 쳐들어가지 말라는 말을 **유언**④으로 남겼다고 합니다.

　　　　　　　　– 역사 속 인물 이야기

⬆ 안시성 전투 민족기록화(전쟁기념관)

어려운 낱말 풀이

❶ **침략** 다른 나라에 쳐들어가 땅을 빼앗는 것 侵침노할 침 掠침략할 략
❷ **점령** 군대가 어떤 곳을 빼앗아 차지하는 것 占점령할 점 領거느릴 령
❸ **필** 정해진 길이로 말아 놓은 천을 세는 말 疋필 필　❹ **유언** 죽기 전에 남기는 말 遺끼칠 유 言말씀 언

1 이 이야기가 신문 기사로 실렸을 때, 제목으로 가장 알맞은 것을 골라 보세요. ···· [　　　]

　① 결국 무너져 버린 안시성

　② 당나라의 놀라운 작전이 성공하다!

　③ 절대 지지 않는 고구려의 장군 양만춘

　④ 높은 흙산을 쌓아라! 당나라가 승리한 까닭

　⑤ 내 죽음을 알리지 마라 – 양만춘 장군의 유언

2 이야기의 내용으로 알맞은 것에 〇표를 해 보세요.

[1] 당나라 군대를 본 양만춘 장군은 겁을 먹었습니다. ─────────── [　　　]

[2] 양만춘 장군은 안시성을 지켜 냈습니다. ─────────── [　　　]

[3] 당나라 군대는 쌀 백 가마를 남기고 돌아갔습니다. ─────────── [　　　]

3 다음 한자 뜻을 참고하여, '백전백승'의 뜻풀이를 완성해 보세요.

百		戰		百		勝	
뜻	음	뜻	음	뜻	음	뜻	음
일백	백	싸울	전	일백	백	이길	승

'백전백승'은 '　　　 번을 싸워서 　　　 번 다 이겼다'라는 말입니다. 싸울 때마다 다 이겼다는

뜻으로 쓰입니다.

[4~6] 다음 이야기를 읽고, 문제를 풀어 보세요.

> 옛날에 홍길동이라는 사람이 살았습니다. 홍길동은 어릴 적부터 재주가 매우 뛰어났습니다. 뿐만 아니라 매우 정의로운 사람이었습니다. 그래서 그는 산에 있는 도둑들을 찾아가 자신의 뛰어난 능력을 보여 주며 더 이상 나쁜 일을 하지 말라고 타일렀습니다. 그리고 자신과 함께 정의로운 일을 하자고 제안했습니다. 홍길동은 그렇게 도둑들과 '활빈당'이라는 조직을 만들었습니다. 그러고는 백성들을 괴롭히는 마음씨 나쁜 관리들의 재산을 빼앗아 가난한 백성들에게 나누어 주었습니다. 나라에서는 홍길동을 체포하려 했지만 ㉠어느 누구도 홍길동을 이기지 못했습니다. 홍길동을 잡기 위해 나라의 병사들은 홍길동과 수없이 싸웠지만 홍길동은 그야말로 ㉡천하무적이었습니다.
>
> – 고전 소설 「홍길동전」 중

4 홍길동이 도둑들과 함께 만든 조직의 이름을 써 보세요.

→ ☐☐☐

5 밑줄 친 ㉠과 뜻이 같은 말을 골라 보세요. ⋯⋯⋯⋯⋯⋯⋯⋯⋯⋯⋯⋯ [　　]

① 꽤　　　　　② 제법　　　　　③ 아무도

④ 아무쪼록　　　⑤ 아무렇게나

6 '㉡천하무적'에 대해 바르게 말하는 친구에 ○표를 해 보세요.

승희: 홍길동은 마음씨가 착해서 어떤 사람도 적으로 두지 않고 용서해 주는 백전백승의 사람이었어. 그래서 천하무적이라는 거지.	도영: 홍길동은 재주가 뛰어나서 절대로 진 적이 없어. 백 번 싸워 백 번 이기는 백전백승의 사람인 거야. 그래서 홍길동은 천하무적이지.
[　　]	[　　]

03회 어법·어휘편

1단계 다음 그림에 알맞은 낱말을 [보기]에서 찾아 써 보세요.

[보기]   방어   공격

[1] ☐☐   [2] ☐☐

2단계 다음 문장에 알맞은 낱말을 [보기]에서 찾아 써 보세요.

[보기]   침략   점령   제안

[1] 그 사람은 아주 좋은 작전을 ☐☐ 했습니다.

[2] 전쟁에서는 높은 곳을 ☐☐ 하는 것이 중요합니다.

[3] 양만춘 장군은 당나라의 ☐☐ 을 막아 냈습니다.

3단계 빈칸에 들어갈 알맞은 말을 [보기]에서 찾아 써 보세요.

[보기] **유언**(遺끼치다 유 言말씀 언): 죽기 전에 남기는 말
　　　　충언(忠충성 충 言말씀 언): 충고하는 바른 말

[1] 올바른 신하는 임금에게 ☐☐ 을 하였다.

[2] 할아버지의 ☐☐ 은 가족들끼리 화목하게 지내라는 것이었습니다.

시간 끝난 시간 ☐시 ☐분
1회분 푸는 데 걸린 시간 ☐분

채점 독해 6문제 중 ☐개
 어법·어휘 7문제 중 ☐개

04회 하룻강아지 범 무서운 줄 모른다*

방금 태어난 강아지가 호랑이 무서운 줄 모르고 덤비면 정말 우스워 보이겠죠? 그럴 때 '하룻강아지 범 무서운 줄 모른다'는 표현을 쓴답니다. 즉, '겁 없이 무모하게 행동한다'는 뜻입니다.

공부한 날 ☐ 월 ☐ 일 시작 시간 ☐ 시 ☐ 분

>>> QR코드를 찍으면
지문 읽기를 들을 수 있어요   1단계 04회

   늑대와 사자가 숲에 살고 있었습니다. 사자는 강하고 덩치가 매우 컸기 때문에, 숲속에 사는 동물들은 모두 사자를 무서워했습니다. 늑대 역시 **마찬가지❶**였습니다.

   그러던 어느 날 저녁, 늑대는 아무도 없는 숲을 혼자서 어슬렁거리고 있었습니다. 노을 진 하늘은 주황색으로 물들고 그림자는 길게 늘어졌습니다. 자신의 길어진 그림자를 본 늑대는 자기 덩치가 커졌다고 믿게 되었습니다. 자신의 힘을 **과신❷**한 늑대는 숲을 향해 큰소리로 외쳤습니다.

   "이제 사자 같은 건 하나도 안 무서워! 어디 한번 나와 보시지? 덩치만 큰 고양이 주제에!"

   그때, 근처에서 듣고 있던 사자가 늑대의 앞에 나타났습니다.

   "**하룻강아지❸ 범 무서운 줄 모른다***더니, 감히 누구 앞에서 함부로 말을 하느냐?"

   그제야 늑대는 자신이 착각했음을 깨달았습니다. 직접 사자의 모습을 보니 사자의 덩치는 어마어마했습니다. 늑대는 사자 앞에서는 그야말로 호랑이 앞에 갓 태어난 강아지였던 것입니다.

   거대한 덩치의 사자가 **호통❹**을 치자 늑대는 그만 찔끔 눈물이 나고 말았습니다. 사자에게 크게 혼이 난 늑대는 다시는 함부로 행동하지 않았습니다.

   – 이솝 우화

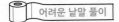 어려운 낱말 풀이

❶ **마찬가지** 물건이나 상황이 서로 같음
❷ **과신** 지나치게 믿음 過지날 과 信믿을 신
❸ **하룻강아지** 한 살짜리 강아지
❹ **호통** 화가 나서 크게 소리 지르거나 꾸짖음. 또는 그 소리

1 늑대가 사자를 무섭지 않다고 생각한 까닭을 짐작하여 빈칸에 들어갈 알맞은 말을 써 보세요.

해가 저물고 있었기 때문에 늑대의 ☐☐☐ 가 길게 늘어졌고, 따라서

늑대는 자신의 ☐☐ 가 커졌다고 착각했기 때문입니다.

2 이 이야기에서 '하룻강아지가 범 무서운 줄 모른다'와 연결 지을 수 있는 내용을 각각 선으로 이어 보세요.

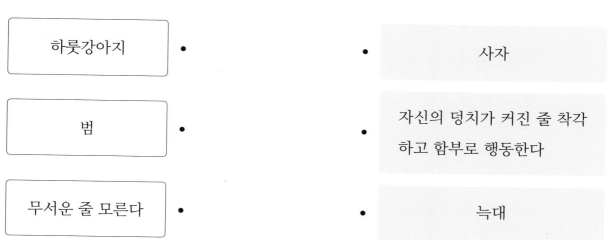

하룻강아지	•		•	사자
범	•		•	자신의 덩치가 커진 줄 착각하고 함부로 행동한다
무서운 줄 모른다	•		•	늑대

3 다음 중 '하룻강아지 범 무서운 줄 모른다'를 알맞게 사용한 친구에 ○표를 해 보세요.

> 은수: **하룻강아지 범 무서운 줄 모른다**더니, 어제 전학 온 영수가 우리 반에서 팔씨름을 제일 잘하는 진희에게 시합을 하자고 했어.

[   ]

> 혜지: 질 것 같았던 이어달리기 경주에서 우리 반이 일등을 했어. **하룻강아지 범 무서운 줄 모른다**더니, 해 봐야 아는 건가 봐.

[   ]

다음 이야기를 읽고, 문제를 풀어 보세요.

> 자신이 힘세고 용감하다고 생각하는 사마귀가 있었습니다. 그 사마귀는 자신의 앞다리가 세상에서 가장 강하다고 믿었습니다. 그래서 사마귀는 벌이나 나비 같은 곤충들은 물론, 눈에 띄는 모든 것에 싸움을 걸었습니다.
>
> 그러던 어느 날, 임금님의 수레가 숲속을 지나가고 있었습니다. 사마귀는 거대한 수레를 보고도 겁먹지 않고 그 앞에 뛰어들었습니다. 그러고는 앞다리를 높이 치켜들고 길을 막아섰습니다.
>
> "내 허락 없이는 이 길을 지나갈 수 없다!"
>
> 그러나 임금님의 수레는 너무 컸기 때문에 사마귀의 힘으로는 막을 수 없었습니다. 결국 수레는 사마귀를 보지 못한 채 지나쳐 가고 말았습니다. 이렇게 무모한 사마귀의 모습에서 '당랑거철(螳螂拒轍)'이라는 고사성어가 비롯되었습니다. 이 고사성어는 자기보다 훨씬 강한 상대에게 덤벼드는 사마귀의 무모한 모습을 표현하고 있습니다. 이 고사성어는 꼭 '☐☐☐☐☐☐ 무서운 줄 모른다'는 속담을 떠올리게 합니다.

4 다음 중 위 이야기의 내용으로 옳은 것을 골라 보세요. ┈┈┈┈┈┈┈┈ [　　　]

① 사마귀는 자기보다 큰 수레를 이길 수 있을 거라고 생각했다.
② 사마귀의 힘이 세서 임금님의 수레가 멈춰 서고 말았다.

5 빈칸에 알맞은 말을 넣어 속담을 완성해 보세요.

→ ☐☐☐☐☐☐ 무서운 줄 모른다.

6 '하룻강아지 범 무서운 줄 모른다'라는 속담을 통해 배울 점을 바르게 말한 친구에 ○표를 해 보세요.

> **승희**: 하룻강아지라도 범에게 덤빌 수 있는 것처럼, 무모하더라도 일단은 용감하게 행동하는 것이 옳다는 뜻이야!

> **효정**: 겁 없이 무조건 무모하게 행동하는 것이 정답은 아니야. 함부로 행동하지 말고, 깊이 있게 생각한 후에 행동해야 해.

[　　　]　　　　　　　　　　　　　　[　　　]

1
단계

뜻이 비슷한 낱말끼리 선으로 이어 보세요.

[1] 모두 •

[2] 덩치 •

[3] 착각 •

• 오해

• 전부

• 몸집

2
단계

다음 빈칸에 들어갈 알맞은 말을 [보기]에서 찾아 써 보세요.

[보 기]　　　벌벌　　　어슬렁　　　찔끔

[1] 저 사람은 왜 아까부터 계속 우리 주변을 　　　　　 거리고 있을까?

[2] 뭐가 그리 무서워서 　　　　　 떨고 있니?

[3] 화장실이 너무 급해서 오줌이 　　　　　 나오는 줄 알았어.

3
단계

다음 문장의 빈칸에 공통으로 들어갈 알맞은 낱말을 써 보세요.

• 나도 너와 □□□□로 숙제를 안 했어.

• 사자를 무서워하는 것은 늑대도 □□□□였다.

→ □□□□

05회

낯이 두껍다*

'낯'은 눈, 코, 입이 있는 얼굴의 앞면을 말합니다. 만약 이 낯이 아주 두껍다면, 부끄러운 짓을 하고도 아주 태연하게 표정 하나 변하지 않을지도 모릅니다. '낯이 두껍다'는 말은 이처럼 '아주 **뻔뻔하다**'는 뜻입니다.

공부한 날 ☐월 ☐일 시작 시간 ☐시 ☐분

>>> QR코드를 찍으면 지문 읽기를 들을 수 있어요   3단계 05회

옛날에 한 나무꾼이 산에서 나무를 하다 낡은 집을 보았습니다. 나무꾼은 잠깐 쉬어가면 좋겠다 싶어 집으로 들어갔습니다. 그런데 멀리서 이상한 목소리들이 들렸습니다. 나무꾼이 살펴보니, 도깨비들이 걸어오고 있었습니다. 나무꾼은 얼른 장롱 속에 몸을 숨겼습니다.

아니나 다를까 그 집은 도깨비 **소굴**❶이었습니다. 장롱에 숨어 도깨비들이 집을 비우기를 기다리던 나무꾼은 배가 고파졌습니다. 이러다 배에서 꼬르륵 소리라도 나면 도깨비에게 들킬 것이 뻔했습니다. 나무꾼은 어쩔 수 없이 아까 나무를 하다 주운 **개암**❷을 하나 꺼내 '똑' 하고 깨물었습니다. 그러자 도깨비들은 그 소리가 낡은 집이 무너지려는 소리인 줄 알았습니다.

"헉, 집 기둥 어디가 부러졌나 봐! 집이 무너진다! 도망치자!"

도깨비들은 그대로 도망을 쳤습니다. 그런데 방 안에는 도깨비 방망이가 하나 놓여 있었습니다. 나무꾼은 도깨비 방망이를 챙겨 집으로 돌아갔습니다. 그 방망이는 원하는 것은 무엇이든 뚝딱 나오는 요술 방망이였습니다. 나무꾼은 방망이로 부자가 되었습니다.

이웃 마을 농부가 그 **소문**❸을 들었습니다. 욕심이 난 농부는 개암을 가지고 도깨비가 나온 집의 장롱에 숨었습니다. 잠시 기다리자 도깨비들이 나타났습니다. 농부는 마찬가지로 개암을 '똑' 하고 깨물었습니다. 그런데 도깨비들은 도망치지 않고 장롱 문을 벌컥 열었습니다.

"이 녀석, ㉠**낯이 두꺼워도*** 엄청나게 두껍구나. 우리 방망이를 훔쳐 가 놓고 또 뻔뻔하게 우리를 속이려 해? 우리가 두 번 속을 줄 알았냐?"

농부는 방망이를 얻기는커녕 방망이로 혼쭐이 났습니다. 그리고 다시는 그 산 근처에도 가지 않았다고 합니다.

– 우리나라 전래 동화

**어려운 낱말 풀이**

❶ **소굴** 범죄자나 악당들의 무리가 모이는 본거지 巢집 소 窟동굴 굴
❷ **개암** 개암나무의 열매. 도토리 비슷하며 맛이 밤과 비슷함
❸ **소문** 사람들 사이에서 들려오는 말 所곳 소 聞들을 문

개암 ➡

1 다음은 이야기의 내용을 정리한 표입니다. 각 부분에 알맞은 내용을 골라 보세요.

첫 번째 부분	나무꾼이 낡은 집에서 쉬다, 도깨비들이 와서 장롱에 숨었다.

두 번째 부분	도깨비들은 '똑' 하는 소리에 { 깜짝 놀라 도망을 쳤다. / 장롱 문을 열고 나무꾼을 혼냈다. }

세 번째 부분	나무꾼은 도깨비의 { 방망이 / 개암 열매 } 로 부자가 되었다.

네 번째 부분	도깨비들은 '똑' 하는 소리에 { 또 다시 깜짝 놀라 도망을 쳤다. / 장롱 문을 열고 농부를 혼냈다. }

2 도깨비들은 처음 '똑' 하는 소리를 듣고, 어떤 소리로 착각하고 도망쳤는지 골라 보세요.

-- [   ]

① 개암이 굴러오는 소리

② 호랑이가 나타난 소리

③ 도깨비 방망이를 두드리는 소리

④ 낡은 집의 기둥이 부러지는 소리

⑤ 밖에서 비가 오기 시작하는 소리

3 도깨비가 밑줄 친 ⊙처럼 이야기한 까닭은 무엇인지 빈칸에 알맞은 낱말을 써 보세요.

[보 기]	뻔뻔	장롱	농부

도깨비들은 ☐☐ 속에 숨어 있던 ☐☐ 가 지난번에 도깨비 방망이를 훔쳐 갔던 나무꾼과 같은 사람인 줄 알았습니다. 그래서 도깨비들은 농부가 무척 ☐☐ 하다고 생각해 '낯이 두껍다'라고 말한 것입니다.

[4~6] 다음 글을 읽고, 문제를 풀어 보세요.

> 옛날에 한 할머니가 손자들에게 줄 떡을 들고 산을 넘고 있었습니다. 산 중턱에 다다르자, 갑자기 호랑이가 나타나 말했습니다.
>
> "떡 하나 주면 안 잡아먹지!"
>
> 할머니는 어쩔 수 없이 떡을 하나 내주었습니다. 그리고 다시 길을 가는데, 호랑이가 또다시 나타나 말했습니다.
>
> "떡 하나 주면 안 잡아먹지!"
>
> 할머니는 또 떡을 주어야 했습니다. 그런데 호랑이는 계속해서 나타나 떡을 달라고 했습니다. 정말 ⓒ낯 두꺼운 호랑이였습니다. 이제 정말 떡이 얼마 남지 않은 할머니는 무서워서 벌벌 떨기 시작했습니다.
>
> – 전래 동화 「해와 달이 된 오누이」 중

4 할머니의 떡을 받은 호랑이가 한 생각으로 알맞은 것에 ○표를 해 보세요.

손자들에게 줄 소중한 떡을 내게 나눠 주다니, 할머니가 가시는 길이 안전하도록 살펴 드려야지.	떡이 정말 맛있네. 또 달라고 해야지. 그리고 그걸 다 먹으면 또 달라고 하는 거야.
[ ]	[ ]

5 위 이야기에서 말하는 이는 왜 호랑이의 낯이 두껍다고 생각했는지 골라 보세요. ⸻ [   ]

① 산 중턱에서만 나타나서

② 호랑이의 가죽이 두껍고 빛이 나서

③ 할머니가 준 떡이 맛이 없다고 해서

④ 떡을 주니 찍어 먹을 꿀도 달라고 해서

⑤ 떡을 줬는데도 다시 뻔뻔하게 나타나 또 떡을 달라고 해서

6 다음 중 'ⓒ낯 두꺼운' 상황과 어울리는 친구를 골라 보세요. ⸻ [   ]

① 항상 어려운 친구들을 돕는 **지현**

② 어떤 일도 절대 포기하지 않고 열심히 하는 **우주**

③ 숙제를 안 해 놓고 칭찬 스티커를 달라고 하는 **찬수**

1단계 빈칸에 들어갈 말을 [보기]에서 찾아 써 보세요.

[보 기]　　　　　　　　뚝딱　　　벌컥

[1] 도깨비 방망이로 두드리면 무엇이든 ☐☐ 나왔다.

[2] 종환이는 급한 일이 있는지 문을 ☐☐ 열고 들어왔습니다.

2단계 [보기]를 보고, '소굴'과 함께 쓰기에 어색한 사람에 ○표를 해 보세요.

[보 기]　　　소굴: 범죄자나 악당들의 무리가 모이는 곳

도둑　　　　　　불량배　　　　　　깡패　　　　　　스승님

3단계 [보기]를 참고하여 낱말과 뜻풀이를 알맞게 이어 보세요.

[보 기]　　낯: 눈, 코, 입이 있는 얼굴의 바닥
　　　　　　설다: 익숙하지 못하다.
　　　　　　익다: 자주 겪어서 서투르지 않다.

낯설다　•　　　　　　　　　• 여러 번 보아서 친하고 익숙한 느낌이 든다.

낯익다　•　　　　　　　　　• 전에 본 기억이 없어 익숙하지 않다.

십이지

우리나라를 비롯해서 중국, 일본과 같이 한자를 쓰는 나라들에서는 시간에 열두 동물의 이름을 붙여 주고, 이를 십이지(十二支)라고 불렀습니다. 이에 따라 매년 그 해를 대표하는 동물이 정해져 있고, 태어난 해에 해당하는 동물은 자신의 띠가 됩니다. 올해의 동물이나 상대방의 띠를 알아맞히는 것은 복잡하게 보이지만, 알고 보면 쉽고 재미있습니다.

2024년은 용의 해

사람이 태어나면 '십이지'의 순서대로 동물의 띠를 갖습니다. 2024년은 용의 해입니다. 따라서 2024년에 태어난 사람은 용띠가 됩니다. 그렇다면 2025년에 태어난 사람의 띠는 무엇일까요?

2020	2021	2022	2023	2024	2025	2026	2027	2028	2029	2030	2031
쥐	소	호랑이	토끼	용	뱀	말	양	원숭이	닭	개	돼지

이 표는 십이지 순서와 연도를 정리한 표입니다. '십이지'에서 용은 다섯 번째 동물입니다. 용 바로 뒤에 있는 동물은 뱀입니다. 따라서 2025년에 태어난 사람은 뱀띠가 됩니다.

2015년은 양의 해

그렇다면 2024년에 초등학교 3학년이 된 학생의 띠는 무엇일까요? 초등학교 3학년이 되었을 때, 나이가 열 살(만 9세)인 학생은 2015년에 태어났습니다. 따라서 2015년이 무슨 띠의 해인지 알면 그 학생의 띠를 알 수 있습니다. 아래의 표를 보면 2015년은 양의 해이므로 2015년에 태어난 학생은 양띠가 됩니다.

2008	2009	2010	2011	2012	2013	2014	2015	2016	2017	2018	2019
쥐	소	호랑이	토끼	용	뱀	말	양	원숭이	닭	개	돼지

나이 차이가 열두 살인 사람은 같은 띠

십이지는 열두 동물로 이루어져 있습니다. 12년 동안 해마다 십이지 순서대로 띠를 붙입니다. 그런데 12년 후에는 어떤 동물을 붙여야 할까요? 다시 십이지 처음 동물인 쥐부터 띠를 붙입니다. 위 두 표를 보면 알 수 있습니다. 2012년에 태어난 사람은 용띠입니다. 그리고 2012년에서 12년 후인 2024년에 태어난 사람도 용띠입니다. 따라서 나이 차이가 열두 살인 사람은 서로 띠가 같습니다.

✎ **이 글을 읽고 물음에 알맞은 답을 해 보세요.**　　　　　　　정답: 003쪽

[1] 정민이는 원숭이띠의 해에 태어났습니다. 정민이와 같은 초등학교에 다니는 정민이의 형은 용띠입니다. 정민이와 정민이의 형은 몇 살 차이일까요? → [　　] 살

[2] 서현이는 양띠입니다. 서현이의 동생은 서현이보다 두 살 어립니다. 서현이의 동생은 무슨 띠일까요? → [　　] 띠

2주차

한 주간의 계획을 먼저 세워 보세요. 매일 학습을 마친 후 맞힌 문제의 개수를 쓰세요!

회차	영역	학습내용	학습계획일	맞은 문제수
06회	사자성어	**시시비비(是是非非)** '시시비비(是是非非)'는 '옳을 시'와 '아닐 비'가 합쳐진 사자성어입니다. 옳은 것은 옳다고, 아닌 것은 아니라고 말한다는 뜻으로, '**옳고 그름**'이라는 뜻을 가지고 있습니다.	월 일	독해 6문제 중 ☐ 개 어법·어휘 5문제 중 ☐ 개
07회	속담	**쥐구멍에도 볕 들 날 있다** 우리 조상님들은 쥐구멍 속에 든 것처럼 어둡고 힘든 날을 보낼 때면 언젠가 밝은 햇빛이 들 거라 믿었습니다. '**쥐구멍에도 볕 들 날이 있다**'는 속담은 '**지금은 몹시 고생을 하더라도, 언젠가 좋은 날이 올 것이다**'라는 뜻입니다.	월 일	독해 6문제 중 ☐ 개 어법·어휘 6문제 중 ☐ 개
08회	관용어	**손을 놓다** 우리는 많은 일을 손으로 합니다. 이렇게 하던 일을 놓아 버리면, 일은 더 이상 진행되지 않을 것입니다. 이처럼 '**손을 놓다**'라는 말은 '**하던 일을 그만두거나 잠시 멈춘다**'는 뜻으로 쓰입니다.	월 일	독해 6문제 중 ☐ 개 어법·어휘 6문제 중 ☐ 개
09회	사자성어	**엄동설한(嚴冬雪寒)** '엄동'은 매서운 겨울을, '설한'은 눈이 내릴 정도의 심한 추위를 말합니다. 즉, '**엄동설한(嚴冬雪寒)**'이라는 사자성어는 '**매서운 겨울의 심한 추위**'를 뜻합니다.	월 일	독해 5문제 중 ☐ 개 어법·어휘 3문제 중 ☐ 개
10회	속담	**수박 겉 핥기** 옛날에 어떤 사람이 수박을 먹는다고 하고는 겉만 핥고 있었다고 합니다. 수박의 딱딱한 겉껍질 안에 맛있는 부분이 있다는 것을 몰랐기 때문입니다. '**수박 겉 핥기**'라는 말은 '**어떤 것의 속 내용은 모르고 겉만 건드리는 것**'을 말합니다.	월 일	독해 6문제 중 ☐ 개 어법·어휘 6문제 중 ☐ 개

06회

시시비비 (是 是 非 非)*
옳을 시   옳을 시   아닐 비   아닐 비

'시시비비(是是非非)'는 '옳을 시'와 '아닐 비'가 합쳐진 사자성어입니다. 옳은 것은 옳다고, 아닌 것은 아니라고 말한다는 뜻으로 '옳고 그름'이라는 뜻을 가지고 있습니다.

공부한 날 [ ]월 [ ]일   시작 시간 [ ]시 [ ]분

>>> QR코드를 찍으면 지문 읽기를 들을 수 있어요

3단계 06회

옛날 이스라엘 왕국에 솔로몬이라는 **현명**❶한 왕이 살고 있었습니다. 어느 날, 솔로몬 왕에게 두 여인이 갓난아기를 데리고 찾아왔습니다. 두 여인은 한 아이를 두고 서로 자신의 아이라고 다투었습니다.

그중 한 여인이 말했습니다.

"이 아이는 분명 저의 아이입니다. 현명하신 솔로몬 왕이시여, 이 아이가 누구의 아이인지 **시시비비**를 가려 해결해 주십시오."

솔로몬 왕은 한참을 고민하다 말했습니다.

"아이의 어머니가 누구인지 알 수 없구나. **공평**❷하게 아이를 칼로 나누어 가지도록 하자. 밖에 누구 없느냐. 칼을 가져오너라."

이 말을 들은 한 여인은 기뻐하며 빨리 아이를 둘로 나누자고 했습니다. 그러나 다른 한 여인은 울음을 터트리며 말했습니다.

"아닙니다. 제가 포기하겠습니다. 아이를 반으로 나누지 말아 주세요!"

그러자 솔로몬 왕이 말했습니다.

"이 아이의 진짜 어머니는 바로 이 사람이다! 정말 어머니라면 아이가 다치는 걸 원하지 않을 것이기 때문이다."

현명한 솔로몬 왕은 아이를 진짜 어머니에게 주었습니다. 솔로몬 왕은 이처럼 아무리 어려운 일도 현명하게 **시시비비**를 가려 해결해 냈습니다. 사람들은 이런 솔로몬 왕에게 '지혜의 왕'이라는 별명을 붙여 주었습니다.

– 성경 이야기

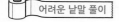 어려운 낱말 풀이

❶ **현명** 어질고 지혜로움 賢어질 현 明밝을 명
❷ **공평** 어느 한쪽으로 치우치지 않고 고름 公공변될 공 平평평할 평

1 다음 중 진짜 어머니의 말에 ○표를 해 보세요.

> "아이를 반으로 자르지 말아 주세요! 아이가 죽느니 차라리 제가 아이를 포기하겠습니다."

[   ]

> "아이를 반으로 가르면 둘이 나눠 가질 수 있으니 정말 공평하겠네요! 그렇게 해 주세요."

[   ]

2 다음은 솔로몬 왕이 판결을 고민한 과정입니다. 결론으로 알맞은 것에 ○표를 해 보세요.

❶ 진짜 어머니라면 자기 아이가 죽는 것을 원하지 않을 거야.

❷ 아이를 반으로 가르면 아이는 죽게 돼.

결론

> 그러니 아이를 반으로 가르기를 원하지 않는 사람이 진짜 어머니일 거야.

[   ]

> 그러니 공정하게 아이를 반으로 가르기를 원하는 사람이 진짜 어머니일 거야.

[   ]

3 '시시비비'라는 사자성어의 뜻을 골라 보세요. --------------------------------- [   ]

① 옳고 그름

② 크게 될 인물은 늦게 이루어짐

③ 어려운 형편 속에서도 열심히 공부함

4 다음 중 이 이야기의 내용을 바르게 이해한 친구에 ○표를 해 보세요.

> 지민: 나도 솔로몬 왕처럼 현명해지기 위해서 **시시비비**를 가릴 줄 아는 능력을 키워야겠어!

[   ]

> 다빈: 솔로몬 왕은 진짜 엄마가 누구인지에 대한 **시시비비**를 가리기를 포기했군.

[   ]

> 성재: 솔로몬 왕이 아이를 둘로 나누었으면 더 빨리 **시시비비**를 가릴 수 있었을 거야.

[   ]

[5~6] 다음 글을 읽고, 문제를 풀어 보세요.

토론: 선의의 거짓말이라면 해도 될까요?

도훈: 저는 선의의 거짓말은 해도 된다고 생각합니다. 거짓말을 해서는 안 되는 이유는 남에게 해를 끼칠 수 있기 때문입니다. 하지만 거짓말을 하는 목적이 남을 위해서라면, 거짓말을 해도 된다고 생각합니다. 예를 들어, 동생이 바지에 오줌을 싸서 창피해하는데, 내가 물을 엎지른 것이라고 거짓말을 할 때를 생각해 보세요. 그런 거짓말도 잘못된 걸까요?

세미: 저는 선의의 거짓말이라도 해서는 안 된다고 생각합니다. 거짓말이란 일단 남을 속인다는 점에서 잘못입니다. 어느 누가 거짓말로 속아 넘어가기를 바랄까요? 예를 들어 힘든 일이 있었을 때 친구가 괜히 신경 쓸까 두려워 '별일 없어, 괜찮아!'라고 했다고 상상해 보세요. 나중에 친구가 그 사실을 알면 솔직히 말하지 않았다고 서운해 하지 않을까요?

---

5 다음은 위 주제에 대한 다른 친구의 생각입니다. 이 친구는 도훈이와 세미 중 어느 쪽이 옳다고 생각하고 있는지 ○표를 해 보세요.

수애: 거짓말이란 사실이 아닌 것을 사실처럼 말하는 것이고, 그렇게 잘못 전달된 사실은 누군가에게 어떤 식으로든 피해를 끼칠 수도 있습니다. 그러므로 아무리 선의의 거짓말이라 하더라도 옳지 않습니다.

[도훈 / 세미]

6 윗글과 같은 형식의 대화를 '토론'이라고 합니다. '토론'을 하는 까닭이 무엇인지 빈칸에 들어갈 알맞은 사자성어를 써 보세요.

주제에 대해 서로 다른 생각을 가진 사람들이 모여 자신들의 생각이 옳은지,

옳지 않은지에 대해 ☐☐☐☐ 를 가리기 위해서입니다.

06회 어법·어휘편

해설편 003쪽

1 단계 빈칸을 채워 다음 그림에 대한 설명을 완성해 보세요.

| ㅎ | ㄱ | 은 '어려운 문제에 대해 방법을 생각해 내거나 얽힌 일을 잘 처리함'이라는 뜻입니다.

2 단계 다음 한자의 뜻으로 미루어 보아, '선의'는 무슨 뜻인지 써 보세요.

善		意	
뜻	음	뜻	음
좋을	선	뜻	의

'좋을'과 '뜻'이 합쳐진 낱말이므로 '☐은 ☐'이라고 생각할 수 있습니다.

3 단계 다음의 열쇠를 보고 아래의 십자말풀이를 풀어보세요.

[1]		[2]

가로 열쇠

[1] 소나무에 열리는 방울 같은 열매

세로 열쇠

[1] 현명한 이스라엘의 왕, 아이의 진짜 어머니를 찾아 주었다.

[2] 우는 일, 우는 소리, 눈물을 흘리는 것

(☐☐을 터트리다.)

시간 끝난 시간 ☐시 ☐분

1회분 푸는 데 걸린 시간 ☐분

채점 독해 6문제 중 ☐개

어법·어휘 5문제 중 ☐개

07회

속담 옛날부터 전해오는 지혜를 간단하고 깔끔하게 표현한 짧은 글

쥐구멍에도 볕 들 날이 있다*

우리 조상님들은 쥐구멍 속에 든 것처럼 어둡고 힘든 날을 보낼 때면 언젠가 밝은 햇빛이 들 거라 믿었습니다. '쥐구멍에도 볕 들 날이 있다'는 속담은 '지금은 몹시 고생을 하더라도, 언젠가 좋은 날이 올 것이다'라는 뜻입니다.

공부한 날 [　]월 [　]일 시작 시간 [　]시 [　]분

>>> QR코드를 찍으면 지문 읽기를 들을 수 있어요 3단계 07회

조선 시대에 **발명**❶의 꿈을 가진 장영실이라는 소년이 있었습니다. 그 소년은 항상 자기 손으로 새로운 것을 만들고 싶어 했습니다. 하지만 장영실에게 주변 사람들은 이렇게 말했습니다.

"발명을 하고 싶다고? 너는 **노비**❷로 태어났으니까 안 돼!"

그 당시 노비는 가장 낮은 **신분**❸으로, 주인의 명령에 따라 살아야 했습니다. 그래서 장영실은 하고 싶은 것을 자유롭게 할 수 없었습니다. 그러나 장영실은 아랑곳하지 않았습니다. '쥐구멍에도 볕 들 날 있다*'는 말처럼 지금 자유롭지 못하고 고생하더라도 노력하다 보면 언젠가 하고 싶은 것을 자유롭게 하며 살 수 있을 거라 생각했습니다.

그러던 어느 날, 장영실이 살던 마을에 큰 **가뭄**❹이 들었습니다. 오랫동안 비가 오지 않았기 때문에 밭은 메말랐습니다. 먹을 것이 부족해진 사람들은 **시름**❺에 빠졌습니다. 장영실은 그 모습을 보며 생각했습니다.

'가까운 강에서 물을 끌어올 수만 있다면 메마른 밭에 물을 줄 수 있을 텐데.'

그 방법을 찾기 위해 장영실은 몇 날 며칠을 고민했습니다. 여러 번의 **좌절**❻ 끝에 결국 장영실은 '수차'라는 것을 개발했습니다. '수차'는 물이 지나가는 길을 통해 농사를 짓는 곳으로 물을 공급하는 장치였습니다. 밭에 물을 줄 수 있게 되자 마을 사람들은 매우 기뻐했습니다.

↑ 장영실이 발명한 휴대용 해시계인 현주일구, 크기는 대략 20센티미터 정도 된다. (한국천문연구원, 복원품)

이 놀라운 소식을 들은 세종대왕은 장영실을 불렀습니다.

"비록 노비로 태어났지만 뛰어난 재능을 가지고 있으니, 이제부터 내 곁에서 함께 일하라."

그 후 장영실은 궁에 들어와 해시계, 물시계 등 역사에 남을 발명품들을 만들었습니다. '쥐구멍에도 볕 들 날이 있다*'는 믿음을 잃지 않았던 장영실은 결국 꿈을 이루게 된 것입니다.

– 역사 속 인물 이야기

어려운 낱말 풀이

❶ **발명** 없던 것을 새로 생각해 내거나 만들어 냄 發필 발 明밝을 명　❷ **노비** 누군가의 집에서 일을 해 주는 사람 奴종 노 婢종 비　❸ **신분** 개인의 사회적 지위 身몸 신 分나눌 분　❹ **가뭄** 오랫동안 계속하여 비가 내리지 않아 메마른 날씨　❺ **시름** 마음에 걸려 풀리지 않고 항상 남아 있는 걱정　❻ **좌절** 어떠한 일이 도중에 실패로 돌아감 挫꺾을 좌 折꺾을 절

1 이 글에서 사람들이 한 말에 대해, 장영실이 한 생각을 알맞게 이어 보세요.

[사람들이 한 말]   [장영실의 생각]

발명을 하고 싶다고?
너는 노비로
태어났으니까 안 돼!

• ── '그렇구나. 노비는 하고 싶은 것을 자유롭게 할 수 없어. 이만 포기하자.'

• ── '그래도 나는 발명을 할 거야. 계속 하다 보면 언젠가는 마음껏 하고 싶은 것을 하는 날이 올 거야.'

2 장영실이 메마른 밭에 물을 대기 위해 만든 것은 무엇인지 ○표를 해 보세요.

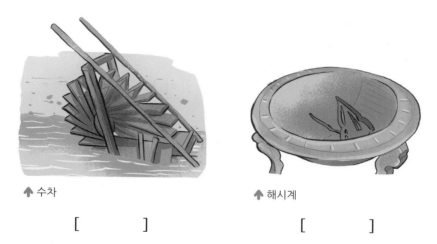

↑ 수차   ↑ 해시계

[   ]   [   ]

3 장영실에게 '쥐구멍'과 '볕 들 날'은 각각 무엇이었는지, [보기]에서 찾아 빈칸을 채워 보세요.

[보기]   발명   신분   노비

쥐구멍 ---------- ☐☐ 라는 ☐☐ 때문에 하고 싶은 발명을 하지 못하는 삶

볕 들 날 ---------- 세종대왕님 곁에서 하고 싶었던 ☐☐ 을 마음껏 하며 지내는 것

[4~5] 다음 글을 읽고, 문제를 풀어 보세요.

> 영국에 '조앤 K. 롤링'이라는 사람이 있습니다. 그 사람은 무척 가난했습니다. 태어난 지 얼마 안 된 자신의 아이에게 분유를 사 주기도 어려웠고, 자신도 밥을 자주 굶었습니다.
>
> 조앤은 어느 날 ⊙문득 이런 생각이 들었습니다.
>
> '이대로 살 수는 없어. 지금이라도 내가 잘하는 글쓰기로 이 가난을 이겨 낼 거야.'
>
> 조앤은 어느 카페의 구석에 자리를 잡고 앉았습니다. 그리고 천천히 글을 쓰기 시작했습니다.
>
> 그렇게 조앤은 어려운 날들을 겪으며 글을 썼습니다. **쥐구멍에도 볕 들 날이 있다**는 믿음을 잃지 않았던 조앤은 마침내 글을 완성했습니다. 그렇게 완성된 책은 바로 '해리포터 시리즈'입니다. '해리포터 시리즈'는 지금까지 사람들에게 많은 사랑을 받고 최고의 인기를 누린 작품 중 하나입니다.

4 윗글에 대한 설명으로 알맞지 <u>않은</u> 것을 골라 보세요. ─────── [   ]

① 조앤은 영국 작가이다.

② 조앤은 가난해서 밥을 굶기도 했다.

③ 조앤은 커피를 팔아서 가난을 이겨 냈다.

④ 조앤이 쓴 소설은 '해리포터 시리즈'이다.

⑤ '해리포터 시리즈'는 지금까지 최고의 인기를 누린 소설 중 하나다.

5 윗글의 밑줄 친 ⊙과 바꿔 쓸 수 있는 말을 골라 보세요. ─────── [   ]

① 결코   ② 매우   ③ 가장   ④ 아주   ⑤ 갑자기

6 '쥐구멍에도 볕 들 날이 있다'와 의미가 비슷한 말에 ○표를 해 보세요.

[1] **고진감래**(苦盡甘來): 힘든 날들이 지나면 즐거운 날들이 온다. ─────── [   ]

[2] **좌충우돌**(左衝右突): 이리저리 마구 찌르고 부딪친다. ─────── [   ]

[3] **유구무언**(有口無言): 입이 있어도 할 말이 없다. ─────── [   ]

1 단계 빈칸에 들어갈 말을 [보기]에서 찾아 써 보세요.

[보기]   시름   좌절   가뭄

[1] 작년에는 심한 ☐☐ 이 들어 밭에서 과일들이 잘 자라지 못했다.

[2] 조상들은 힘든 일이 있을 때 노래를 부르며 ☐☐ 을 풀었다.

[3] 아무리 ☐☐ 을 겪더라도, 절대로 포기하지 않을 것이다.

2 단계 다음 밑줄 친 말과 바꿔 쓸 수 있는 말을 골라 보세요.

[1] 그는 주변 사람의 말에 **아랑곳하지 않았다.** ────────── [　　]

　　　　① 관심을 두고 신경 썼다.

　　　　② 관심을 두거나 신경 쓰지 않았다.

[2] **메마른** 땅에는 식물이 잘 자라지 않는다. ────────── [　　]

　① 촉촉한　　② 건조한

3 단계 다음의 빈칸에 공통으로 들어갈 말을 골라 보세요. ────────── [　　]

• 무거운 짐을 ☐☐ .

• 비가 오랫동안 오지 않아 가뭄이 ☐☐ .

• 창문이 넓어 볕이 잘 ☐☐ .

① 지다　　　② 달다　　　③ 개다　　　④ 들다　　　⑤ 쓰다

시간 끝난 시간 ☐시 ☐분   채점 독해 6문제 중 ☐개

1회분 푸는 데 걸린 시간 ☐분   어법·어휘 6문제 중 ☐개

08회 손을 놓다*

우리는 많은 일을 손으로 합니다. 이렇게 하던 일을 놓아버리면, 일은 더 이상 진행되지 않을 것입니다.
이처럼 '손을 놓다'라는 말은 '하던 일을 그만두거나 잠시 멈춘다'는 뜻으로 쓰입니다.

공부한 날 ☐월 ☐일 시작 시간 ☐시 ☐분

>>> QR코드를 찍으면
지문 읽기를 들을 수 있어요

3단계 08회

페르세포네는 땅의 신 데메테르의 딸로 아주 아름다운 여인이었습니다. **저승**의 신
하데스는 페르세포네를 보고 **첫눈에 반했습니다.**

'저 여인과 결혼해서 함께 살고 싶다.'

하데스는 욕심이 앞서 페르세포네를 데메테르 몰래 저승으로 데려갔습니다.
데메테르는 하데스가 자신의 딸을 **납치**한 것을
알고는 **애타게** 페르세포네를 찾기 시작했습니다.
하지만 페르세포네는 하데스가 저승으로 데려가
버렸기 때문에 땅 위에서는 **도저히** 찾을 수
없었습니다.

딸을 찾을 수 없게 된 데메테르는 땅을 그만
다스리기로 했습니다. 땅을 다스리는 일에서 **손을 놓아 버린 것입니다.** 데메테르가
땅을 다스리는 일에서 **손을 놓자** 땅은 메말라 버렸고 온갖 꽃들과 열매들은 시들어
죽어 버렸습니다.

제우스는 그 모습을 더 이상 두고 볼 수 없었습니다. 제우스는 하데스에게 페르세포네를
풀어 주라고 명령했습니다.

"당장 페르세포네를 데메테르에게 돌려보내라. 그러지 않으면 이 땅은 죽음의 땅이
되고 말 거야."

"네가 그렇게 말한다면야 ㉠**어쩔 수 없지.** 페르세포네를 돌려보내겠다."

제우스는 모든 신들 중 으뜸이었기 때문에 하데스는 제우스의 말을 들어야 했습니다.

– 그리스 로마 신화 중(9회에서 계속됩니다.)

어려운 낱말 풀이

❶ **저승** 사람이 죽은 뒤에 그 넋이 가서 산다는 세상
❷ **첫눈에 반했습니다** 처음 보았을 때 마음이 끌렸습니다
❸ **납치** 사람이나 사람이 탄 것을 강제로 끌고 가는 것 拉끌을 납 致보낼 치
❹ **애타게** 몹시 답답하고 안타까워 속을 태우며
❺ **도저히** 아무리 해도 到이를 도 底밑 저 -

1 이 이야기에 등장하는 신들이 각각 어떤 신인지 알맞게 이어 보세요.

데메테르 •　　　　　　　• 모든 신들 중 으뜸

하데스 •　　　　　　　• 땅의 신

제우스 •　　　　　　　• 저승의 신

2 이야기의 내용을 정리한 표에서 각 부분에 알맞은 내용을 골라 ○표를 해 보세요.

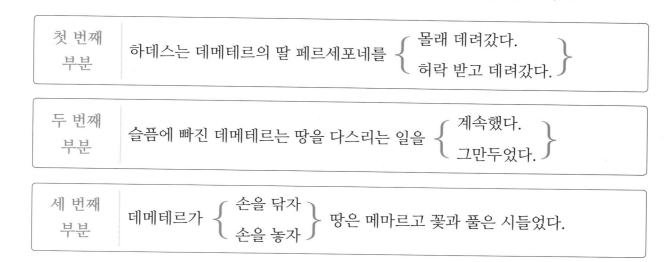

첫 번째 부분	하데스는 데메테르의 딸 페르세포네를 { 몰래 데려갔다. / 허락 받고 데려갔다. }
두 번째 부분	슬픔에 빠진 데메테르는 땅을 다스리는 일을 { 계속했다. / 그만두었다. }
세 번째 부분	데메테르가 { 손을 닦자 / 손을 놓자 } 땅은 메마르고 꽃과 풀은 시들었다.

3 다음 중 '손을 놓다'를 바르게 사용한 친구에 ○표를 해 보세요.

가은: 나랑 짝꿍은 **손을 놓아서**, 어떤 일을 하든 같이 하면 잘할 수 있어.

희경: 우리 언니는 **손을 놓아서**, 살짝만 때려도 몹시 아파.

세헌: 반장이 학급 일에 **손을 놓아서**, 부반장인 내가 모든 학급 일을 할 수밖에 없어.

[　　　]　　　　　　[　　　]　　　　　　[　　　]

4 밑줄 친 ㉠과 바꿔 쓸 수 있는 말을 골라 보세요. ------------------------- [　　　]

① 그럴 수 없지　　　② 하는 수 없지　　　③ 섬길 수 없지

④ 받들 수 없지　　　⑤ 찾을 수 없지

[5~6] 다음은 방탄소년단의 UN 연설문 중 일부입니다. 내용을 읽고 문제를 풀어 보세요.

> 얼마 지나지 않아 제 목소리를 잃어버리고, 다른 사람의 목소리를 듣기 시작했습니다. 아무도 내 이름을 불러 주지 않았고, 저 스스로도 그랬습니다. 심장은 멈췄고 시선은 닫혔습니다. 그렇게 저는, 우리는, 이름을 잃어버렸습니다.
>
> (중략)
>
> 방탄소년단에 **합류**[1]하기로 결심한 이후에도 많은 어려움이 있었습니다. 못 믿는 분들도 계시겠지만, 많은 사람들은 우리가 희망이 없다고 생각했습니다. 때때로 저는 그저 ⓛ손을 놓고 싶었습니다. 하지만 저는 포기하지 않은 것을 무척 행운이라고 생각합니다.
>
> (중략)
>
> 다른 많은 사람들처럼, 저에게는 많은 흠이 있고, 그보다 더 많은 두려움이 있습니다. 그래도 이제는 저 자신을 온 힘을 다해 끌어안고 천천히, 그저 조금씩 사랑하려 합니다.
>
> – 2018년 9월 24일, 방탄소년단

5 밑줄 친 ⓛ의 의미로 알맞은 것을 골라 보세요. ⸻⸻⸻ [　　　]

① 방탄소년단을 그만두고

② 가수가 되고자 노력하고

③ 가수 친구들과 친해지고

④ 일부 사람들을 무시하고

⑤ 대부분은 아니라고 믿고

6 위 연설에서 연설자가 가장 전하고 싶은 말은 무엇인지 알맞은 것에 ○표를 해 보세요.

자신에게 **확신**[2]을 가지고, 포기하지 않으면 어려움을 극복하고 기회를 잡을 수 있습니다.	상대방이 희망을 포기하지 않고 꿈을 이룰 수 있도록 격려하고 응원해 줍시다.

[　　　]　　　　　　　　　[　　　]

어려운 낱말 풀이 ❶ **합류** 어떤 일을 하려고 여럿이 한데 모이는 것 合합할 합 流흐를 류
❷ **확신** 굳게 믿는 마음 確굳을 확 信믿을 신

08회 어법·어휘편

1단계 빈칸에 들어갈 말을 [보기]에서 찾아 써 보세요.

> [보 기]　　　　　　　합류　　　납치　　　확신

[1] 그는 부산에서 ☐☐ 하기로 하고 혼자 길을 떠났다.

[2] 그녀는 ☐☐ 에 찬 눈빛으로 말했다.

[3] 왕이 ☐☐ 당한 것이 알려지자, 나라는 혼란에 빠졌다.

2단계 다음 [보기]를 보고, 아래의 낱말을 소리 나는 대로 써 보세요.

> [보 기]
>
> 받침의 'ㅅ' 혹은 'ㄷ'이 뒷말의 'ㄴ'과 만나면 받침의 'ㅅ' 혹은 'ㄷ'은 'ㄴ'으로 발음됩니다.
>
> 예시: 받는 → [반는]　　　씻는 → [씬는]

[1] 첫눈 ➡ [☐☐]　　　　[2] 믿는 ➡ [☐☐]

3단계 다음 낱말의 뜻과 예시를 보고, 빈칸에 알맞은 낱말을 써 보세요.

> • 여러 사람 앞에서 자기 주장이나 의견을 이야기하는 것
> • 예시: 그의 ☐ㅇ ☐ㅅ 은 많은 이들에게 희망을 주었다.

시간 끝난 시간 ☐시 ☐분　　　**채점** **독해** 6문제 중 ☐개
1회분 푸는 데 걸린 시간 ☐분　　　　　**어법·어휘** 6문제 중 ☐개

엄동설한(嚴 冬 雪 寒)*
엄할 엄   겨울 동   눈 설   차가울 한

'엄동'은 매서운 겨울을, '설한'은 눈이 내릴 정도의 심한 추위를 말합니다. 즉, '**엄동설한(嚴冬雪寒)**'이라는 사자성어는 '매서운 겨울의 심한 추위'를 뜻합니다.

공부한 날 ☐ 월 ☐ 일   시작 시간 ☐ 시 ☐ 분

>>> QR코드를 찍으면
지문 읽기를 들을 수 있어요
3단계 09회

   제우스의 말을 듣고 페르세포네를 돌려보내려던 하데스가 갑자기 말했습니다.

   "제우스, 그런데 문제가 하나 있다. 페르세포네가 배가 고파 보여 음식을 주었는데 페르세포네가 그중 **석류**❶ 한 알을 먹었거든."

   데메테르는 그 소식을 듣고 그만 **주저앉고**❷ 말았습니다.

   "겨우 석류 한 알 때문에 내 딸이 저승에서 완전히 나올 수 없다니, 이럴 수는 없어요."

   사람은 저승의 음식을 먹는 순간 저승을 완전히 떠날 수 없다는 것이 저승의 법이었습니다. 제우스는 고민하더니 하데스에게 말했습니다.

   "하데스, 우선 페르세포네를 데메테르에게 돌려보내 주어라. 하지만 저승의 음식을 먹었으니 저승의 법 또한 **어길**❸ 수는 없지. 따라서 1년 중 3개월은 페르세포네가 저승에서 살도록 해 주마."

   그렇게 페르세포네는 어머니 데메테르와 다시 만나게 되었습니다. 하지만 저승의 음식을 먹었기 때문에 1년 중에 세 달은 다시 저승으로 돌아가야 했습니다. 데메테르는 페르세포네가 저승에 가 있는 세 달 동안에는 슬픔에 빠져 땅을 다스리지 않았고, 땅에는 아무것도 자라지 못했습니다. 그래서 그 세 달은 눈이 오고 너무 추운 **엄동설한**이 오게 되었습니다. 사람들은 일 년 중 그 세 달을 겨울이라고 불렀다고 합니다.

– 그리스 로마 신화 중

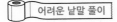 어려운 낱말 풀이

❶ **석류** 석류나무의 열매로 붉은 색을 띠며 열매 안의 붉은 씨앗을 먹는 과일 石돌 석 榴석류나무 류
❷ **주저앉고** 서 있던 자리에 그대로 힘없이 앉고
❸ **어길** 약속이나 규칙 같은 것을 지키지 않을

↑ 석류

1   페르세포네가 저승에서 완전히 나갈 수 없는 까닭은 무엇인지 빈칸을 채워 보세요.

저승의 음식을 먹으면 저승에서 완전히 떠날 수 없는 것이 저승의 법이었습니다.

그런데 페르세포네는 저승의 음식 중 ☐☐ 를 한 알 먹었기 때문에

저승에서 완전히 나갈 수는 없었습니다.

2   다음은 이 이야기의 내용을 정리한 글입니다. 알맞은 낱말을 [보기]에서 찾아 빈칸을 채워 보세요.

[보기]   겨울   저승   슬픔

페르세포네가 어쩔 수 없이 ☐☐ 에 가 있는 세 달 동안, 데메테르는 ☐☐ 에

빠져 땅을 다스리지 않았습니다. 그래서 데메테르가 다스리지 않는 동안 땅이 메마르

고 추위가 다가오는 ☐☐ 이 되었습니다.

3   다음 중 '엄동설한'의 풍경으로 알맞은 그림에 ○표를 해 보세요.

   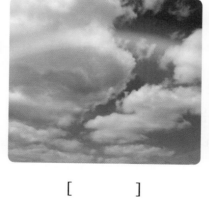   

[   ]   [   ]   [   ]

[4~5] 다음은 우리나라의 24절기입니다. 다음을 보고, 문제를 풀어 보세요.

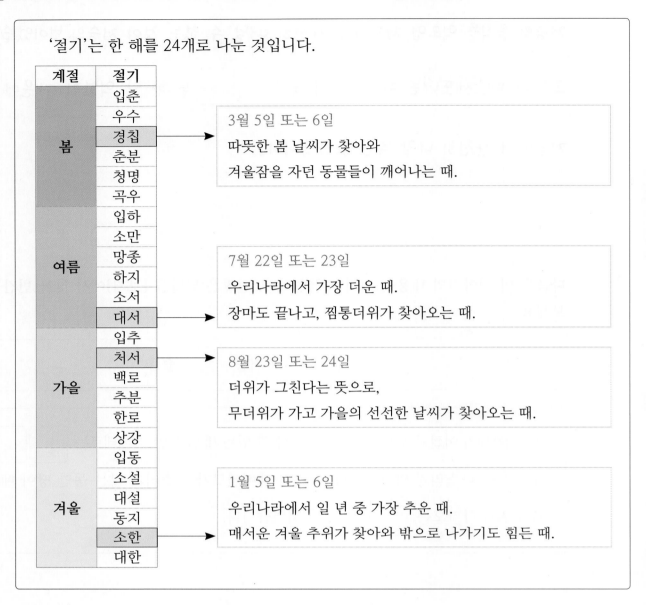

'절기'는 한 해를 24개로 나눈 것입니다.

계절	절기
봄	입춘
	우수
	경칩
	춘분
	청명
	곡우
여름	입하
	소만
	망종
	하지
	소서
	대서
가을	입추
	처서
	백로
	추분
	한로
	상강
겨울	입동
	소설
	대설
	동지
	소한
	대한

3월 5일 또는 6일
따뜻한 봄 날씨가 찾아와
겨울잠을 자던 동물들이 깨어나는 때.

7월 22일 또는 23일
우리나라에서 가장 더운 때.
장마도 끝나고, 찜통더위가 찾아오는 때.

8월 23일 또는 24일
더위가 그친다는 뜻으로,
무더위가 가고 가을의 선선한 날씨가 찾아오는 때.

1월 5일 또는 6일
우리나라에서 일 년 중 가장 추운 때.
매서운 겨울 추위가 찾아와 밖으로 나가기도 힘든 때.

4 위에서 소개한 네 절기 중, '엄동설한'과 가장 가까운 절기는 무엇인지 골라 보세요. ---------------- [   ]

① 경칩   ② 대서   ③ 처서   ④ 소한

5 다음 중 윗글의 내용에 대해 <u>잘못</u> 말하고 있는 친구를 골라 보세요. ------------------ [   ]

① 영표: 각 계절에는 6가지 절기가 있어.

② 문성: 우리나라에는 총 24개의 절기가 있어.

③ 준희: '경칩'이 지나면 겨울잠에서 깨어난 동물들을 볼 수 있을 거야.

④ 지현: '대서'는 우리나라에서 가장 더운 때구나.

⑤ 동완: '처서' 이후로 우리나라는 점점 더워질 거야.

1 단계 다음 중 날씨와 관련이 없는 낱말을 골라 보세요. ────────────── [   ]

① 덥다.

② 춥다.

③ 시원하다.

④ 아프다.

⑤ 선선하다.

2 단계 다음 한자의 뜻과 풀이를 보고, '入(입)'은 무슨 뜻일지 짐작해 보세요. ─────── [   ]

入	場		入	學
(?) 입	장소 장		(?) 입	배울 학
장소로 들어가다.			학교에 들어가다.	

① 들어갈   ② 나올   ③ 봄   ④ 배울   ⑤ 설

3 단계 다음 중 낱말들의 관계가 아래와 <u>다른</u> 낱말 짝을 골라 보세요. ────────────── [   ]

계절	─	겨울

① 동물 – 개

② 기계 – 휴대폰

③ 음식 – 김치

④ 식물 – 여름

⑤ 옷 – 바지

시간   끝난 시간 [   ] 시 [   ] 분
1회분 푸는 데 걸린 시간 [   ] 분

채점   독해 5문제 중 [   ] 개
어법·어휘 3문제 중 [   ] 개

수박 겉 핥기*

옛날에 어떤 사람이 수박을 먹는다고 하고는 겉만 핥고 있었다고 합니다. 수박의 딱딱한 겉껍질 안에 맛있는 부분이 있다는 것을 몰랐기 때문입니다. '수박 겉 핥기'라는 말은 '어떤 것의 속 내용은 모르고 겉만 건드리는 것'을 말합니다.

>>> QR코드를 찍으면
지문 읽기를 들을 수 있어요
3단계 10회

공부한 날 [   ] 월 [   ] 일 시작 시간 [   ] 시 [   ] 분

㉮ 고려 시대에는 다른 나라의 침략이 **잦아**❶ 백성들이 무척 고통받았습니다. 고려의 학자 최무선은 고통받는 백성들을 위해 적들을 효과적으로 물리칠 무기를 만들고 싶었습니다. 그렇게 고민하던 중 최무선은 중국에 '화포'라는 강력한 무기가 있다는 것을 알게 되었습니다. 화포는 철로 된 긴 원통에 화약을 넣고 돌덩이를 멀리 쏘는 대포와 비슷한 무기였습니다.

'이 화포만 있으면 적들을 손쉽게 물리칠 수 있을 거야.'

화포를 개발하는 데는 화약이 필요했습니다. 최무선은 화약을 만들기 위해 중국에서 건너온 화약과 관련된 책들을 모조리 읽었습니다. [㉠] 그 책들에 적힌 화약 만드는 방법은 모두 **수박 겉 핥기*** 식이었습니다. [㉡] 그 당시 중국에서는 화약 만드는 방법을 **중대한**❷ 비밀로 다루었기 때문입니다. 책에서는 '화약이 어떤 것이다' 정도만 간단히 소개할 뿐, 중요한 속 내용들은 모두 빠져 있었습니다.

최무선은 직접 화약을 만들 수밖에 없었습니다. 최무선은 화약을 완성하기까지 위험한 실험들을 반복했습니다. 반복되는 위험한 실험에 사람들은 최무선을 말리기도 했습니다.

"이보게, 대체 무엇 때문에 목숨이 오가는 실험을 계속하는가? 우선 자네가 살아야지."

"걱정해주어 고맙네, 친구. 그렇지만 이 화약은 자네도, 내 아내와 자식들도, 그리고 우리의 백성들도 지켜 줄 거야. 내 목숨보다 그들이 더 중요하다네."

20년에 걸친 실험 끝에 최무선은 화약과 화포를 완성했습니다. 그 후 직접 개발한 화포로 적들을 통쾌하게 물리쳤습니다.

– 역사 속 인물 이야기

↑ 최무선이 발명한 화포인 대장군포
(복제품, 강화전쟁박물관)

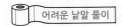
어려운 낱말 풀이

❶ **잦아** 어떤 일이 일어나는 횟수가 많아
❷ **중대한** 아주 크고 중요한 重무거울 중 大클 대 -

1 최무선이 만든 화포의 모습을 짐작해 알맞은 것에 ○표를 해 보세요.

[   ]   [   ]   [   ]

2 이 글의 내용으로 알맞지 <u>않은</u> 것을 골라 보세요. ---------------------------------- [   ]

① 최무선은 적들을 효과적으로 물리칠 무기를 만들고 싶었다.

② 화포를 만드는 데는 화약이 필요하다.

③ 최무선은 화약을 만들기 위해 중국의 책들을 읽었다.

④ 최무선은 중국의 책을 그대로 베껴 화약을 만들었다.

⑤ 최무선이 화약을 만들기 위해 한 실험 중에는 위험한 실험도 있었다.

3 '수박 겉 핥기'라는 속담의 뜻을 생각했을 때, 화약 만들기에서 수박의 겉과 속은 각각 무엇인지 알맞은 낱말을 [보기]에서 찾아 빈칸을 채워 보세요.

[보 기]   소개   구체   간단   방법

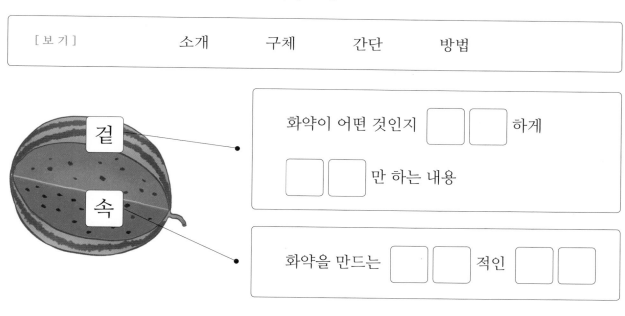

화약이 어떤 것인지 [ ][ ] 하게

[ ][ ] 만 하는 내용

화약을 만드는 [ ][ ] 적인 [ ][ ]

4 ㉠과 ㉡에 들어갈 이어주는 말로 알맞은 것을 [보기]에서 찾아 써 보세요.

[보 기]   그러나   또한   왜냐하면

㉠ - [   ]   ㉡ - [   ]

다음은 최무선의 일기를 상상하여 쓴 글입니다. 다음을 읽고, 문제를 풀어 보세요.

13○○년 ○월 ○일

⑦ ┌ 또 다른 나라의 도둑들이 백성들의 곡식을 훔쳐 갔다. 나는 도저히 그 도둑들을
   │ 용서할 수 없다. 중국에는 '화포'라는 무기가 있어 적들이 겁을 먹고 도망간다고
   └ 한다. 나는 이 무기를 만들어 도둑들을 물리칠 것이다.

13○○년 ○월 ○일

오늘은 중국에서 들여온 책에서 화약을 어떻게 만드는지 찾아보았다. 그러나 거기에

나온 화약에 대한 것은 [   ] 식이었다. 그래도

화약에 무엇이 필요한지 감을 잡을 수 있었다.

13○○년 ○월 ○일

친구가 찾아와 나를 걱정해 주었다. 나도 위험한 실험들을 할 때는 겁이 난다. 그래도

이 화약이 내 가족, 내 친구, 내 나라를 지킬 수 있다는 생각을 하면 힘이 난다.

5 윗글의 빈칸에 들어갈 알맞은 속담을 써 보세요.

→ ☐ ☐ ☐ ☐ ☐

6 긴 이야기 속 ⑦를 작은 이야기 속 ⑭처럼 바꾸었을 때 얻을 수 있는 효과로 알맞은 것을
골라 보세요. -- [   ]

① 최무선이 무슨 생각을 했는지 더욱 생생하게 알 수 있습니다.

② '화포'라는 무기가 어떤 무기인지 더욱 자세히 알 수 있습니다.

10회 어법·어휘편

1단계 빈칸에 들어갈 말을 [보기]에서 찾아 써 보세요.

[보 기]   중대   대접   관련

[1] 아나운서는 오늘 ☐☐ 한 발표가 있다고 뉴스에서 말했다.

[2] 아주머니는 우리를 아주 소중한 손님처럼 ☐☐ 해 주었다.

[3] 어떤 것의 정보를 얻고 싶으면 ☐☐ 된 책을 읽는 것이 좋다.

2단계 다음 문장의 ☐ 속 낱말이 <u>잘못된</u> 부분에 ×표를 하고 알맞게 고쳐 보세요.

[1] 화약 에 열을 가하면 폭팔 할 위험 이 있다. ➡ ☐

[2] 직접 개발 한 화포로 적들을 통쾌 하게 물리쳤다. ➡ ☐

3단계 다음 중 낱말들의 관계가 아래와 <u>다른</u> 낱말 짝을 골라 보세요. ----------- [　　]

잦다	드물다
어떤 일이 일어나는 횟수가 많다.	어떤 일이 일어나는 횟수가 적다.

① 크다 - 작다   ② 많다 - 적다   ③ 길다 - 짧다

④ 넓다 - 좁다   ⑤ 좋다 - 같다

시간 끝난 시간 ☐시 ☐분
1회분 푸는 데 걸린 시간 ☐분

채점 독해 6문제 중 ☐개
어법·어휘 6문제 중 ☐개

손과 관련된 관용어

모든 신체 부위는 중요하기 때문에 서로 비교할 수 없지만,
그중에서도 손은 우리가 무엇을 하거나 세상을 느낄 수 있게
해 주는 소중한 부위입니다. 그래서인지 우리말 관용어
중에서는 손에 빗대어서 만들어진 표현이 매우 많습니다.

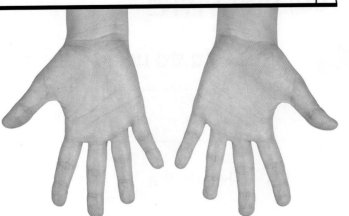

[손이 크다]

손은 그 사람이 가진 마음의 크기를 비유하기도 합니다. 손이 크다는 것은 마음이나 베풂의 크기가 크다는
뜻으로도 볼 수 있겠지요? 그래서 이 표현은 '씀씀이가 후하고 크다'는 뜻으로 쓰입니다.

예 **손이 큰** 재원이네 어머니는 재원이의 친구들이 오면 음식을 한 상 가득 차려 주셨다.
　　└→ 씀씀이가 후하고 큰

[손을 잡다]

이 표현은 '서로 힘을 합쳐 돕기로 하다'라는 뜻으로 쓰입니다. 중요한
약속을 할 때 우리는 손을 내밀고 악수를 하는 것으로 약속을 꼭
지키겠다는 의지를 드러내곤 합니다. 이처럼 '손을 잡았다'는 말은
어떤 사람과 다른 사람이 서로 같은 목표를 이루기 위해 협력하는
상황에서 사용됩니다.

⬆ 무언가를 약속할 때 사람들은 악수를 합니다.

예 평소 라이벌이었던 시현이와 의현이는 승부에서 이기기 위해 **손을 잡았다**.
　　　　　　　　　　└→ 서로 힘을 합치기로 했다.

[손을 떼다]

손은 우리 몸에서 가장 대표적으로 일을 하는 신체 부위라고 할 수 있습니다. 따라서 '손을 떼다'는 표현은
'하던 일을 중도에 그만두다'라는 뜻으로 쓰입니다. 그러나 동시에 일을 모두 끝마쳤기 때문에 손에서 내려놓을
수도 있으므로, '하던 일을 다 마쳐 끝내다'라는 뜻으로 사용되기도 합니다.

예 책임감 없이 중간에 **손을 떼지** 말고 최선을 다해 너의 일을 끝내야 한다.
　　　　　　　　└→ 그만두지

예 집중해서 이 정도 속도로 글을 쓴다면 예정된 날짜에 **손을 뗄** 수 있을 것이다.
　　　　　　　　　　　　└→ 다 마쳐 끝낼

3주차

주간학습계획표

한 주간의 계획을 먼저 세워 보세요. 매일 학습을 마친 후 맞힌 문제의 개수를 쓰세요!

회 차	영 역	학 습 내 용	학습계획일	맞은 문제수
11회	관용어	**속이 타다** 불안하고 초조해진 사람이 안절부절 못하는 모습을 두고 '**속이 타다**'라는 표현을 씁니다. 즉, 이 표현은 '**어떠한 걱정 따위로 마음이 불안하고 안타까워하는 상황**'을 말합니다.	월 일	독 해 5문제 중 □ 개 어법·어휘 4문제 중 □ 개
12회	사자성어	**자수성가(自手成家)** 가난 등의 어려운 상황 속에서 자신의 힘으로 성공을 한 사람을 두고 '**자수성가(自手成家)**'했다고 표현합니다. 즉, '**스스로의 힘으로 명성을 떨칠 정도로 성공함**'을 뜻합니다.	월 일	독 해 6문제 중 □ 개 어법·어휘 6문제 중 □ 개
13회	속담	**아니 땐 굴뚝에는 연기가 나지 않는다** 무슨 일이든지 반드시 까닭이 있기 마련입니다. 그럴 때 '**아니 땐 굴뚝에는 연기가 나지 않는다**'라는 표현을 쓴답니다. 이 표현은 '**원인이 없으면 결과도 없다**'는 것을 의미합니다.	월 일	독 해 5문제 중 □ 개 어법·어휘 7문제 중 □ 개
14회	관용어	**목이 빠지게 기다리다** 누군가를 애타게 기다릴 때, 사람들은 고개를 빼 들고 그 사람이 언제 오는지 계속 두리번거립니다. 이런 모습을 두고 '**목이 빠지게 기다리다**'라는 표현을 쓰는데, 말 그대로 '**목이 빠질 듯이 고개를 내밀어 애타게 기다리는 모습**'을 의미합니다.	월 일	독 해 5문제 중 □ 개 어법·어휘 6문제 중 □ 개
15회	사자성어	**산해진미(山海珍味)** 산과 바다에서 나는 온갖 좋은 재료들을 모아 상을 차리면 어떨까요? 맛있는 음식들이 가득한 상차림이 될 것입니다. '**산해진미(山海珍味)**'는 '**산과 바다에서 나는 온갖 재료들로 차린 귀한 음식들**'을 말하는 사자성어입니다.	월 일	독 해 5문제 중 □ 개 어법·어휘 4문제 중 □ 개

불안하고 초조해진 사람이 안절부절 못하는 모습을 두고 '속이 타다'라는 표현을 씁니다. 즉, 이 표현은 '어떠한 걱정 따위로 마음이 불안하고 안타까워하는 상황'을 말합니다.

>>> QR코드를 찍으면
지문 읽기를 들을 수 있어요   3단계 11회

공부한 날 ☐ 월 ☐ 일   시작 시간 ☐ 시 ☐ 분

조선 시대에 임상옥이라고 하는 큰 상인이 살았습니다. 임상옥은 어릴 때 부모님의 빚 때문에 노비가 되었는데, 장사에 **재능❶**이 있음을 눈여겨본 스승님의 도움으로 상인이 될 수 있었습니다.

어느 날 임상옥은 중국으로 인삼을 팔기 위해 길을 떠났습니다. 당시 조선의 인삼은 중국에서 무척 비싼 값에 팔리는 물건 중 하나였습니다. 그런데 임상옥이 중국에 도착하자마자 중국 상인들은 임상옥에게 **으름장❷**을 놓았습니다.

"헐값에 팔지 않으면 인삼을 사지 않겠소. 우리뿐만이 아니라 중국의 모든 상인들이 그렇게 하기로 약속했으니, **헛고생❸**하지 마시오."

그들의 말대로 중국의 상인들은 모두 제값에 인삼을 사려 하지 않았습니다. 임상옥이 인삼을 중국까지 옮기는 데 큰돈을 썼을 테니, 인삼을 헐값에라도 팔 것이라 생각한 중국 상인들의 작전이었습니다.

인삼을 한 뿌리도 팔지 못한 임상옥은 며칠 동안 **숙소❹**에 틀어박혔습니다. 그리고 임상옥이 조선에 돌아가기 전날, 임상옥은 마당에 가지고 온 인삼을 모두 쌓아 놓았습니다. 중국 상인들이 모이자 임상옥이 일꾼들에게 말했습니다.

"인삼을 모두 불태워라."

중국 상인들은 깜짝 놀랐습니다. 일꾼들이 인삼에 정말로 불을 붙였기 때문이었습니다. 불타는 인삼을 보며 중국 상인들은 **속이 탔습니다**.[*] 조선의 인삼은 몇 년에 한 번씩만 오기 때문에, 지금 인삼을 사지 않으면 몇 년 동안은 인삼을 구경도 할 수 없기 때문이었습니다.

"이보게, 우리가 잘못했네. 돈은 달라는 대로 줄 테니 그만하게."

"그렇다면 이미 타 버린 인삼의 값도 내시겠습니까?"

중국 상인들은 한숨이 **푹푹❺** 나왔지만, 어쩔 수가 없었습니다. 결국 인삼을 헐값에 사려던 중국 상인들은 훨씬 비싼 값을 주고 인삼을 사야만 했고, 그제야 임상옥은 인삼에 붙은 불을 꺼 주었습니다.

– 역사 속 인물 이야기(12회에서 계속됩니다.)

1 다음은 이야기를 네 부분으로 정리한 것입니다. 각 부분의 내용에 맞도록 알맞은 것을 골라 보세요.

첫 번째 부분	임상옥이 인삼을 팔기 위해 중국으로 향했다.

두 번째 부분	중국 상인들은 인삼을 { 제값 / 헐값 }에 팔지 않으면 사지 않겠다고 말했다.

세 번째 부분	임상옥은 돌아가기 전날 인삼을 모두 { 불태우려 / 헐값에 팔려고 } 했다.

네 번째 부분	결국 중국 상인들은 인삼을 { 훨씬 비싼 값 / 헐값 }을 주고 사야 했다.

3주 11회

해설편 006쪽

2 다음 중 '속이 타다'의 뜻을 골라 보세요. ┄┄┄┄┄┄┄┄┄ [   ]

① 터무니없어 할 말이 없다

② 너무 더워 쓰러질 것만 같다

③ 반응 따위가 떨떠름하고 시들하다

④ 지나치게 긴장하여 더듬더듬 말하다

⑤ 걱정 따위로 마음이 답답하고 안타깝다

3 임상옥이 인삼을 태우자 중국 상인들이 속을 태운 까닭을 짐작해 보세요. ┄┄┄ [   ]

① 자신들의 물건에 불이 옮겨 붙어 손해를 볼 것 같아서

② 연기가 너무 많이 나 일꾼들이 다칠 것 같아서

③ 인삼이 타 버리면 몇 년 동안은 인삼을 구할 수 없을 것 같아서

④ 불타는 인삼들이 모두 중국 상인들의 것이라서

⑤ 임상옥의 마음이 크게 상한 것 같아 걱정이 돼서

어려운 낱말 풀이

❶ **재능** 재주와 능력 才재주 재 能능력 능 ❷ **으름장** 말과 행동으로 위협하는 짓
❸ **헛고생** 아무런 보람도 없는 고생 -쓸 고 生날 생 ❹ **숙소** 집 밖에서 묵는 곳 宿머물 숙 所자리 소
❺ **푹푹** 한숨이나 연기를 자꾸 세게 내쉬는 모양

[4~5] 다음 글을 읽고, 문제를 풀어 보세요.

> 먼 옛날 '이타카'라는 나라에 오디세우스라는 왕이 있었습니다. 그러나 오디세우스는 트로이 전쟁이라는 큰 전쟁에 나간 뒤, 20년 동안이나 돌아오지 않았습니다.
>
> 오디세우스의 아내 페넬로페는 남편의 소식을 알 수 없어 매일 ㉠속이 탔습니다. 그에 더해 왕의 자리를 노리는 수많은 사람들은 페넬로페에게 새로 결혼할 것을 강요했습니다. 페넬로페는 시아버지의 옷을 짠다는 핑계를 대고 낮에는 옷을 짜고, 밤에는 옷을 풀었지만 곧 그마저도 들통나고 말았습니다. 결국 페넬로페는 오디세우스의 활을 당기는 사람과 결혼하겠다고 말했습니다.
>
> 하지만 오디세우스의 활은 너무 세서, 오디세우스가 아니면 도무지 당길 수가 없었습니다. 수많은 사람들이 활을 당기는 데 실패했을 때, 허름한 차림의 남자 하나가 나섰습니다. 모두 처음 보는 사람이었습니다.
>
> "내가 당겨보겠소."
>
> 왕의 자리를 노리던 사람들은 그를 비웃었습니다. 그러나 그 사내가 활을 가뿐히 당겨 도끼 열두 개를 꿰뚫었을 때, 그들은 그제야 그 허름한 차림의 남자가 오디세우스임을 깨닫게 되었습니다. 사람들은 허겁지겁 무기를 찾았지만, 이미 오디세우스가 그들이 먹고 마시는 사이 그들의 무기를 모두 숨겨 둔 뒤였습니다. 오디세우스는 그 자리에서 페넬로페를 괴롭히던 사람들을 모두 무찔렀습니다.
>
> – 호메로스, 「오디세이아」 중

4 위 이야기의 중심인물 두 사람을 써 보세요.

→ ☐☐☐☐ 와 ☐☐☐☐☐

5 밑줄 친 '㉠속이 탔습니다'와 바꿔 쓸 수 있는 표현에 ◯표를 해 보세요.

마음이 답답하고 안타까웠습니다	몹시 긴장이 되었습니다
[ ]	[ ]

1 단계
다음 낱말과 뜻이 알맞도록 선으로 이어 보세요.

[1] 제값 •   • 물건의 원래 가격보다 훨씬 싼 값

[2] 헐값 •   • 물건의 가치에 맞는 값

 2 단계
다음 중 '으름장을 놓는' 말에 ○표를 해 보세요.

"오늘 운동장은 우리가 쓰기로
했어. 그러니까 당장 나가, 알겠어?"

"운동장을 오늘 우리가 쓰기로
했는데 혹시 비켜 줄 수 있겠니?"

[   ]   [   ]

 3 단계
[보기]를 읽고, 빈칸에 들어갈 말을 써 보세요.

[보기]

어떤 낱말은 '아주', '무척' 등의 꾸며주는 말을 쓰지 않아도 더 강한 의미를 지니게
되기도 합니다. 예를 들어 '나무가 새까맣게 탔다'는 '아주', '무척' 등이 쓰이지
않았음에도 '나무가 탔다'보다 더 강한 의미를 지니게 됩니다.

'속이 타다'를 더 강하게 표현하면?

→ 속이 [ㅂ] [쩌] [ㅂ] [쩌] 타다.

 시간
끝난 시간 [   ]시 [   ]분

 채점
독해 5문제 중 [   ]개

1회분 푸는 데 걸린 시간 [   ]분
어법·어휘 4문제 중 [   ]개

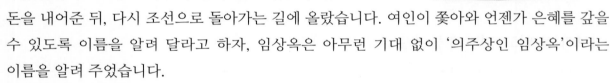
가난 등의 어려운 상황 속에서 자신의 힘으로 성공을 한 사람을 두고 '자수성가(自手成家)'했다고 표현합니다. 즉, '스스로의 힘으로 명성을 떨칠 정도로 성공함'을 뜻합니다.

공부한 날 ☐ 월 ☐ 일　시작 시간 ☐ 시 ☐ 분　　　>>> QR코드를 찍으면 지문 읽기를 들을 수 있어요　3단계 12회

　임상옥이 그렇게 장사를 끝마치고 돌아올 때의 일입니다. 그날 밤, 임상옥은 어느 여인이 **노비**로 팔려 가는 모습을 보게 되었습니다. 임상옥은 깜짝 놀라 물었습니다.

　"이보시오, 무슨 사연이 있어 이 여인이 노비로 팔려 가는 것이오?"

　그러자 노비로 팔려 가는 여인이 눈물을 흘리며 말했습니다.

　"**흉년**이 들어 부모님께서 돌아가시고, **빚**을 갚을 길이 없어 노비가 되었습니다."

　그 말을 들은 임상옥은 마음이 아팠습니다. 임상옥 또한 어린 시절 빚 때문에 노비가 되었던 적이 있었기 때문이었습니다.

　"내가 이 여인의 빚을 모두 갚겠소. 이 여인을 풀어 주시오."

　임상옥은 큰돈을 주고 여인의 빚을 모두 갚아 주었습니다. 그리고 여인이 얼마간 살아갈 수 있도록 돈을 내어준 뒤, 다시 조선으로 돌아가는 길에 올랐습니다. 여인이 쫓아와 언젠가 은혜를 갚을 수 있도록 이름을 알려 달라고 하자, 임상옥은 아무런 기대 없이 '의주상인 임상옥'이라는 이름을 알려 주었습니다.

　그로부터 10년 뒤, 임상옥은 다시 장사를 하러 중국에 오게 되었습니다. 그런데 임상옥이 중국에 도착하자마자 누군가 임상옥을 찾는다는 소리가 들려왔습니다. 임상옥이 그를 찾아가자, 중국의 유명한 부자 한 명이 임상옥을 크게 반겼습니다.

　"10년 전에 제 아내를 구해 주셨다고 들었습니다. 제 아내에게 베푼 은혜가 곧 저에게 베푼 은혜이니, 무엇이든 말씀만 하시면 들어드리겠습니다."

　알고 보니 10년 전의 여인이 큰 부자의 아내가 되었던 것이었습니다. 임상옥은 과거에 도와주었던 여인의 도움으로 큰 장사를 시작할 수 있었고, 여인을 구하기 위해 쓴 돈의 10배가 넘는 큰돈을 벌 수 있었습니다.

　노비 출신 임상옥은 스스로의 힘으로 **자수성가**하여 조선 최고의 상인이라는 명성을 떨쳤습니다. 그리고 이러한 성공의 뒷면에는 돈보다 사람을 먼저 생각하는 따뜻한 마음씨가 있었습니다. 임상옥은 **자수성가**한 뒤에도 많은 사람들을 도우며 살아갔다고 합니다.

　– 역사 속 인물 이야기

1 다음은 이 이야기에서 등장하는 인물들의 관계를 정리한 것입니다. 빈칸에 알맞은 낱말을 채워 보세요.

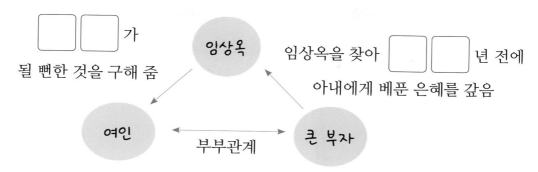

가

될 뻔한 것을 구해 줌

임상옥

임상옥을 찾아 ☐☐ 년 전에

아내에게 베푼 은혜를 갚음

여인 ⟷ 부부관계 ⟷ 큰 부자

2 다음은 임상옥의 삶을 요약한 것입니다. 본문을 참고해 빈칸을 채워 보세요.

어린 시절	– 부모님의 빚 때문에 노비가 됨 – 임상옥의 재능을 알아본 스승의 도움으로 상인이 될 수 있었음
젊은 시절	– 중국 상인들이 인삼을 헐값에 사려고 했으나, 재치와 배짱으로 장사를 성공적으로 끝마침 – ☐☐ 가 될 뻔한 여인을 구하고, 10년 뒤 그 여인의 남편이 된 중국의 큰 부자에게 도움을 받아 큰 거래를 하게 됨
자수성가 후	– 조선 최고의 ☐☐ 이 된 후에도 많은 사람들을 도우며 살아감

3 임상옥이 '자수성가'한 인물인 까닭을 알맞게 설명한 것에 ○표를 해 보세요.

임상옥은 부모님께 아무런 재산도 물려받지 못했고, 오히려 노비까지 될 뻔했습니다. 그러나 스스로의 힘으로 조선 최고의 상인이 되었으니, '**자수성가**'라 할 수 있습니다.

[   ]

임상옥은 따뜻한 마음씨를 가지고 있습니다. 늘 돈보다 사람들을 먼저 생각했고, 옳지 않은 일이면 하지 않았습니다. 그러므로 '**자수성가**'라 할 수 있습니다.

[   ]

어려운 낱말 풀이

❶ **명성** 세상에 널리 떨친 이름 名이름 명 聲소리 성
❷ **노비** 남의 집에 딸려 천한 일을 하는 사람들 奴종 노 婢종 비
❸ **흉년** 농작물이 평소에 비해 무척 적게 나오는 해 凶흉할 흉 年해 년
❹ **빚** 남에게 갚아야 할 돈이나 은혜

[4~6] 다음 그림을 보고, 문제를 풀어 보세요.

의주 상인
임상옥

조선 최고의 상인,
임상옥을 만나다.
혼자 힘으로
노비에서 조선 최고의 상인이 되기까지,
☐☐☐☐ 한 인물 임상옥.
그의 삶을 책 한 권에 담았습니다.
지금 당장 서점에서 만나 보세요.

4 위 그림에서 광고하는 책의 내용에 ○표를 해 보세요.

노비에서 조선 최고의 상인이 된 임상옥의 삶을 담은 책	임상옥을 비롯한 조선시대 인물들의 초상화를 모아 놓은 책
[ ]	[ ]

5 위 광고의 빈칸에 들어갈 알맞은 사자성어를 써 보세요.

→ ☐☐☐☐

6 다음 중 '자수성가'와 어울리는 인물에 ○표를 해 보세요.

부모님의 사업을 이어받은 사람	물려받은 재산이 많아 일을 하지 않는데도 돈이 많은 사람	물려받은 재산 없이 혼자 힘으로 성공한 사람
[ ]	[ ]	[ ]

12회 어법·어휘편

1단계 다음의 낱말과 뜻이 알맞도록 선으로 이어 보세요.

[1] 노비 •

[2] 흉년 •

[3] 빚 •

• 농작물이 평소에 비해 무척 적게 나오는 해

• 남에게 갚아야 할 돈이나 은혜

• 남의 집에 딸려 천한 일을 하던 사람

2단계 [보기]에서 빈칸에 들어갈 알맞은 말을 골라 써 보세요.

[보기]   지다   갚다

돈을 빌리다. ◄────► 빌린 돈을 돌려주다.

빚을 [   ]. ◄────► 빚을 [   ].

3단계 다음 중 '베풀다'의 쓰임이 어색한 문장에 ○표를 해 보세요.

[1] 임상옥은 흉년이 들자 백성들에게 쌀을 **베풀어** 주었다. ──────── [   ]

[2] 그때 그가 **베푼** 은혜를 결코 잊지 못할 것이다. ──────── [   ]

[3] 어머니께서 꾸중을 **베푸셨다.** ──────────────── [   ]

 시간 끝난 시간 [ ]시 [ ]분   1회분 푸는 데 걸린 시간 [ ]분

채점 독해 6문제 중 [ ]개   어법·어휘 6문제 중 [ ]개

아니 땐 굴뚝에는 연기가 나지 않는다*

무슨 일이든지 반드시 까닭이 있기 마련입니다. 그럴 때 '아니 땐 굴뚝에는 연기가 나지 않는다'라는 표현을 쓴답니다. 이 표현은 '원인이 없으면 결과도 없다'는 것을 의미합니다.

공부한 날 ☐ 월 ☐ 일   시작 시간 ☐ 시 ☐ 분

>>> QR코드를 찍으면
지문 읽기를 들을 수 있어요
3단계 13회

어부가 배 위에서 물고기를 잡고 있었습니다. 그물에 걸린 고기들을 하나씩 꺼내던 어부는 물고기 배에 찍힌 이상한 자국을 **발견**❶했습니다. 그는 **육지**❷로 돌아와 사람들에게 물고기 배에 찍힌 자국을 보여 주었습니다.

"이거는 분명 **전설**❸의 동물인 크라켄의 짓일 거야!"

"맞아, 녀석은 오징어처럼 생겼지만, 크기가 **범선**❹처럼 크고, 다리에는 커다란 **빨판**❺이 달려 있다고 하더군."

하지만 어부는 세상에 그렇게 큰 괴물은 없다고 생각했습니다.

"에이, 거짓말하지 말게, 그렇게 큰 괴물이 어디에 있나?"

그러자 사람들이 말했습니다.

"이보게 크라켄이 바다를 **항해**❻하는 배를 공격했다는 소문을 못 들었나? **아니 땐 굴뚝에 연기가 나지 않는*** 것처럼 **원인**❼이 없으면 **결과**❽가 있을 수 없지. 분명히 그 괴물은 있을 걸세."

그래도 어부는 크라켄이 있다는 사실을 믿지 않았습니다.

얼마 뒤 바다로 나간 어부가 그물을 끌어 올리고 있었습니다. 그런데, 그물에서 **묵직한**❾ 느낌이 들었습니다. 힘겹게 그물을 끌어 올리자 그 안에는 보통 오징어의 10배가 넘는 크기의 대왕 오징어가 있었습니다. 대왕 오징어의 빨판을 보니 얼마 전 물고기의 배에 있던 빨판 자국과 똑같았습니다.

어부는 그제야 무릎을 치며 말했습니다.

"이 녀석을 보고 괴물 크라켄이라 한 모양이구나."

어부는 자신의 발견을 기뻐하며 육지로 돌아가 사람들에게 이 사실을 알렸습니다.

1 이 이야기를 읽고 내용을 올바르게 이해한 친구에 ○표를 해 보세요.

> **지희**: 괴물 크라켄은 모두 까닭 없는 소문이었구나. 이제 사람들이 하는 거짓말을 조심해야겠어.

[   ]

> **우형**: 괴물 크라켄이 있다는 소문이 그냥 난 게 아니었어. 원인이 있으니 그런 소문이 난 거야.

[   ]

2 이 이야기의 내용으로 미루어 볼 때, '아니 땐 굴뚝에는 연기가 나지 않는다'의 뜻을 골라 보세요. [   ]

① 옳고 그름을 가리다.

② 미래의 일은 알 수 없는 것이다.

③ 원인이 없으면 결과가 있을 수 없다.

④ 바람 앞의 등불처럼 위급한 상황에 처하다.

⑤ 물건을 보면 그것을 가지고 싶은 욕심이 생긴다.

3 어부가 대왕 오징어를 잡고 한 말은 무엇인지 골라 보세요. [   ]

① "이 녀석을 보고 크라켄이라 한 모양이구나."

② "오늘은 물고기를 많이 잡지 못했네."

③ "육지에 가서 크라켄을 찾아봐야겠어."

④ "다음에는 꼭 크라켄을 잡아야겠어."

⑤ "크라켄을 피해서 조심히 돌아가야겠군."

어려운 낱말 풀이

❶ **발견** 어떤 것을 알아내거나 찾아내는 것 發필 발 見볼 견

❷ **육지** 땅 陸뭍 육 地땅 지

❸ **전설** 옛날부터 사람들 사이에 전해 내려오는 신기한 이야기 傳전할 전 說말씀 설

❹ **범선** 돛단배 帆돛 범 船배 선

❺ **빨판** 낙지, 오징어의 발에 있는 몸의 한 부분. 어디에 달라붙는 데 쓰인다.

❻ **항해** 배를 타고 바다 위를 다님 航배 항 海바다 해

❼ **원인** 일이나 현상이 일어나게 된 까닭 原근원 원 因인할 인

❽ **결과** 어떤 사정이나 까닭 때문에 생긴 일 結맺을 결 果열매 과

❾ **묵직한** 보기보다 꽤 무거운

[4~5] 다음 글을 읽고, 문제를 풀어 보세요.

조르주 드 메스트랄은 스위스의 전기 기술자입니다. 그는 1941년에 산토끼를 발견한 사냥개를 뒤쫓아 달리다 엉겅퀴가 우거진 숲에서 길을 잃고 말았습니다.

한참을 헤메다 숲에서 겨우 빠져나왔을 때, 메스트랄의 옷 여기저기에는 엉겅퀴의 씨가 붙어 있었습니다.

"아무리 털어도 엉겅퀴 씨가 잘 떨어지지 않네. ⬚⬚⬚⬚⬚⬚⬚⬚⬚, 분명 잘 떨어지지 않는 이유가 있을 거야."

호기심❶이 많은 메스트랄은 집에 돌아와 엉겅퀴 씨를 확대경으로 살펴보았습니다. 그리고 엉겅퀴의 씨가 갈고리 모양으로 생겼다는 것을 발견하였습니다.

그는 이것을 이용하여 한 쪽에는 갈고리가 있고, 다른 쪽에는 실로 된 작은 고리가 있는 벨크로 테이프를 만들었습니다.

⬆ 벨크로 테이프의 모습

4 다음은 윗글을 정리한 것입니다. 빈칸을 채워 완성해 보세요.

⬚에서 길을 잃은 메스트랄은 옷에 붙은 엉겅퀴 ⬚가 잘 떨어지지 않는다는 사실을 발견했습니다. ⬚⬚⬚ 많은 메스트랄은 엉겅퀴 씨가 갈고리 ⬚⬚으로 생겼다는 사실을 깨달았습니다. 그는 이것을 이용하여 벨크로 테이프를 만들었습니다.

5 윗글의 빈칸에 들어갈 말은 무엇일지 골라 보세요. ⸺⸺⸺⸺⸺⸺⸺⸺ [   ]

① 티끌 모아 태산이라고
② 도둑이 제 발 저린다고
③ 쥐구멍에도 볕 들 날 있다고
④ 뛰는 놈 위에 나는 놈 있다고
⑤ 아니 땐 굴뚝에는 연기가 나지 않는다고

🧻 어려운 낱말 풀이 ┃ ❶ 호기심 어떤 것에 대해 신기해하고 궁금해하는 마음 好좋을 호 奇기이할 기 心마음 심

1
단계

[보기]를 보고 빈칸에 알맞은 낱말을 채워 보세요.

[보 기]　　　　　　　육지　　　　항해　　　　전설

넓은 바다로 머나먼 ▢▢ 를 떠났던 이들이 무사히 돌아왔습니다.

항구는 돌아온 이들을 반기는 사람들로 가득했습니다. 길었던 배에서의 생활을

마치고 ▢▢ 로 돌아온 이들의 항해는 ▢▢ 로 남아 오래도록

기억될 것입니다.

2
단계

밑줄 친 낱말과 바꿔 쓸 수 있는 말을 골라 보세요.

[1] 자루를 들어 보니 **묵직했다**. ──────────────────── [　　　]

① 보기보다 무거웠다.

② 생각보다 커다랬다.

[2] 사람들은 상자 속을 **호기심**에 가득 찬 눈빛으로 쳐다보았다. ──────── [　　　]

① 깜짝 놀라 언짢은 마음

② 새롭고 신기한 것을 좋아하는 마음

3
단계

다음 중 밑줄 친 부분이 원인이면 '원인'을, 결과면 '결과'를 써 보세요.

[1] **늦잠을 자서**, 학교에 지각했다. ──────────────── ▢▢

[2] **지금 배가 부른** 까닭은 밥을 많이 먹었기 때문이다. ───── ▢▢

 시간　**끝난 시간** ▢시 ▢분
1회분 푸는 데 걸린 시간 ▢분

 채점　**독해** 5문제 중 ▢개
어법·어휘 7문제 중 ▢개

3
주
13
회

해설편
0
0
7
쪽

누군가를 애타게 기다릴 때, 사람들은 고개를 빼 들고 그 사람이 언제 오는지 계속 두리번거립니다. 이런 모습을 두고 '목이 빠지게 기다리다'라는 표현을 쓰는데, 말 그대로 '목이 빠질 듯이 고개를 내밀어 애타게 기다리는 모습'을 의미합니다.

공부한 날 ☐ 월 ☐ 일 시작 시간 ☐ 시 ☐ 분

>>> QR코드를 찍으면
지문 읽기를 들을 수 있어요   3단계 14회

　　힘이 센 헤라클레스는 왕에게 바칠 귀한 황금 사과를 찾고 있었습니다. 그러던 중 아틀라스를 만나게 되었는데, 그는 하늘이 땅에 떨어지지 않도록 계속 **떠받치고**❶ 있어야 하는 벌을 받고 있었습니다. 아틀라스는 헤라클레스의 이야기를 듣고 그를 도와주겠다며 말했습니다.

　　"헤라클레스, 내가 당신 대신 황금 사과를 따다 주겠소. 대신 내가 들고 있는 이 하늘을 잠깐만 들어 주겠소? 금방 올 테니 걱정 마시오."

　　헤라클레스는 황금 사과를 가져다 준다는 아틀라스의 말에 아틀라스 대신 어깨와 팔로 하늘을 떠받치기 시작했습니다. 시간이 지날수록 헤라클레스의 등이 땀으로 젖었고 다리가 후들거렸지만 황금 사과를 생각하면 힘들다는 생각이 사라졌습니다.

　　마침내 아틀라스가 다시 나타났습니다. 손에는 헤라클레스에게 약속했던 황금 사과도 들고 있었습니다.

　　"드디어 돌아왔군요, 아틀라스. 정말 **목이 빠지게 기다렸소**.*"

　　"약속대로 황금 사과를 가져왔소. 그런데 말이오, 내가 당신 대신 황금 사과를 가져가고 당신이 하늘을 계속 들고 있는 게 어떻겠소?"

　　"아틀라스, 무슨 말을 하는 겁니까? 약속대로 나에게 황금 사과를 넘기시오!"

　　하지만 아틀라스는 **코웃음**❷을 치며 헤라클레스를 약 올렸습니다. 이대로 아틀라스가 가 버린다면 헤라클레스는 꼼짝없이 하늘을 계속 떠받치고 있어야 했습니다.

　　헤라클레스는 한 가지 꾀를 내었습니다.

　　"잠깐 기다리시오, 아틀라스. 당신 말대로 하겠소. 그런데 그 전에 잠시 몸을 풀게 해주시오. 앞으로 평생 하늘을 들고 있으려면 준비 운동은 해야 하지 않겠소?"

　　아틀라스는 헤라클레스의 말에 동의하며 헤라클레스가 준비 운동을 하는 동안만 잠시 하늘을 들어 주기로 했습니다. 하지만 아틀라스가 다시 하늘을 떠받치자 헤라클레스는 황금 사과를 챙겨 곧바로 떠나 버렸습니다. 헤라클레스의 꾀에 넘어간 아틀라스는 헤라클레스를 다시 속이려 했지만 헤라클레스는 이미 사라진 후였습니다.

　　- 그리스 로마 신화

1 다음은 '목이 빠지게 기다리다'라는 표현에 대한 설명입니다. 알맞은 말을 골라 완성해 보세요.

'목이 빠지게 기다리다'는 기다리는 사람이 오는지 { 확인 / 우시 } 하기 위해

목이 빠질 정도로 고개를 { 흔든다는 / 내민다는 } 뜻으로, 그만큼

{ 애타게 / 우관심하게 } 기다린다는 뜻으로 사용합니다.

2 이 이야기의 내용을 올바르게 이해한 친구에 ○표를 해 보세요.

주원: 아틀라스가 황금 사과를 아예 따 오지도 않았으니 헤라클레스가 화를 내는 게 당연해.

[   ]

우영: 헤라클레스는 아틀라스를 믿었는데 배신당했어. 하지만 꾀를 발휘해 아틀라스를 다시 속였지 뭐야.

[   ]

3 이야기의 마지막에 아틀라스가 헤라클레스 대신 하늘을 들어 주었던 까닭을 골라 보세요. ---------- [   ]

① 헤라클레스가 안쓰러워서
② 헤라클레스가 황금 사과를 가지고 있어서
③ 헤라클레스가 준비 운동을 한다고 해서
④ 헤라클레스를 골탕 먹이기 위해서
⑤ 헤라클레스를 왕에게 보내 주기 위해서

어려운 낱말 풀이 | ❶ 떠받치고 주저앉거나 쓰러지지 않도록 튼튼하게 지탱하고 ❷ 코웃음 남을 깔보고 비웃는 웃음

[4~5] 다음 글을 읽고, 문제를 풀어 보세요.

오랜만에 사냥에 성공한 여우가 고기를 물고 집에 가고 있었습니다. 여우가 집에 거의 도착했을 때, 욕심쟁이 사자가 나타나 말했습니다.

"너를 잡아먹기 전에 고기를 내놓아라."

여우는 고기를 내려놓고 사자에게 말했습니다.

"사자님, 지나가다 보았는데 저쪽 흰색 나무 아래에 이런 고기가 산처럼 쌓여 있던 걸요?"

사자는 고기가 잔뜩 있다는 여우의 말을 듣고 나무 아래로 달려갔습니다. 그곳에는 여우의 말처럼 많은 고기가 있었습니다. 욕심 많은 사자는 앞뒤 보지 않고 고기 앞으로 다가갔습니다. 하지만 그건 사냥꾼들이 파 놓은 함정이었고, 사자는 그물에 걸려 꼼짝도 못하는 신세가 되었습니다. 사자는 도와 달라고 외치며 여우를 ㉠**목이 빠지게 기다렸지만** 여우는 이미 도망가 버린 뒤였습니다. 사자는 결국 사냥꾼들에게 잡혀가고 말았답니다.

4 다음은 위 이야기를 정리한 글입니다. 빈칸을 채워 완성해 보세요.

사자는 자기보다 힘이 약한 여우의 [ ][ ] 를 빼앗으려 했습니다. 하지만

오히려 [ ][ ] 에 걸려 사냥꾼들에게 잡혀가는 신세가 되었습니다. 이처럼

큰 [ ][ ] 을 부리다가는 가까이 있는 더 큰 위험을 보지 못하게 될 수도

있답니다.

5 밑줄 친 ㉠의 의미를 올바르게 해석한 것을 골라 보세요. ---------------------------------- [　　　]

① 사자의 목이 빠져 버렸나 봐.

② 여우가 도와주기를 애타게 기다리는 모양이야.

③ 사자는 목이 많이 마른 상태인 것 같아.

④ 여우를 감시하고 있나 봐.

⑤ 사자는 기분이 무척 좋아 보여.

1단계

다음 중 '떠받치다'의 뜻으로 올바른 것에 ○표를 해 보세요.

주저앉거나 쓰러지지 않도록 밑에서 위로 받쳐 버티다.	공중이나 물 위를 떠서 다니다.

[   ]   [   ]

2단계

다음의 낱말과 뜻이 서로 알맞도록 선으로 이어 보세요.

[1] 흔쾌히 •   • 세상에 태어나 죽을 때까지

[2] 평생 •   • 기쁘고 즐겁게

[3] 동의 •   • 남과 의견을 같이함

3단계

빈칸 아래의 설명을 참고하여 빈칸에 알맞은 표현을 써 보세요.

[1]   ㄱ   ㅂ   올 테니 걱정 마시오.
    → 곧, 일찍

[2] 헤라클레스는 한 가지   ㄲ   를 내었습니다.
        → 일을 해결해 낼 수 있는 좋은 생각, 방법

시간
끝난 시간 ☐시 ☐분
1회분 푸는 데 걸린 시간 ☐분

채점
독해 5문제 중 ☐개
어법·어휘 6문제 중 ☐개

15회

산해진미(山 海 珍 味)*
산 산 　 바다 해 　 귀할 진 　 맛 미

산과 바다에서 나는 온갖 좋은 재료들을 모아 상을 차리면 어떨까요? 맛있는 음식들이 가득한 상차림이 될 것입니다. '산해진미(山海珍味)'는 '산과 바다에서 나는 온갖 재료들로 차린 귀한 음식들'을 말하는 사자성어입니다.

>>> QR코드를 찍으면
지문 읽기를 들을 수 있어요
3단계 15회

공부한 날 ☐ 월 ☐ 일 　 시작 시간 ☐ 시 ☐ 분

　　착한 나그네가 산을 넘고 있을 때, 도깨비가 불쑥 튀어나와 말을 걸었습니다.

　　"너, 정말 착하게 산다며? 이 보자기, 가져가. 여기에 대고 박수를 치면 산과 바다의 온갖 맛있는 음식들이 나와."

　　나그네는 보자기를 받아 들고 길을 떠나 한 주막에 이르렀습니다. 나그네는 방에 들어가 보자기에다 대고 박수를 쳤습니다. 그러자 도깨비가 말한 대로 **산해진미***가 차려졌습니다. 그 모습을 본 주막 주인은 몰래 요술 보자기를 바꿔치기했습니다.

　　다음날 나그네가 일어나 보자기에 박수를 쳤는데 아무 일도 일어나지 않았습니다. 나그네는 뭔가 이상하다 싶어 다시 도깨비에게 돌아가 어떻게 된 일인지를 물었습니다. 그러자 도깨비는 이번에는 방망이를 내주었습니다.

　　"이 방망이는 누가 훔치려고 하면 주인이 멈추라 할 때까지 도둑을 **흠씬**❶ 때려 줘."

　　나그네는 방망이를 들고 다시 길을 떠났습니다. 똑같은 주막에 이르러 나그네는 하루 묵어가기로 했습니다. 주막 주인은 나그네가 가지고 있는 방망이를 보고 이번에도 요술 방망이겠거니, 하고 밤에 몰래 방망이를 훔쳤습니다. 그러자 방망이가 주막 주인을 흠씬 두들기기 시작했습니다.

　　"아이고! 제가 훔친 보자기를 돌려드릴 테니 제발 방망이질을 멈춰 주세요!"

　　그 말을 들은 나그네는 방망이질을 멈춰 주고, 보자기를 돌려받았습니다. 나그네는 보자기에서 나오는 **산해진미***들을 사람들에게 나눠 주며 착하게 살았다고 합니다.

　　- 우리나라 전래 동화

어려운 낱말 풀이 | ❶ 흠씬 실컷

1 이 이야기 속에 등장하는 보자기와 방망이는 각각 어떤 요술을 부릴 수 있는지 빈칸을 채워 보세요.

보자기 ┄┄┄┄ 보자기 앞에서 □□ 를 치면 산과 바다의 온갖 귀한 음식이 나옴

방망이 ┄┄┄┄ 누가 훔치려고 하면 □□ 이 멈추라 할 때까지 도둑을 때림

2 주막 주인이 나그네의 방망이를 훔친 까닭을 골라 보세요. ┄┄┄┄┄┄┄┄┄ [　　　]

① 도깨비를 만나고 싶어서

② 산해진미를 먹고 싶어서

③ 요술 방망이일 거라고 생각해서

④ 요술 보자기를 훔친 도둑을 혼내 주려고

⑤ 보자기에 대고 박수를 쳤더니 아무 일도 일어나지 않아서

3 다음은 '산해진미'의 한자와 뜻입니다. 한자와 뜻풀이를 알맞게 이어 보세요.

사자성어의 한자

사자성어의 뜻

山 산 산

海 바다 해

珍 진귀할 진

味 맛 미

산과　바다의　귀한　음식들

"들어갑시다. 용왕님께서 목이 빠지게 기다리고 계십니다."

토끼는 자라를 따라 용궁으로 들어갔습니다. 용왕님은 토끼를 보자 그 특이한 생김새에 깜짝 놀랐습니다. 꿈속의 도인이 말해 준 대로 몸에 털이 가득하고 귀가 뾰족했습니다. 저런 특이한 생물의 간을 먹으면 정말로 병이 나을 것도 같았습니다. 용왕님은 두 팔을 벌려 토끼를 환영했습니다.

"용궁에 온 것을 환영하오. 이제 이 용궁을 집이라고 생각하시오."

"감사합니다, 용왕님. 별주부 선생이 말한 대로, 용궁은 정말 아름다운 곳입니다."

"먼 길을 오느라 고생이 많았소. 용궁 최고의 음식들을 준비했으니 마음껏 드시오."

토끼는 자라의 안내를 받아 식당으로 들어갔습니다. 거기에는 과연 온갖 **산해진미**가 차려져 있었습니다. 토끼는 생전 처음 보는 귀한 음식들을 보며 침을 꿀꺽 삼켰습니다.

– 우리나라 전래 동화 「별주부전」 중

4 위 이야기 속 토끼가 본 상은 어떤 모습이었을지 알맞은 그림에 ○표를 해 보세요.

[   ]

[   ]

5 위 이야기에서 자라가 토끼를 용궁으로 데려온 까닭을 골라 보세요. ·············· [   ]

① 토끼의 털을 구경하려고

② 토끼의 뾰족한 귀를 구경하려고

③ 용궁이 얼마나 대단한지 자랑하려고

④ 용궁 음식이 얼마나 맛있는지 자랑하려고

⑤ 토끼의 간으로 용왕님의 병을 낫게 하려고

해설편 008쪽

1단계 밑줄 친 낱말과 바꿔 쓸 수 있는 말을 골라 보세요.

[1] 이렇게 **귀한** 음식들은 처음 봅니다. ────────── [   ]

① 흔치 않은

② 흔한

[2] 그렇게 **특이한** 것은 처음 보았다. ────────── [   ]

① 보통에 비해 두드러지게 다른

② 다른 것들과 비슷한

2단계 다음 [물음]을 읽고, 제시된 문제를 풀어 보세요.

> [물음] 어떤 도구에 '-질'이라는 말이 붙으면 그 도구를 통해 하는 일을 나타냅니다. 아래의 낱말들 중, '-질'이 뒤에 붙을 수 있는 단어에 **모두** ○표를 해 보세요. (답 3개)

> [답]   걸레   음식   가위   생물   망치

3단계 다음 글을 보고, 빈칸에 들어갈 알맞은 낱말을 써 보세요.

→

• 옛날 시골 길가에서 밥과 술을 파는 곳
• 돈을 받고 나그네를 묵게 하는 집

시간 ⏱ 끝난 시간 □시 □분
1회분 푸는 데 걸린 시간 □분

채점 📄 독해 5문제 중 □개
어법·어휘 4문제 중 □개

바치다(전달) / 받치다(고정)

화창한 주말, 친구들이 모여 즐겁게 축구를 하다가 공이 나무 위로 올라가 버리고 말았습니다.

선우: 얘들아! 공이 저 나무 위에 걸렸는데 어떻게 하지?

두원: 높이를 보니 발밑에 무언가 { ① 받쳐 ② 바쳐 } 야겠어.

밟고 올라가야 닿을 것 같아.

지현: 알았어. 잠깐만 기다려.

선우: 나도 밟고 올라갈 만한 게 있는지 찾아볼게.

'바치다'와 '받치다'는 비슷한 말처럼 보이지만 그 뜻은 전혀 다릅니다. '바치다'는 '돈이나 물건을 정중하게 드리다'라는 뜻이고, '받치다'는 '물건의 밑이나 옆 따위에 다른 물체를 대다'라는 뜻입니다. 다시 말해 '바치다'는 사람에게, '받치다'는 물건에게 쓰는 말이라고 할 수 있습니다. 예를 들어 바치다는 '제물을 바치다', '음식을 바치다' 등으로 쓸 수 있고, 받치다는 '돌을 받치다', '쟁반을 받치다' 등으로 쓸 수 있습니다.

{ **바치다:** 돈이나 물건을 정중하게 드리다. '제물을 바치다', '음식을 바치다' 등.
받치다: 물건의 밑이나 옆 따위에 다른 물체를 대다. '돌을 받치다', '쟁반을 받치다' 등.

✎ **바르게 고쳐 보세요.**   정답: 008쪽

두원: 높이를 보니 발밑에 무언가 바쳐야겠어. 밟고 올라가야 닿을 것 같아.

→ **두원:** 높이를 보니 발밑에 무언가 [ ][ ] 야겠어. 밟고 올라가야 닿을 것 같아.

4주차

한 주간의 계획을 먼저 세워 보세요. 매일 학습을 마친 후 맞힌 문제의 개수를 쓰세요!

회 차	영 역	학 습 내 용	학습계획일	맞은 문제수
16 회	속담	**우물을 파도 한 우물만 파라** 우물은 땅을 파서 지하에 있는 물을 뜨는 곳입니다. 만약 땅을 아주 조금만 파 놓고 물이 안 나온다며 다른 땅을 파면 어느 구덩이에서도 물은 나오지 않을 것입니다. 이처럼 '**우물을 파도 한 우물을 파라**'라는 속담은 '**일을 자꾸 바꿔서 하지 말고 하나의 일을 끝까지 해야 성공할 수 있다**'는 뜻을 가지고 있습니다.	월 일	독 해 6문제 중 ☐ 개 어법·어휘 6문제 중 ☐ 개
17 회	관용어	**한술 더 뜨다** 누군가가 엉뚱한 제안을 했을 때 오히려 더 엉뚱하게 대답하거나 행동하는 경우가 종종 있습니다. 이럴 때 '**한술 더 뜨다**'라는 말을 씁니다. 즉, '**이미 있는 것도 어지간한데 거기에서 한 걸음 더 나아가다**'라는 뜻입니다.	월 일	독 해 6문제 중 ☐ 개 어법·어휘 7문제 중 ☐ 개
18 회	사자성어	**일사천리(一瀉千里)** 강물이 빨라 한 번 흘러 천 리에 다다르는 장면을 상상해 봅시다. 1리는 400m이므로, 천 리는 400km나 되는 먼 거리입니다. 그런 경우에 '**일사천리(一瀉千里)**'라는 표현을 쓴답니다. 즉, '**어떤 일이 거침없이 빨리 진행된다**'는 의미입니다.	월 일	독 해 6문제 중 ☐ 개 어법·어휘 7문제 중 ☐ 개
19 회	속담	**천 리 길도 한 걸음부터** 아무리 어렵고 큰 일도 분명 시작은 존재하기 마련입니다. 따라서 모든 일은 시작이 없으면 이뤄 낼 수 없습니다. 그럴 때 바로 '**천 리 길도 한 걸음부터**'라는 표현을 씁니다. 즉, '**어떤 일이든 시작이 중요하다**'는 뜻입니다.	월 일	독 해 6문제 중 ☐ 개 어법·어휘 8문제 중 ☐ 개
20 회	관용어	**입을 닦다** 몰래 맛있는 것을 혼자 먹고 다른 사람에게 들키지 않기 위해서는 입을 깨끗이 닦을 필요가 있습니다. 마찬가지로 '**이익 따위를 혼자 차지하거나 가로채고 시치미를 뗄 때**'도 '**입을 닦다**'라는 표현을 씁니다.	월 일	독 해 6문제 중 ☐ 개 어법·어휘 6문제 중 ☐ 개

옛날부터 전해오는 지혜를 간단하고 깔끔하게 표현한 짧은 글

우물을 파도 한 우물을 파라*

우물은 땅을 파서 지하에 있는 물을 뜨는 곳입니다. 만약 땅을 아주 조금만 파 놓고 물이 안 나온다며 다른 땅을 파면 어느 구덩이에서도 물은 나오지 않을 것입니다. 이처럼 '우물을 파도 한 우물을 파라'라는 속담은 '일을 자꾸 바꿔서 하지 말고 하나의 일을 끝까지 해야 성공할 수 있다'는 뜻을 가지고 있습니다.

>>> QR코드를 찍으면
지문 읽기를 들을 수 있어요
3단계 16회

공부한 날 [ ]월 [ ]일 시작 시간 [ ]시 [ ]분

20세기 미국에 클라이드 톰보라는 소년이 살았습니다. 소년은 가난했지만, 우주와 별을 사랑했습니다. 톰보는 삼촌을 따라 별을 ㉠**관찰**하는 시간이 가장 행복했습니다. 톰보는 별을 잘 관찰하기 위해 더 좋은 망원경을 사고 싶었습니다. 그래서 대학도 포기하고 일을 해 망원경을 **장만했습니다❶**. 그리고 그는 그 망원경으로 관찰한 별들을 그려 '로웰 천문대'에 보냈습니다. 얼마 후, 톰보는 로웰 천문대로부터 편지를 받았습니다.

'우리와 함께 별을 관찰합시다.'

혼자서 별을 관찰해 오던 톰보는 뛸 듯이 기뻤습니다. 로웰 천문대에서 톰보는 매일 꿈을 꾸는 듯한 기분으로 별을 관찰했습니다.

1930년 2월, 별을 관찰하던 톰보는 **희미하게❷** 빛나는 별을 발견했습니다. 그 별을 사진으로 **출력❸**한 톰보는 **탄성❹**을 내질렀습니다. 그 별은 많은 사람들이 오랜 시간 동안 찾고자 노력했던 별, 명왕성이었습니다. 명왕성은 로웰 천문대를 세운 '퍼시벌 로웰'이라는 과학자가 **평생❺**을 찾아 **헤매던❻** 별이었습니다. 클라이드 톰보는 퍼시벌 로웰이 세운 바로 그 천문대에서 명왕성을 발견한 것이었습니다.

우물을 파도 한 우물을 파라*는 말처럼, 별 관찰이라는 한 우물을 판 톰보는 누구도 찾지 못한 명왕성을 발견할 수 있었습니다. 그 이후에도 톰보는 별 관찰을 계속해 수백 개의 새로운 별들을 발견했습니다.

↑ 명왕성

2006년, 뉴 호라이즌스 호가 명왕성을 향해 출발했습니다. 그리고 10년이 흐른 2015년 명왕성에 도착했습니다. 거기에는 1997년에 하늘나라로 간 톰보의 **유해❼**가 실려 있었습니다. 평생 별 관찰을 사랑하고 직접 명왕성에 가기를 꿈꾸었던 그는 그렇게 꿈을 이룰 수 있었습니다.

어려운 낱말 풀이

❶ **장만했습니다** 필요한 것을 사거나 만들거나 하여 갖추었습니다 ❷ **희미하게** 분명하지 못하고 어렴풋하게 稀드물 희 微작을 미 - ❸ **출력** 흔히 컴퓨터에 있는 자료가 정보로 화면에 나타나는 것. 또는 그 정보를 종이로 인쇄하는 것 出날 출 力힘 력 ❹ **탄성** 몹시 감탄하는 소리 歎읊을 탄 聲소리 성 ❺ **평생** 태어나서 죽을 때까지의 동안 平평평할 평 生날 생 ❻ **헤매던** 갈피를 잡지 못하던 ❼ **유해** 죽은 사람을 태우고 남은 뼈 遺남길 유 骸뼈 해

1 이 글에서 클라이드 톰보가 발견한 별에 ○표를 해 보세요.

↑ 천왕성

[   ]

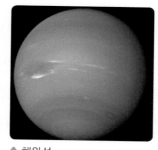

↑ 해왕성

[   ]

↑ 명왕성

[   ]

해설편 008쪽

2 다음 중 이 글의 내용으로 알맞지 <u>않은</u> 것을 골라 보세요. ──────── [   ]

① 클라이드 톰보는 대학에 가서 망원경을 장만했다.

② 클라이드 톰보는 별 그림을 로웰 천문대에 보냈다.

③ 로웰 천문대는 클라이드 톰보에게 답장을 해 주었다.

④ 클라이드 톰보는 1930년에 새로운 별을 발견했다.

⑤ 뉴 호라이즌스 호는 2015년에 명왕성에 도착했다.

3 '우물을 파도 한 우물을 파라'라고 조언을 해 주기에 알맞은 친구에 ○표를 해 보세요.

> 은주: 지금 다니는 피아노 학원도 다음 주에 그만둘 거야. 한 달 다녀 봤는데 잘하지 못하는 것 같아. 태권도, 서예, 노래, 모두 해 봤는데 내가 잘하는 게 뭔지 모르겠어.

> 은혜: 친구랑 싸운 지 일주일이나 되었는데 아직도 화해를 하지 못했어. 이제 화는 다 풀렸는데 어떻게 말을 걸어야 할지 도저히 모르겠어.

[   ]   [   ]

4 이 글에서 밑줄 친 ㉠이 의미하는 것으로 가장 알맞은 것을 골라 보세요. ──────── [   ]

① 별 생각 없이 바라보는 것

② 못마땅한 듯이 사람을 노려보는 것

③ 한쪽 끝에서 다른 끝까지 쭉 보는 것

④ 어떤 것을 마음에 두고 자세히 살펴보는 것

⑤ 들키지 않도록 숨어서 몰래 조금씩 살펴보는 것

[5~6] 다음 글을 읽고, 문제를 풀어 보세요.

역사에 이름을 남긴 **곤충학자**[1] '장 앙리 파브르'는 어릴 적부터 곤충을 좋아했습니다. 그의 눈에는 곤충들이 움직이는 모습, 날아다니는 모습, 먹이를 잡아먹는 모습들 모두가 **신비로움**[2]으로 가득 차 보였습니다. 선생님이 된 후에 파브르는 본격적으로 곤충을 **연구**[3]하기 시작했습니다. 친구들은 파리를 연구하던 파브르에게 '파리'라는 별명을 지어 주기도 했습니다.

나이가 들어서도 파브르의 곤충 연구는 멈추지 않았습니다. **챙**[4]이 넓은 검은 모자를 쓰고 흙바닥에 바싹 엎드려 곤충을 관찰하던 파브르는 이상한 사람이라는 **오해**[5]를 받거나 놀림을 받기도 했습니다.

그럼에도 '곤충'이라는 한 우물만 열심히 판 파브르는 마침내 〈파브르 곤충기〉라는 책을 펴냈습니다. 이 책을 통해 파브르는 '곤충학의 아버지'라는 별명을 얻었습니다. 그리고 지금까지도 많은 이들의 **존경**[6]을 받고 있습니다.

5 다음 중 윗글의 내용으로 알맞지 <u>않은</u> 것을 골라 보세요. ──────── [   ]

① 파브르는 교사였던 시절이 있다.

② 파브르의 친구들은 파브르에게 '파리'라는 별명을 지어 주었다.

③ 나이가 든 파브르는 곤충 연구를 그만두고 다시 선생님이 되었다.

④ 파브르는 〈파브르 곤충기〉라는 책을 펴냈다.

⑤ 파브르는 '곤충학의 아버지'라는 별명을 얻었다.

6 '우물을 파도 한 우물을 파라'라는 속담처럼 파브르는 한 우물을 열심히 팠습니다. 파브르의 '우물'은 무엇인지 골라 보세요. ──────────── [   ]

① 수학   ② 화학   ③ 동물학   ④ 물리학   ⑤ 곤충학

어려운 낱말 풀이 ❶ **곤충학자** 곤충을 연구하는 학자 昆형 곤 蟲벌레 충 學배울 학 者사람 자 ❷ **신비로움** 어떻게 된 것인지 알 수 없게 놀랍고 이상한 것 神귀신 신 祕숨길 비 - ❸ **연구** 어떤 이치나 사실을 밝히려고 깊이 공부하는 것 硏갈 연 究궁구할 구 ❹ **챙** 햇볕을 가리려고 모자 끝이나 가장자리에 댄 것 ❺ **오해** 어떤 사실을 잘못 알거나 잘못 받아들이는 것 誤그릇할 오 解풀 해 ❻ **존경** 어떤 사람을 우러르고 받드는 것 尊높을 존 敬공경할 경

1 단계 [보기]를 보고 빈칸에 알맞은 낱말을 채워 보세요.

[보기]　　　　　　평생　　　　탄성　　　　출력

[1] 컴퓨터 화면으로 □□ 하니, 결과물이 나왔다.

[2] 그것은 □□ 에 한 번 올까 말까 한 기회였다.

[3] 마술사의 손에 있던 카드가 없어지자 아이들은 □□ 을 내질렀다.

2 단계 밑줄 친 낱말의 알맞은 뜻을 골라 번호를 써 보세요.

[1] 저 멀리 **희미하게** 목적지가 보인다. ―――――――――――― [　]

　　　① 분명하지 못하고 어렴풋하게

　　　② 흐릿함이 없이 똑똑하고 뚜렷하게

[2] 옆집 아저씨는 열심히 일해 자동차를 **장만했다.** ―――――――― [　]

　　　　　① 필요한 것을 사서 갖추었다.

　　　　　② 남몰래 슬쩍 가져다가 자기 것으로 했다.

3 단계 다음 선생님의 설명을 보고, '16세기'인 해를 골라 보세요. ―――――― [　]

> **선생님:** '세기'는 1년부터 시작해 100년간의 기간을 이르는 말입니다. 예를 들어 '1세기'는 서기 1년도부터 100년도, '20세기'는 서기 1901년부터 2000년까지를 말합니다.

1년	100년	101년	200년	201년	300년
1세기		2세기		3세기	...

① 1439년　　② 1572년　　③ 1696년　　④ 1751년　　⑤ 1813년

17회 한술 더 뜨다*

누군가가 엉뚱한 제안을 했을 때 오히려 더 엉뚱하게 대답하거나 행동하는 경우가 종종 있습니다. 이럴 때 '한술 더 뜨다'라는 말을 씁니다. 즉, '이미 있는 것도 어지간한데 거기에서 한 걸음 더 나아가다'라는 뜻입니다.

공부한 날 ☐ 월 ☐ 일 시작 시간 ☐ 시 ☐ 분

>>> QR코드를 찍으면
지문 읽기를 들을 수 있어요   3단계 17회

　먼 옛날 중국 삼국 시대에는 관우라고 하는 장군이 있었습니다. 관우는 유비, 장비와 의형제를 맺고 촉나라를 세운 그 시대 최고의 장군 중 하나였습니다. 어느 날 관우는 전투에서 팔을 크게 다치게 되었습니다. 상처가 얼마나 심했던지 많은 의사들이 깜짝 놀랄 정도였습니다.

　관우는 마지막으로 '화타'라고 하는 중국 최고의 의사를 찾아가게 되었습니다. 화타는 관우의 상처를 보고 말했습니다.

　"수술을 하면 팔을 치료할 수는 있습니다. 그러나 그 수술은 지독한 고통이 따르는 데다 시간도 오래 걸려 견디기가 힘들 것입니다."

　"괜찮소, 팔만 고쳐 주면 되니 수술을 해주시오."

　화타는 수술을 시작했습니다. 화타의 말대로 무시무시한 고통이 팔에서 느껴졌지만, 관우는 작은 **신음**❶조차 흘리지 않았습니다. 오히려 부하를 불러 바둑판을 가져오라고 말하기까지 했습니다.

　관우는 수술을 하는 동안 꿋꿋이 앉아 부하와 바둑을 두었습니다. 그 모습을 보며 관우의 부하는 속으로 감탄했습니다.

　고통스러운 수술을 맨정신으로 받는 것도 어려운 일인데, 오히려 **한술 더 떠*** 바둑까지 두는 모습이 정말 용맹해 보였기 때문입니다.

　관우는 그렇게 무사히 수술을 받을 수 있었고, 전쟁이 일어나면 용맹한 모습으로 가장 앞에 서서 부하들을 이끌 수 있었습니다.

　－ 중국 소설 「삼국지 연의」 중

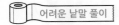 어려운 낱말 풀이   ❶ **신음** 병이나 고통으로 인해 앓는 소리를 냄 呻신음거릴 신 吟읊을 음

1 화타가 수술을 하는 동안 관우가 한 행동을 골라 보세요. ⸻⸻⸻ [   ]

① 전쟁을 했다.

② 바둑을 두었다.

③ 부하들을 훈련시켰다.

④ 눈물을 흘리며 괴로워했다.

⑤ 비명을 지르며 기절했다.

2 관우는 어떤 사람이었는지 알맞은 설명을 찾아 선으로 이어 보세요. (답 2개)

• ┌─────────────────────┐
      │   고통을 잘 참는다   │
      └─────────────────────┘

• ┌─────────────────────┐
      │   수줍음이 많다   │
      └─────────────────────┘

• ┌─────────────────────┐
      │   용맹하다   │
      └─────────────────────┘

• ┌─────────────────────┐
      │   겁이 많다   │
      └─────────────────────┘

3 관우의 부하는 왜 관우가 '한술 더 뜬다'라고 했는지 골라 보세요. ⸻⸻⸻ [   ]

① 고통스러운 수술을 맨정신으로 받는 것도 어려운데 바둑까지 두었기 때문에

② 고통스러운 수술을 여러 번 받았기 때문에

③ 바둑을 잘 두었기 때문에

④ 그동안 팔이 아파도 참고 견뎠기 때문에

⑤ 수술을 무사히 받았기 때문에

4 다음의 설명을 읽고 '한술 더 뜨다'의 뜻을 골라 보세요. -- [   ]

이 글에서 관우는 '한술 더 뜨는' 행동을 하고 있습니다. '한술'은 '한 숟가락'을 뜻합니다. 여기에 '더'가 붙으면 정도가 지나치다는 말입니다. 즉, '한술 더 뜨다'는 남이 먹은 것보다 한 숟가락 더 먹는다는 것을 좋지 않게 표현한 말입니다. 지금에 이르러서는 사람의 행동을 두고 쓸 수 있게 의미가 넓어졌습니다.

① 다른 사람에게 인심이 후하다.

② 이미 있는 것도 어지간한데 거기에서 한 걸음 더 나아가다.

③ 공부를 많이 해 좋은 학교를 다니고 있다.

④ 남의 말을 쉽게 받아들인다.

⑤ 알고 지내는 사람이 많다.

5 친구들의 대화를 읽고, 알맞은 말을 골라 문장을 완성해 보세요.

현우: '한술 더 뜨다'라는 말에서 '한술'은 한 숟가락을 말하는 거래.

하은: 그럼 아주 조그만 양을 말하는 것이겠구나.

시우: 응. 원래는 '한술 더 뜨다'가 '한 번 더 엉뚱한 일을 한다.'라는 좋지 않은 뜻인데 '남이 생각하고 있는 것보다 훨씬 더 잘한다'는 좋은 뜻도 가지고 있어.

하은: 그렇구나. 나도 '한술'이 들어간 속담 하나 알아. '한술 밥에 배부르랴.' 밥 한 숟가락에 배부르기는 어려우니까 '{ 힘을 조금 들이고 / 힘을 많이 들이고 } 많은 효과를 기대할 수 없다.'는 의미야.

6 다음 중 '한술 더 뜨다'를 알맞게 사용한 것에 ○표를 해 보세요.

오늘 정말 추웠는데 내가 지우한테 겉옷을 벗고 달리기를 하자고 했거든? 그런데 **한술 더 뜬다**더니, 지우는 아예 반팔을 입고 달리기를 하자고 하더라.

어제 저녁에 오랜만에 가족들과 함께 밖으로 나가 외식을 했어. **한술 더 뜬다**더니, 정말 맛있는 저녁 식사였어.

[   ]   [   ]

1단계

자연스러운 문장이 되도록 선으로 이어 보세요.

[1] 의형제를 •   • 따르다.

[2] 고통이 •   • 걸리다.

[3] 시간이 •   • 맺다.

2단계

주어진 뜻에 알맞은 낱말을 [보기]에서 찾아 써 보세요.

[보기]	장군	신음	감탄

[1] ☐☐ : 감동하여 찬탄하는 것

[2] ☐☐ : 군사를 이끄는 사람

[3] ☐☐ : 앓는 소리를 내는 것

3단계

다음 문장의 밑줄 친 낱말과 바꾸어 쓸 수 있는 낱말을 골라 보세요. ·········· [   ]

> 가장 앞에 서서 부하들을 <u>이끌 수</u> 있었습니다.

① 행복할 수   ② 부탁할 수   ③ 변명할 수

④ 지휘할 수   ⑤ 자랑할 수

시간   끝난 시간 ☐ 시 ☐ 분

1회분 푸는 데 걸린 시간 ☐ 분

 채점   **독해** 6문제 중 ☐ 개

어법·어휘 7문제 중 ☐ 개

일사천리(一 瀉 千 里)*
하나 일 쏟을 사 일천 천 마을 리

강물이 빨라 한 번 흘러 천 리에 다다르는 장면을 상상해 봅시다. 1리는 400m이므로, 천 리는 400km나 되는 먼 거리입니다. 그런 경우에 '일사천리(一瀉千里)'라는 표현을 쓴답니다. 즉, '어떤 일이 거침없이 빨리 진행된다'는 의미입니다.

>>> QR코드를 찍으면
지문 읽기를 들을 수 있어요   3단계 18회

공부한 날 [ ]월 [ ]일 시작 시간 [ ]시 [ ]분

　　지금으로부터 약 240년 전, 정조가 조선의 스물두 번째 왕이 되었습니다. **당시**[1] 조선의 수도는 한양이었으나, 새로운 곳에서 **왕권**[2]을 키우고 싶었던 정조는 화성으로 수도를 옮길 계획을 세웠습니다. 그리고 학자 정약용에게 새로운 수도인 화성을 설계하라는 명을 내렸습니다.

　　정약용은 어떻게 하면 시간과 돈이 많이 드는 공사를 쉽고 빠르게 할 수 있을까 고민했습니다. 그러던 중 〈기기도설〉이라는 중국의 과학책을 참고하여 무거운 것을 쉽게 들 수 있게 하는 기계인 '거중기'를 **발명**[3]했습니다. 거중기는 줄과 바퀴가 **결합**[4]된 도르래를 여러 개 이어 만들어졌습니다. 정약용이 발명한 이 기계 덕분에 공사는 **일사천리***로 진행되었습니다.

　　수많은 돌과 벽돌을 옮겨야 했기 때문에 화성을 짓는 데는 10년 정도 걸릴 예정이었습니다. 그러나 거중기가 공사에 쓰인 후 실제 공사 기간은 2년 7개월밖에 걸리지 않았습니다. 무거운 돌과 벽돌을 나르던 인부들에게 거중기는 큰 도움이 되는 고마운 기구였습니다.

　　　　　　　　　　　　– 우리나라 역사 이야기

↑ 정약용이 설계한 거중기를 복원한 모습 (소장: 수원화성박물관)

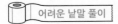 어려운 낱말 풀이

❶ **당시** 일이 있었던 바로 그때 當마땅 당 時때 시
❷ **왕권** 왕의 힘, 권력 王임금 왕 權권력 권
❸ **발명** 아직까지 없던 기술이나 물건을 새로 만들어 냄 發필 발 明밝을 명
❹ **결합** 둘 이상의 사물이나 사람이 서로 관계를 맺어 하나가 됨 結맺을 결 合합할 합

1 이 글에 나온 거중기는 오늘날의 무엇과 비슷한지 ○표를 해 보세요.

↑ 무거운 것을 들어 올리는 크레인

[   ]

↑ 먼 곳까지 빠르게 가는 기차

[   ]

↑ 쉽게 땅을 파는 굴착기

[   ]

2 다음 그림은 거중기를 이용해 화성을 짓는 일꾼들의 모습입니다. 이 글의 내용과 어울리지 <u>않는</u> 말을 하는 일꾼에 ×표를 해 보세요.

거중기 덕에 수레에 무거운 돌을 쉽게 얹을 수 있네. [   ]

거중기가 아니었으면 돌을 들어 올리는 데 한참 걸렸을 거야! [   ]

거중기로 돌을 캐는 데 시간이 오래 걸려서 일이 끝나지를 않네! [   ]

3 다음은 정조와 정약용의 대화입니다. 정조의 대답에서 '일사천리'가 올바르게 쓰인 것에 ○표를 해 보세요.

> **정약용**: 전하, 화성을 완성했사옵니다.
>
> **정　조**: ｛ 거중기 덕에 공사가 **일사천리**로 진행되었구려. ────────── [   ]
>
> 　　　　 거중기 탓에 일이 **일사천리**가 되어 공사가 늦어졌구려. ────── [   ]

조선에 허생이라는 선비가 살았습니다. 허생은 평생 글공부만 하느라 돈을 벌지 않았는데, 어느 날은 아내의 구박에 못 이겨 돈을 벌고자 나섰습니다. 허생은 큰 부자인 변 씨에게 금 만 냥을 빌리고, 일꾼을 구한 다음 말했습니다.

"이 돈으로 시장의 모든 과일을 사 오너라."

일꾼은 까닭을 알 수 없었지만 일단 시키는 대로 했습니다. 마침 과일이 넘쳐나던 시기라 과일을 잔뜩 사 간다고 하니 싫어하는 사람이 없었습니다. 일은 ㉠막힘없이 진행되어 곧 시장의 모든 과일이 허생의 손에 들어오게 되었습니다.

그러자 난리가 난 것은 양반들이었습니다. 양반들은 제사를 지낼 때 꼭 과일을 올려야 하는데, 과일을 모두 허생이 사 갔으니 제사를 지낼 수 없었습니다.

"이보게, 내가 돈은 달라는 대로 줄 테니 제발 과일을 팔아 주게."

그러자 허생은 과일을 산 값의 열 배를 불렀습니다. 양반들은 너무 비싸다고 생각했지만 어찌할 도리가 없었습니다. 이렇게 허생은 과일을 모두 열 배 값으로 팔아 치워 금 10만 냥을 벌게 되었습니다.

– 박지원, 「허생전」 중

4 양반들이 허생에게 과일을 비싼 값에 살 수밖에 없었던 까닭이 무엇인지 빈칸을 채워 완성해 보세요.

양반들은 ☐☐ 를 지낼 때 반드시 ☐☐ 을 올려야 했는데, 허생이

그것을 모두 가지고 있었기 때문입니다.

5 다음 중 ㉠막힘없이와 뜻이 가장 비슷한 사자성어를 골라 보세요. ┄┄┄┄┄┄┄ [　　　]

① **일사천리(一瀉千里)**: 물이 쏟아져 천 리를 가듯이 일이 잘 풀린다는 뜻
② **지지부진(遲遲不進)**: 일 따위가 무척 더디게 진행된다는 뜻
③ **칠전팔기(七顚八起)**: 여러 번 실패해도 굴하지 않고 도전한다는 뜻

6 '일사천리'라는 사자성어가 가장 어울리는 상황을 골라 보세요. ┄┄┄┄┄┄┄ [　　　]

① 갑작스럽게 좋은 일이 생겼을 때　　② 고생 끝에 즐거움이 찾아왔을 때
③ 어떤 일이 막힘없이 술술 풀릴 때　　④ 한 번 시작된 소문이 끝도 없이 퍼져나갈 때
⑤ 안 좋은 일이 나중에는 오히려 좋은 일이 되었을 때

해설편 009쪽

1단계 밑줄 친 낱말의 알맞은 뜻을 골라 번호를 써 보세요.

[1] 그때 **당시** 라면은 하나에 50원이었습니다. ────────────── [   ]

　　　① 일이 있었던 바로 그때

　　　② 지금 바로 당장

[2] 에디슨은 전구를 **발명**했습니다. ──────────── [   ]

　　　① 원래 있던 기술을 더욱 좋게 만듦

　　　② 아직까지 없던 기술이나 물건을 새로 만들어 냄

2단계 다음 문장이 자연스럽도록 빈칸에 알맞은 낱말을 [보기]에서 찾아 써 보세요.

[보기]	구박	시기	영문

[1] 요즘이 딸기가 잔뜩 나올 ☐☐ 잖아.

[2] 도무지 ☐☐ 을 모르겠네.

[3] 왜 자꾸 ☐☐ 을 하고 그래?

3단계 밑줄 친 부분과 비슷한 뜻을 가진 낱말을 써 보세요.

[1] 어찌할 수가 없다.

　　→ ☐ㄷ ☐ㄹ

[2] 왜 이리 **가격**이 싸지?

　　→ ☐ㄱ

천 리 길도 한 걸음부터*

아무리 어렵고 큰 일도 분명 시작은 존재하기 마련입니다. 따라서 모든 일은 시작이 없으면 이뤄 낼 수 없습니다. 그럴 때 바로 '천 리 길도 한 걸음부터'라는 표현을 씁니다. 즉, '어떤 일이든 시작이 중요하다'는 뜻입니다.

공부한 날 [ ]월 [ ]일 시작 시간 [ ]시 [ ]분

>>> QR코드를 찍으면
지문 읽기를 들을 수 있어요   3단계 19회

과거 시험에 합격한 선비가 관리가 되기 위해 한양으로 떠나게 되었습니다. 떠나기 전날, 선비는 그동안 가르쳐 주신 스승❶을 찾아가 인사를 드렸습니다.

"선생님께 보고 배운 대로 훌륭한 관리가 되겠습니다."

스승은 선비를 따뜻하게 격려❷해 주었습니다.

"백성을 사랑하는 관리가 되게. 자네라면 잘할 수 있을 걸세."

"꼭 그렇게 하겠습니다. 그런데 지금 무엇을 하고 계십니까?"

"배나무를 심고 있다네."

"그렇게 작은 나무가 언제 자라 과일을 맺을 수 있겠습니까?"

"내가 못 먹으면 내 자식들이나 이웃들이 따 먹으면 되지."

그로부터 십 년이 흘렀습니다. 선비는 스승의 말처럼 훌륭한 관리가 되었습니다. 선비는 스승님께 인사를 드리기 위해 오랜만에 고향 마을에 들렀습니다. 스승은 돌아온 선비를 반기며 맛있는 배를 가득 담아 내주었습니다.

"자네도 기억하나? 십 년 전 내가 심었던 그 배나무에서 딴 것이라네."

선비는 스승의 말을 듣고 깜짝 놀랐습니다.

스승은 미소를 지으며 말했습니다.

"천 리 길도 한 걸음부터* 시작하는 법이지. 그때 작은 나무를 심지 않았다면 어떻게 이 배를 먹을 수 있었겠는가?"

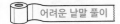

어려운 낱말 풀이

❶ 스승 자기를 가르쳐서 인도하는 사람

❷ 격려 용기나 의욕이 솟아나도록 북돋워 줌 激격할 격 勵힘쓸 려

1 이 이야기에서 선비와 스승이 각각 한 행동을 알맞게 연결해 보세요.

선비 •

• 십 년 전에 심은 배나무에서 배를 따 선비에게 대접했다.

스승 •

• 이렇게 작은 나무가 언제 자라 과일을 맺겠냐고 생각했다.

2 다음 선생님의 말씀을 읽고 '천 리 길도 한 걸음부터'의 알맞은 뜻을 골라 보세요.

--- [   ]

선생님: '리'는 옛날 사람들이 거리를 재던 말인데, '천 리'는 지금의 400km 정도의 거리라고 해요. 정말 먼 길이죠? 하지만 먼 길도 포기하지 않고 처음 한 걸음을 시작한다면 언젠가는 도착할 수 있을 거예요.

① 욕심을 부리지 말아야 한다.

② 어떤 일이든지 처음 시작이 중요하다.

③ 모든 일에는 다 그 까닭이 있는 법이다.

④ 열심히 살면 언젠가 그에 대한 보상을 받는다.

⑤ 할 수 없는 일을 하려다가 정작 해야 할 일을 하지 못한다.

3 다음 중 '천 리 길도 한 걸음부터'와 어울리는 상황에 있는 친구에 ◯표를 해 보세요.

희원: 매일 아침 달리기를 하기로 결심했는데, 자꾸 늦잠을 자서 시작하지 못하고 있어요.

수영: 하루에 한 장씩 책을 읽었더니 어느새 못 읽을 것 같았던 두꺼운 책을 다 읽었어요.

[   ]

[   ]

4 친구들의 대화를 읽고, 빈칸에 들어갈 알맞은 속담을 골라 보세요. ---------------- [   ]

> **중혁:** '천 리 길도 한 걸음부터'와 비슷한 속담에는 무엇이 있을까?
> **현성:** 모든 일에는 시작이 가장 중요하잖아. 그럼 시작하기만 하면 벌써 일의 절반이나 했다고 할 수 있겠지? 그러니까 '시작이 반이다'라는 속담도 비슷한 뜻이야.
> **길영:** '   '라는 속담도 있어! 아무리 작은 먼지라도 아주 많이 모으면 커다란 산이 될 수 있다는 뜻이야.

① 고생 끝에 낙이 온다   ② 티끌 모아 태산이다

5 다음은 옛날 속담을 친구들이 이해하기 쉽게 요즘 내용으로 바꾼 것입니다. 바꾼 내용을 보고 빈칸에 들어갈 알맞은 낱말을 써 보세요.

> **옛날 속담:** 천 리 길 도 한 걸음 부터
>
> **요즘 내용:** 대청소 도 먼지 하나 닦는 것 부터

☐☐☐ 는 시간이 아주 오래 걸리는 집안일입니다. 할 일이 너무 많아서

언제 끝날지 알 수 없는 것이 '☐☐☐ 을 걷는 것'처럼 느껴집니다.

하지만 천 리 길을 가기 위해선 먼저 ☐☐☐ 부터 걸어야 하는 것처럼

대청소도 처음에는 ☐☐ 하나 닦는 것부터 시작하면 됩니다.

6 다음 빈칸에 공통으로 들어갈 글자를 써 보세요.

> • 우리 반 아이들은 함께 꽃밭에 꽃을 ☐ 었다.
>
> • 역사 체험은 아이들에게 역사 공부가 재미있다는 생각을 ☐ 어 주었다.
>
> • 식목일은 나무를 ☐ 는 날이다.

→ ☐

1 단계
다음 낱말과 비슷한 뜻을 가진 것을 찾아 선으로 이어 보세요.

[1] 스승 •

[2] 과일 •

[3] 미소 •

• 열매

• 웃음

• 선생님

2 단계
밑줄 친 낱말의 알맞은 뜻을 골라 번호를 써 보세요.

[1] 이 수영장은 **관리**가 제대로 되지 않는 곳이네. ⋯⋯⋯⋯⋯⋯⋯⋯ [   ]

       ① 관직에 있는 사람

       ② 시설이나 물건을 유지하고 책임지는 것

[2] 시험에 합격하여 훌륭한 **관리**가 되게! ⋯⋯⋯⋯⋯⋯⋯⋯⋯⋯ [   ]

       ① 관직에 있는 사람

       ② 시설이나 물건을 유지하고 책임지는 것

3 단계
빈칸에 알맞은 표현을 [보기]에서 찾아 써 보세요.

[보 기]	리	마리	포기

[1] 이번 김장에는 배추를 몇 [   ] 나 할까?

[2] 우리 집 강아지가 새끼를 다섯 [   ] 를 낳았어.

[3] 나를 버리고 가시는 임은 십 [   ] 도 못 가서 발병 난다.

시간   **끝난 시간** [   ] 시 [   ] 분   채점   **독해** 6문제 중   [   ] 개

1회분 푸는 데 걸린 시간 [   ] 분   **어법·어휘** 8문제 중   [   ] 개

입을 닦다*

몰래 맛있는 것을 혼자 먹고 다른 사람에게 들키지 않기 위해서는 입을 깨끗이 닦을 필요가 있습니다. 마찬가지로 '이익 따위를 혼자 차지하거나 가로채고 시치미를 뗄 때'도 '입을 닦다'라는 표현을 씁니다.

공부한 날 ☐월 ☐일 시작 시간 ☐시 ☐분

>>> QR코드를 찍으면 지문 읽기를 들을 수 있어요 3단계 20회

　　옛날 어느 마을에 한 욕심쟁이가 살았습니다. 욕심쟁이는 마을에서 가장 큰 부자였지만 늘 더 큰 부자가 되길 원했습니다. 게다가 남의 물건이라면 더욱 **탐을 냈습니다.**❶

　　하루는 욕심쟁이가 이웃 마을에 열린 큰 잔치에 가기 위해 일찍부터 집을 나섰는데 길가에 울고 있는 한 아이가 보였습니다.

　　"얘, 무슨 일로 울고 있는 거니?"

　　"급하게 심부름을 가다가 돈을 잃어버렸어요."

　　욕심쟁이가 얼른 주위를 살피니 돌부리 옆에 떨어져 있는 돈이 보였습니다. 욕심쟁이는 생각했습니다.

　　'재빨리 돈을 주운 뒤 **입을 싹 닦으면** 아무도 모를 거야.'

　　욕심쟁이는 아이 몰래 잽싸게 돈을 주워 주머니에 넣고는 다시 가던 길을 걷기 시작했습니다. 그렇게 길을 가다 개울을 만났는데 웬 **선비**가 개울❷ 한복판에서 바닥을 더듬고 있었습니다.

　　"대체 무슨 일이요?"

　　"한평생 쓰고도 남을 물건을 잃어버려 그것을 찾고 있소이다."

　　욕심쟁이는 생각했습니다.

　　'**한평생**❸ 쓰고도 남을 물건이라면 돈이 가득 든 주머니일 것이 분명해. 저 선비보다 내가 먼저 찾아 몰래 챙기고 **입을 닦아야지.**'

　　욕심쟁이는 주머니에서 돈이 **빠져나가는** 것도 모르고 온 개울을 돌아다니며 찾았지만 개울에 떨어진 붓 한 자루밖에 보이지 않았습니다.

　　"에잇, 여기에 웬 붓이 떨어져 있담?"

　　그런데 붓을 보자 선비가 기뻐하며 말했습니다.

　　"찾았다, 내 붓! 정말 감사합니다. 이 붓이 바로 제가 찾던 물건입니다. 저는 붓으로 글을 쓰는 사람입니다. 제 글은 제가 죽어서도 계속 남아 있을 것이기 때문에 이 붓이야말로 한평생 쓰고도 남을 소중한 물건이죠."

　　한평생 쓰고도 남을 물건이 고작 붓이었다는 사실에 ㉠화가 난 욕심쟁이는 씩씩거리다 주머니에 넣어 둔 돈마저 없어졌다는 사실을 깨달았습니다.

　　"아이고, 내 돈! 오늘은 되는 일이 하나도 없네!"

　　욕심쟁이는 욕심을 부린 것을 후회하며 집으로 터덜터덜 돌아갔습니다.

1 이 이야기에서 사건이 일어난 순서대로 나열해 보세요.

> ㉮ 욕심쟁이가 선비의 붓을 발견한다.
>
> ㉯ 욕심쟁이가 돈을 잃어버린다.
>
> ㉰ 욕심쟁이가 우는 아이를 발견한다.
>
> ㉱ 욕심쟁이가 우는 아이의 돈을 몰래 줍는다.

[   ] → [   ] → [   ] → [   ]

2 밑줄 친 ㉠과 같이 욕심쟁이가 화가 난 까닭이 <u>아닌</u> 것을 골라 보세요. -------- [   ]

① 시간을 낭비해서

② 주머니에 넣어 둔 돈이 없어져서

③ 아무런 돈도 챙기지 못하게 되어서

④ 선비를 돕고 싶었는데 아무런 도움을 주지 못해서

⑤ 열심히 찾은 물건이 자신에게 아무런 쓸모가 없다고 생각해서

3 다음은 이 이야기를 읽고 친구들끼리 나눈 대화입니다. 이야기를 <u>잘못</u> 이해한 친구의 이름을 써 보세요.

> 한솔: 욕심쟁이가 돌부리 옆에 떨어진 돈을 줍고 입을 닦은 것은 우는 아이의 돈을 훔친 것이나 다름없어.
>
> 우주: 맞아, 개울에서도 선비의 붓을 자기가 먼저 찾아 꿀꺽하려고 하네.
>
> 지우: 결국 선비를 도와준 꼴이 됐지만 말이야.
>
> 유라: 그래도 나중엔 욕심 부린 것을 뉘우치고 사람들에게 사과하니까 다행이야.

→ [ ][ ]

어려운 낱말 풀이

❶ **탐을 냈습니다** 욕심을 부리며 가지고 싶어했습니다 貪탐할 탐 -

❷ **선비** 옛날에 공부하는 사람을 이르던 말

❸ **한평생** 죽을 때까지 限한계 한 平평평할 평 生날 생

4 이 글에 등장하는 '입을 닦다'라는 말은 무슨 뜻일지 골라 보세요. ⸻⸻⸻ [   ]

① 이익 따위를 가로채고 모른 체하다

② 쓸데없이 지나치게 남의 일에 참견하다

③ 적당한 것이 없을 때 비슷한 것으로 대체하다

④ 지레짐작으로 그렇게 될 것으로 믿고 행동하다

⑤ 일이나 이야기 따위가 도중에 엉뚱한 방향으로 진행되다

[5~6] 다음 글을 읽고, 문제를 풀어 보세요.

> 고려 시대에는 훈련된 매를 데리고 다니며 새를 사냥하는 매사냥이 유행했습니다. 그에 따라 매가 많아지자 매 주인들은 자신의 매가 다른 매와 뒤바뀌거나 도둑맞지 않도록 매의 꽁지에 이름표를 달아 두었는데, 이를 '시치미'라고 합니다. 대개는 이 시치미를 보고 자신의 매가 아니라면 매를 풀어 주었는데, 간혹 시치미를 떼고 그 매가 자신의 매인 척하는 사람들이 있었습니다. '시치미를 떼다'라는 말은 그렇게 탄생하게 되었습니다. 오늘날 '시치미를 떼다'는 '자기가 하고도 하지 않은 척하거나 알고 있으면서도 모르는 척하는 것'을 뜻합니다.

5 다음 중 윗글의 내용으로 맞는 것에 ○표, 틀린 것에 ×표를 해 보세요.

• '시치미를 떼다'라는 표현은 고려 시대 때 생겨났다. ⸻⸻⸻ [   ]

• 매 주인은 시치미를 매의 날개에 달아 자신의 매임을 표시했다. ⸻⸻⸻ [   ]

• '시치미를 떼다'는 오늘날 남의 물건을 훔치는 것을 뜻한다. ⸻⸻⸻ [   ]

6 다음 중 '시치미를 떼다'와 가장 비슷한 뜻을 가진 표현을 골라 보세요. ⸻⸻⸻ [   ]

① 입을 닦다.

② 바가지를 긁다.

③ 미역국을 먹다.

④ 오지랖이 넓다.

⑤ 삼천포로 빠지다.

1단계

[보기]의 글자를 빈칸에 알맞게 넣어 보세요.

[보기]　　　　　　　왠　　　웬

[1] ☐ 붓이 개울에 떨어져 있지?

[2] ☐ 지 낌새가 이상하다.

2단계

뜻이 서로 비슷한 낱말끼리 선으로 이어 보세요.

[1] 재빨리 •　　　　　　　　　• 일평생

[2] 한평생 •　　　　　　　　　• 잽싸게

[3] 한복판 •　　　　　　　　　• 한가운데

3단계

다음 [보기]의 밑줄 친 '온'의 뜻으로 알맞은 것에 ○표를 해 보세요.

[보기]　　　　　　온 마을 사람들이 몰려들었다.

전부 혹은 모두	일부 혹은 조금	부족한 혹은 아주 적은
[ ]	[ ]	[ ]

시간　끝난 시간 ☐ 시 ☐ 분　　채점　독해 6문제 중　☐ 개

1회분 푸는 데 걸린 시간 ☐ 분　　어법·어휘 6문제 중　☐ 개

'뜨다'의 여러 가지 의미

한 낱말에 여러 가지 의미가 있는 것을 '다의어'라고 하고, 같은 낱말처럼 보이지만 서로 다른 의미를 가진 낱말을 '동음이의어'라고 합니다. '뜨다'는 대표적인 동음이의어입니다. 다음을 보고, '뜨다'라는 단어가 똑같이 소리 나지만 어떻게 서로 다른 뜻을 가지고 있는지 살펴봅시다.

예 유라는 과학에 대한 책을 읽고 과학에 대해 **눈을 떴다**.
└→ 지식을 얻거나 이치를 깨닫다.

눈을 <u>뜨다</u>: 감았던 눈을 벌리다

'눈을 뜨다'라는 표현은 기본적으로 '감았던 눈을 벌린다'라는 뜻입니다. 하지만, 나아가 '지식을 얻거나 이치를 깨닫다'라는 의미로도 사용됩니다. 이때 '눈'은 단지 우리 몸의 한 부분이 아니라 '어떤 것을 보고 판단할 줄 아는 힘'을 말합니다. 또한 '눈을 뜨다'는 '시력을 되찾게 되다'라는 뜻으로 쓰이기도 합니다. 눈이 보이지 않았던 심봉사가 딸 심청이 덕분에 눈을 뜨게 된 것처럼 말이지요.

장소를 <u>뜨다</u>: 다른 곳으로 떠나다

여기서의 '뜨다'는 곧 '떠나다'를 의미합니다. 즉 다른 곳으로 가기 위하여 원래 있던 장소에서 떠난다는 의미입니다.

예 곧 경찰이 올 테니 도둑이 자리를 **뜨지** 못하게 해라.
└→ 떠나지

물에 <u>뜨다</u>: 물 속에 가라앉지 않고 물 위에 있다

이때 반드시 물이 아니라 공중에 떠오르거나 위로 솟아오르는 것도 '뜨다'고 말합니다.

예 수영을 처음 배울 때는 겁내지 말고 몸의 힘을 풀어야 **물에 뜰** 수 있다.
└→ 가라앉지 않고
물 위에 있을

↑ 물에 뜬 종이배

5주차

회차	영역	학습내용	학습계획일	맞은 문제수
21회	사자성어	**용두사미(龍頭蛇尾)** '용두사미(龍頭蛇尾)'는 말 그대로 용의 머리와 뱀의 꼬리라는 뜻입니다. 어떤 동물이 용의 머리를 하고 있는데 꼬리는 뱀의 꼬리인 모습을 상상해 보세요. 결국 이 말은 '**시작은 거창하나 끝은 보잘것없다**'는 의미입니다.	월 일	독해 5문제 중 ☐개 어법·어휘 3문제 중 ☐개
22회	속담	**백지장도 맞들면 낫다** 쉬운 일이라도 누군가와 함께 하면 더욱더 쉬워집니다. '백지장도 맞들면 낫다'는 말은 이처럼 '**함께 힘을 합치면 더욱 쉽게 할 수 있다**'는 뜻입니다.	월 일	독해 5문제 중 ☐개 어법·어휘 7문제 중 ☐개
23회	관용어	**바가지를 쓰다** 때때로 물건에 터무니없이 비싼 값을 매기는 사람들이 있습니다. 그런 사람들에게 물건을 샀을 때 '**바가지를 쓰다**'라고 말합니다. 이 표현은 '**터무니없이 비싼 값에 물건을 샀다**'는 뜻입니다.	월 일	독해 5문제 중 ☐개 어법·어휘 6문제 중 ☐개
24회	사자성어	**천차만별(千差萬別)** 세상에는 정말 많은 물건과 사람이 있습니다. 이들은 모두 크든 작든 차이를 가지고 있습니다. '천차만별(千差萬別)'이라는 말은 '**여러 가지 사물들이 모두 차이가 있고, 구별이 있음**'을 말합니다.	월 일	독해 5문제 중 ☐개 어법·어휘 5문제 중 ☐개
25회	속담	**제 꾀에 제가 넘어간다** 욕심 때문에 남을 속이는 꾀를 냈다가 그 꾀에 자기가 걸려 된통 혼이 나는 경우가 있습니다. '제 꾀에 제가 넘어간다'는 말은 '**꾀를 내어 남을 속이려다 그 꾀에 오히려 자기가 넘어간다**'는 뜻입니다.	월 일	독해 5문제 중 ☐개 어법·어휘 4문제 중 ☐개

사자성어

어떤 일에 대한 교훈이나 일어난 까닭을 한자 네 자로 표현한 말

용두사미(龍 頭 蛇 尾)*
용 용 　머리 두 　뱀 사 　꼬리 미

'용두사미(龍頭蛇尾)'는 말 그대로 용의 머리와 뱀의 꼬리라는 뜻입니다. 어떤 동물이 용의 머리를 하고 있는데 꼬리는 뱀의 꼬리인 모습을 상상해 보세요. 결국 이 말은 '시작은 거창하나 끝은 보잘것없다'는 의미입니다.

공부한 날 ☐ 월 ☐ 일 　시작 시간 ☐ 시 ☐ 분

>>> QR코드를 찍으면
지문 읽기를 들을 수 있어요

3단계 21회

옛날 어느 나라에 두 왕자가 살았습니다. 나이가 찬 두 왕자는 새로운 땅에서 자리를 잡기로 하고, 남쪽으로 향하게 되었습니다.

그러던 어느 날, 두 왕자는 바닷가에 도착했습니다. 바닷가를 본 형이 동생에게 말했습니다.

"동생아, 나는 이곳에 **터를 잡겠다❶**. 바다가 보이니 경치가 **탁 트여 있고❷**, 강과 **갯벌❸**에서 물고기며 조개가 나올 테니 얼마나 살기 좋겠느냐?"

"형님, 제 생각에 이곳은 오래 살기 좋지 않습니다. 저는 산과 강이 있는 곳에서 땅을 **일구겠습니다❹.**"

처음에는 바닷가에 세운 나라가 잘 되었습니다. 아름다운 바다를 보며 물고기를 잡고, 조개를 캐며 살아가는 백성들은 무척 행복했습니다. 그러나 얼마 가지 않아 문제가 생겼습니다. 바닷가에는 농사지을 땅이 부족했고, 물고기와 조개는 오래 두고 먹기에 좋지 않았습니다. 아름다운 바다 또한 매일 보다 보니 **그다지❺** 아름다워 보이지 않았습니다.

반면, 산과 강이 있는 곳에 세운 나라에는 농사지을 땅이 풍부했습니다. 다 함께 땅을 일군 뒤로는 **가지각색❻**의 곡물과 채소가 나왔습니다. 산에서는 사냥을 하고, 강에서는 물고기가 나오니 먹을 것이 부족하지 않았습니다.

"동생이 옳았구나. 내 나라는 처음에 용의 머리처럼 크고 **융성했으나❼**, 지금은 동생 나라의 반조차 되지 못하니 뱀의 꼬리와 같다. 그야말로 **용두사미**로다.*"

형은 크게 후회하며 동생에게 부탁해 나라를 합쳤습니다. 그렇게 '백제'라는 나라가 세워졌습니다.

– 백제 건국 이야기

어려운 낱말 풀이

❶ **터를 잡겠다** 살아갈 자리나 위치를 정하겠다　❷ **탁 트여 있고** 막혀 있지 않고 열려 잘 통하고　❸ **갯벌** 밀물 때 물에 잠기고, 썰물 때 드러나는 바닷가의 땅　❹ **일구겠습니다** 논밭을 만들기 위하여 땅을 파서 일으키겠습니다　❺ **그다지** 그렇게까지는, 그러한 정도로는　❻ **가지각색** 여러 가지 다양한 - 各각기 각 色색 색　❼ **융성했으나** 기운차고 대단히 번성했으나 隆클 융 盛담을 성 –

1 다음 중 이 이야기에 대한 설명으로 알맞은 것을 골라 보세요. ·········· [   ]

① 신라의 건국에 대한 이야기다.

② 처음에는 동생의 나라가 잘되었다.

③ 동생은 바닷가에 나라를 세우고 싶어 했다.

④ 형의 나라에는 농사지을 땅이 많았다.

⑤ 형과 동생은 결국 나라를 합쳤다.

2 다음은 이야기 속 형제가 실제 나라를 세웠던 곳을 지도에 표시한 그림입니다. 형과 동생이 각각 나라를 세운 곳의 기호를 알맞게 써 보세요.

➡ 형: ☐

➡ 동생: ☐

3 다음은 형이 '용두사미'라고 말한 까닭을 정리한 것입니다. 형의 나라가 어떻게 되었는지를 생각하며 빈칸을 채워 보세요.

용두사미	- '용의 머리에 뱀의 꼬리'라는 말 - 시작은 거창하나 끝은 흐지부지되거나 보잘것없을 때 자주 쓰는 말
용두 거창한 시작	- 처음에는 아름다운 ☐☐ 에서 ☐☐☐ 를 잡고 ☐☐ 를 캐며 나라가 잘되었다.
사미 보잘 것 없는 끝	- 바닷가에는 ☐☐ 지을 땅이 부족했고, 오래 두고 먹을 것이 없어 결국 ☐☐ 의 나라에 반도 못 미치도록 나라가 작아졌다.

[4~5] 다음 글을 읽고, 문제를 풀어 보세요.

옛날 중국에 수나라라는 크고 강한 나라가 있었습니다. 수나라는 중국 땅을 통일한 후 고구려의 땅까지 차지할 욕심을 내고, 오랜 준비 끝에 고구려를 침략하기로 마음먹었습니다. 군대만 해도 100만 명에 이르는 대규모의 원정이었습니다. 그러나 오랜 시간 싸울 것을 대비해 병사들에게 주었던 짐이 너무 무거워 다들 도착하기도 전에 지쳐 버렸고, 고구려의 끈질긴 저항에 수나라 군대는 패배를 거듭하게 됩니다. 결국 후퇴를 결정한 수나라는 마지막으로 '살수'라는 곳에서 고구려 군대에 크게 당해 100만 명으로 출발한 군대가 고작 2천 명 남짓만이 남아 돌아가게 되었습니다.

"㉠출발할 때만 하더라도 그렇게 무서울 것이 없었는데, 돌아올 때는 초라하기 짝이 없구나."

수나라 군대는 그렇게 한탄하며 목숨이라도 건졌음에 감사해야 했습니다.

– 삼국시대 역사 이야기

4 다음은 수나라의 고구려 침공 과정입니다. 일어난 순서에 알맞게 번호를 써 보세요.

수나라가 중국 땅을 통일함	오랜 준비 끝에 100만 명의 군대로 고구려를 침략함
[ ]	[ ]
살수에서 크게 당하고 2천 명 남짓만이 살아남아 후퇴함	고구려의 끈질긴 저항에 연달아 패배함
[ ]	[ ]

5 윗글의 밑줄 친 ㉠을 읽고 적절하게 감상한 친구에 ○표를 해 보세요.

규민: 처음에는 100만이 넘는 군대로 출발하며 대단한 기세를 보였지만, 고작 2천 명만이 남아 돌아가는 초라한 끝을 맺었으니 '**용두사미**'라 할 수 있겠군.

윤성: 고구려 군대에게 그렇게 크게 당했는데도 목숨을 건지다니, 죽을 뻔한 고비를 몇 번이나 넘기고 살아남았으니 '**용두사미**'라 할 수 있겠어.

[   ]   [   ]

1단계

다음 중 '가지각색'과 비슷한 뜻을 가진 낱말에 ○표를 해 보세요.

[1] 각양각색: 여러 모양과 여러 색의, 즉 다양한 ───────────────────── [　　　]

[2] 예사로운: 흔히 있는 ─────────────────────────────────── [　　　]

[3] 무궁무진한: 끝없는 ─────────────────────────────────── [　　　]

2단계

아래의 뜻과 예시를 참고하여 빈칸에 알맞은 낱말을 넣어 보세요.

☐ 를 잡다.

- 뜻: 나라나 도시, 건물 등을 세울 좋은 땅을 고르다.

- 예시: 단군 할아버지가 ☐ 잡으시고

→ ☐ ㅌ

3단계

다음은 '밀물 때 물에 잠기고 썰물 때 드러나는 바닷가의 진흙땅으로, 조개나 게 등이 살고 있는 곳'을 그림으로 나타낸 것입니다. 이 낱말을 써 보세요.

→ ☐☐

시간　끝난 시간 ☐시 ☐분

1회분 푸는 데 걸린 시간 ☐분

채점　독해 5문제 중　☐개

어법·어휘 3문제 중　☐개

백지장도 맞들면 낫다[*]

쉬운 일이라도 누군가와 함께 하면 더욱더 쉬워집니다. '백지장도 맞들면 낫다'는 말은 이처럼 '함께 힘을 합치면 더욱 쉽게 할 수 있다'는 뜻입니다.

공부한 날 ☐ 월 ☐ 일 시작 시간 ☐ 시 ☐ 분

>>> QR코드를 찍으면
지문 읽기를 들을 수 있어요
3단계 22회

품앗이란 '일을 할 때 드는 힘'을 뜻하는 '품'과 '**교환**[1]'이라는 뜻의 '앗이'가 합쳐진 말로, 힘든 일을 서로 거들어 주면서 품을 지고 갚고 하는 일을 말합니다. 즉, 돈을 받지 않고 서로 도움을 주고받는 것을 말합니다. 품앗이는 모내기, 보리**타작**[2], 추수, 나무하기 등 다양한 일에 널리 **활용**[3]되었고 뿐만 아니라 결혼식, 장례식에서도 옷을 만들거나 음식을 준비할 때 등에 자주 활용되었습니다.

이러한 품앗이는 한국의 오랜 **전통**[4] **문화**[5] 중에 하나입니다. 그 까닭은 일할 사람이 부족했기 때문이었습니다. 농사를 짓거나 큰 행사에는 사람들의 도움이 많이 필요했기 때문에 품앗이는 마을에 꼭 필요한 일이었습니다. 마을 사람들은 일할 사람이 부족한 가족에게 일할 사람을 빌려주고

이렇게 도움을 받았던 사람은 나중에 또 다른 가족을 돕는 방법 즉, 받은 도움을 갚아 주는 모습으로 마을을 꾸려 나갔습니다.

우리 조상들은 어려운 일은 물론이고 쉬운 일에서도 '**백지장도 맞들면 낫다**[*].'라는 속담처럼 서로 힘을 합해 더욱 쉽게 일을 해결할 수 있었습니다. 우리도 어려운 친구에게 도움을 주고, 받은 도움을 돌려주는 지혜로운 방법으로 반을 꾸려 나가면 어떨까요? 아마 친구들과의 사이가 더욱 좋아지고 친구의 소중함을 느낄 수 있게 될 것입니다.

어려운 낱말 풀이

❶ **교환** 서로 바꾸거나 주고받음 交사귈 교 換바꿀 환 ❷ **타작** 곡식의 이삭을 떨어내어 알곡을 거두는 일 打칠 타 作지을 작 ❸ **활용** 살려서 응용함 活살 활 用쓸 용 ❹ **전통** 옛날부터 이어져 내려오는 것 傳전할 전 統큰 줄기 통 ❺ **문화** 사람들이 만들어 낸 생활 양식 文글 문 化될 화 ❻ **백지장** 흰 종이 白흰 백 紙종이 지 張낱장 장

1 품앗이가 활용될 수 있는 일에 ○표를 해 보세요.

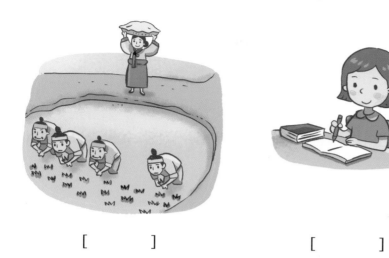

[　　　　] [　　　　] [　　　　]

2 모내기처럼 다른 사람의 도움이 필요한 일을 할 때 우리 조상들은 어떻게 했는지 골라 보세요.
· [　　　　]

① 좁은 땅에서만 모내기를 했다.

② 서로 도움을 주고받았다.

③ 땅에 씨를 뿌리고 벼가 스스로 자라도록 기다렸다.

3 다음 대화에서 '백지장도 맞들면 낫다'를 올바르게 사용한 친구에 ○표를 해 보세요.

> 민수: 내일 이웃들에게 나눠 줄 초콜릿을 포장하고 있는데 너무 많아서 힘들어.

> 희진: 내가 도와주면 빨리 끝날 거야. '**백지장도 맞들면 낫다**'잖아.

> 기영: 오늘은 쉬고 내일 다시 해 봐. '**백지장도 맞들면 낫다**'는 말처럼 힘들 때는 쉬는 것이 중요해.

[　　　　] [　　　　]

다음 글을 읽고, 문제를 풀어 보세요.

> "혜빈아, 오늘 우리 집에 가서 떡볶이 먹을래? 엄마께서 맛있는 간식 만들어 주신다고 하셨어. 지수랑 연주도 가기로 했어."
>
> 보경이는 같은 반 친구인 혜빈이에게 말했습니다. 혜빈이는 보경이의 집에 놀러 가고 싶었지만 청소 당번이기 때문에 보경이의 말을 거절할 수밖에 없었습니다. 잠시 고민하던 보경이는 말했습니다.
>
> "그럼 내가 도와주면 빨리 끝나지 않을까?"
>
> 그때 옆에 있던 지수와 연주도 말했습니다.
>
> "그래. 우리도 도와줄게."
>
> 네 친구들은 힘을 합쳐 교실 청소를 했고 교실은 금세 깨끗해졌습니다. 혜빈이는 웃으며 친구들에게 말했습니다.
>
> "백지장도 맞들면 낫다더니 너희가 도와줘서 정말 빨리 끝났어. 고마워, 얘들아."
>
> 네 친구들은 사이좋게 보경이의 집에 갈 수 있었답니다.

4 혜빈이가 친구들에게 '백지장도 맞들면 낫다'고 말한 까닭을 써 보세요.

친구들이 [　　] 을 합쳐 도와준 덕분에 청소가 빨리 끝났기 때문이다.

5 다음 혜빈이의 일기를 읽고, 빈칸에 들어갈 알맞은 말에 ○표를 해 보세요.

> 오늘은 보경이의 집에 놀러 갔다. 보경이 어머니께서는 떡볶이를 해 주셨고 아주 맛이 있었다. 지수와 연주랑 술래잡기도 하고 게임도 하고 정말 즐거운 하루였다. 하마터면 오늘 못 놀러 갈 뻔했는데 친구들이 청소를 도와준 덕분에 빨리 끝낼 수 있었다. 친구들에게 정말 ＿＿＿＿＿＿＿＿＿＿＿＿＿＿＿＿＿＿＿＿.
> 다음에는 내가 친구들을 초대해서 즐겁게 놀아야겠다.

[1] 고마웠다 [　　　　]　　　　　　　　[2] 화가 났다 [　　　　]

5
주
22
회

해설편 011쪽

1단계 밑줄 친 낱말의 알맞은 뜻을 골라 번호를 써 보세요.

[1] 품앗이는 다양한 일에 **널리** 활용되었습니다. ——————— [   ]

　　　　① 거리가 멀게

　　　　② 범위가 넓게

[2] 한국의 오랜 **전통** 중에 하나입니다. ——————— [   ]

　　　　① 옛날부터 이어져 내려오는 것

　　　　② 어떤 사물에 대하여 깊고 자세히 아는 것

2단계 다음 문장이 자연스럽도록 빈칸에 알맞은 낱말을 [보기]에서 찾아 써 보세요.

[보 기]	문화	활용	교환

[1] 이 재료를 효과적으로 ☐☐ 해 보자.

[2] 이 동전을 지폐로 ☐☐ 해 주세요.

[3] 각 나라는 서로 고유한 ☐☐ 를 가지고 있어.

3단계 밑줄 친 부분과 비슷한 뜻을 가진 낱말을 써 보세요.

[1] 너네 집은 **식구**가 몇 명이니?

　　→ ☐ㄱ ☐ㅈ

[2] 우리 **선조**들은 정말 지혜로웠어.

　　→ ☐ㅈ ☐ㅅ

시간 끝난 시간 ☐ 시 ☐ 분　　채점 독해 5문제 중 ☐ 개
　　1회분 푸는 데 걸린 시간 ☐ 분　　어법·어휘 7문제 중 ☐ 개

관용어

둘 이상의 낱말이 오래전부터 함께 쓰이면서 본래의 뜻과 다른 뜻을 지니게 된 표현

바가지를 쓰다*

때때로 물건에 터무니없이 비싼 값을 매기는 사람들이 있습니다. 그런 사람들에게 물건을 샀을 때 '바가지를 쓰다'라고 말합니다. 이 표현은 '터무니없이 비싼 값에 물건을 샀다'는 뜻입니다.

>>> QR코드를 찍으면
지문 읽기를 들을 수 있어요

3단계 23회

공부한 날 ☐ 월 ☐ 일   시작 시간 ☐ 시 ☐ 분

옛날에 욕심 많은 부자가 있었습니다. 부자는 돈을 벌기 위해서라면 남을 괴롭히는 일도 **서슴지 않았습니다❶**. 그래서 마을 사람들은 부자를 피해 다니곤 했습니다.

어느 날, 부자가 기르던 병아리 한 마리가 문밖으로 도망쳐 버렸습니다. 부자도 병아리를 쫓아 문밖으로 나왔습니다. 그때, 마침 길을 가고 있던 농부가 부자를 미처 피하지 못해 부자와 부딪히고 말았습니다. 그 사이에 병아리는 어딘가로 사라져 버렸고, 부자는 화가 난 목소리로 농부에게 말했습니다.

"병아리를 잃어버린 건 자네 때문이니 돈을 물어내게. 아니지, 그 병아리가 크면 큰 닭이 되었을 테니, 큰 닭 값을 내야 하네!"

"아니, 자그마한 병아리 하나를 잃어버렸다고 큰 닭을 살 돈을 달라고요? **바가지를 씌워도*** 정도가 있는 거 아닙니까."

농부가 억울해했지만, 부자는 **막무가내❷**였습니다. 꼼짝없이 **바가지를 쓰게*** 된 농부는 한참을 고민하다 꾀를 하나 내었습니다.

"그러고 보니 병아리한테는 **모이❸**를 얼마나 줍니까?"

"매일 **좁쌀❹**을 한 **줌❺**씩 주지! 그러니까 나중에는 큰 닭이 되지 않았겠나?"

그 말을 듣고 농부는 닭 값을 내주며 말했습니다.

"자, 이건 닭 값입니다. 그런데 병아리를 잃어버려 매일 좁쌀 한 줌을 아끼게 되었으니, 그 아낀 만큼의 값은 저한테 주시죠."

부자는 할 말이 없었습니다. 결국 부자는 받은 돈을 모이 값으로 다시 돌려주어야 했습니다.

– 우리나라 전래 동화

1 이 이야기에서 부자가 농부 때문에 병아리를 잃어버렸다고 말한 까닭을 골라 보세요.

[   ]

① 단순한 화풀이로

② 돈이 급하게 필요해서 거짓말로

③ 농부가 병아리를 문밖으로 쫓아내서

④ 농부와 부딪힌 사이에 병아리가 사라져서

⑤ 옛날에 농부가 병아리를 숨겨 준 적이 있어서

2 농부가 낸 꾀는 무엇이었는지 골라 ○표를 해 보세요.

| '지금은 일단 돈이 없다고 하고, 부자가 이 일을 잊어버릴 때까지 아무런 말도 하지 말아 보자.' | '병아리 한 마리에 큰 닭 한 마리 값을 물어 줄 바에야, 차라리 사라진 병아리를 찾아 보자.' | '병아리가 큰 닭이 되었을 때의 값을 지금 물어 달라고 하니, 큰 닭이 될 때까지 먹을 모이 값을 받자.' |

[   ]   [   ]   [   ]

3 농부가 '바가지를 쓰다'라고 말한 까닭을 써 보세요.

자그마한 ☐☐☐ 값으로 큰 닭을 살 수 있는 돈을 달라 했으니,

터무니없이 비싼 값이라고 생각했기 때문이다.

〔어려운 낱말 풀이〕
❶ 서슴지 않았습니다 망설이거나 거리끼지 않았습니다
❷ 막무가내 도저히 어찌할 수가 없음 莫없을 막 無없을 무 可옳을 가 奈어찌 내
❸ 모이 새 따위에게 주는 먹이
❹ 좁쌀 벼가 아닌 '조'라는 식물의 열매를 찧은 쌀
❺ 줌 한 손으로 쥘 만한 양을 세는 단위

↑ 좁쌀

[4~5] 다음 그림과 글을 읽고, 문제를 풀어 보세요.

4 동영상의 제목으로 미루어 보았을 때, 동영상의 내용은 무엇일지 골라 보세요. ┄┄┄ [   ]

① 여행 일정을 잘 짜는 방법

② 좋은 여행지를 고르는 방법

③ 여행을 가서 좋은 선물을 고르는 방법

④ 여행을 갈 때 꼭 필요한 준비물들을 챙기는 방법

⑤ 여행을 가서 터무니없이 비싼 가격에 물건을 사지 않는 방법

5 위 동영상에 대한 설명으로 옳은 것에 ○표, 틀린 것에 ×표를 해 보세요.

[1] 동영상을 올린 사람은 '나그네 1호'다. ┄┄┄┄┄┄┄┄┄┄┄┄┄┄┄┄┄┄┄ [   ]

[2] 동영상에는 바가지 쓰지 않는 방법 7가지가 소개되었을 것이다. ┄┄┄┄ [   ]

[3] 2021년에 올라온 동영상이다. ┄┄┄┄┄┄┄┄┄┄┄┄┄┄┄┄┄┄┄┄┄┄┄┄┄ [   ]

[4] 동영상을 올린 사람은 이전에도 동영상을 올린 적이 있을 것이다. ┄┄┄ [   ]

1
단계
밑줄 친 낱말 중 쓰임이 옳은 것에 ○표, 틀린 것에 ×표를 해 보세요.

[1] 그가 **막무가내**로 우기니, 도저히 어찌할 수가 없었다. ────────── [　　　]

[2] 오늘은 돼지에게 **모이**를 주었다. ────────────────── [　　　]

[3] 연필 한 **마리**만 사올래? ────────────────────── [　　　]

2
단계
밑줄 친 말과 바꿔 쓸 수 있는 표현을 골라 번호를 써 보세요.

[1] 그는 돈을 위해서라면 나쁜 짓도 **서슴지 않았다.** ────────── [　　　]

　　　　　① 거리끼지 않았다.

　　　　　② 동의하지 않았다.

[2] 내일까지 일기를 **작성해** 오세요. ────────────────── [　　　]

　　　　　① 써

　　　　　② 외워

3
단계
다음 중 '줌'의 뜻으로 가장 알맞은 것에 ○표를 해 보세요.

온몸으로 끌어안아야 하는 정도	한 손에 쥘 만한 양을 세는 단위	자루 따위에 가득 찬 것을 세는 단위
[　　]	[　　]	[　　]

시간　**끝난 시간** [　] 시 [　] 분 채점　**독해** 5문제 중　[　] 개

⏰　**1회분 푸는 데 걸린 시간** [　] 분　　**어법·어휘** 6문제 중　[　] 개

24회 천차만별(千差萬別)*

일천 천 　어긋날 차 　일만 만 　구별 별

세상에는 정말 많은 물건과 사람이 있습니다. 이들은 모두 크든 작든 차이를 가지고 있습니다. '천차만별(千差萬別)'이라는 말은 '여러 가지 사물들이 모두 차이가 있고, 구별이 있음'을 말합니다.

>>> QR코드를 찍으면
지문 읽기를 들을 수 있어요
3단계 24회

공부한 날 ☐월 ☐일 시작 시간 ☐시 ☐분

　　남아메리카 에콰도르에 있는 여러 섬으로 이루어진 갈라파고스 **제도**❶에는 '핀치'라는 이름을 가진 새가 살고 있습니다. 핀치새는 몸집이 작아 우리나라의 참새와 비슷한 새입니다. 그런데 핀치새들의 생김새는 **천차만별***입니다. 그 까닭은 무엇일까요?

　　핀치새들이 다른 모습을 가진 이유는 각 섬의 새들마다 주로 먹는 먹이의 종류가 다르기 때문입니다. 곤충을 주로 먹는 핀치새는 짧고 단단한 부리를 가지고 있습니다. 이런 부리가 곤충들을 쪼아 먹는 데 유리하기 때문입니다. 반면 씨앗을 주로 먹는 핀치새는 크고 넓은 부리를 가지고 있습니다. 이렇게 부리가 넓은 것이 단단한 씨앗을 깨부숴 먹는 데 **유리하기**❷ 때문입니다. 선인장을 주로 먹는 핀치새는 긴 부리를 가지고 있습니다. 부리가 길어야 선인장의 가시를 피해 선인장을 파먹을 수 있기 때문입니다.

　　이처럼 핀치새는 주로 먹는 먹이가 달라 부리의 생김새가 **천차만별***입니다. 환경에 따라 다른 모습을 가진 핀치새는 어떤 생물의 조상이 같더라도, **처한**❸ 환경에 따라 다르게 **진화**❹할 수 있다는 사실을 보여 줍니다.

　　– 관련 교과: 초등 과학 4-1 '과학자처럼 탐구해 볼까요?'

↑ 큰땅핀치
크고 단단한 과일과
견과류를 먹기 때문에
튼튼한 부리로 진화했다.

↑ 중간땅핀치
큰땅핀치보다 크기가 작은
과일과 견과류를 먹기
때문에 큰땅핀치보다 작은
부리로 진화했다.

↑ 작은나무핀치
부리로 잔가지를 도구처럼
사용해 나무 속에 사는
애벌레를 잡아먹기 때문에
작은 부리 모양으로 진화했다.

↑ 솔새핀치
날아다니면서 벌레를 잡아
먹기 때문에 날렵한 모양의
부리로 진화했다.

어려운 낱말 풀이

❶ **제도** 여러 섬, 특히 특정 지역의 섬들을 통틀어 부를 때 씀 諸모두 제 島섬 도
❷ **유리하기** 이롭기, 이익이 있기 有있을 유 利이로울 리 -　　❸ **처한** 어떤 형편이나 처지에 놓인 處곳 처 -
❹ **진화** 생물이 외부의 환경에 적응하며 점차 변화해 가는 과정 進나아갈 진 化될 화

1 이 글은 무엇에 대해 이야기하고 있는지 써 보세요.

→ ⬜⬜⬜ 의 부리 모양이 제각각인 까닭

2 핀치새의 먹이와 그에 따른 부리 모양을 알맞게 선으로 이어 보세요.

곤충	•	•	크고 넓은 부리
씨앗	•	•	짧고 단단한 부리
선인장	•	•	긴 부리

3 다음 중 '천차만별'과 어울리는 상황을 골라 보세요. ─────── [   ]

① 여러 가지가 제각각 다를 때

② 어떤 일이 막힘없이 술술 풀릴 때

③ 모두 큰 차이는 없고 비슷비슷할 때

④ 아무의 도움도 받을 수 없는 곤란한 상황일 때

⑤ 보잘 것 없어 보이던 것이 뛰어난 재주를 부릴 때

[4~5] 다음 글을 읽고, 문제를 풀어 보세요.

동물들은 먹고 먹히는 관계를 맺고 있습니다. 동물들은 먹이를 잘 먹을 수 있도록 진화하기도 하고, 천적으로부터 몸을 지킬 수 있도록 진화하기도 합니다.

먼저 '카멜레온'은 몸의 색깔을 바꾸기로 유명합니다. 카멜레온은 주변의 사물과 비슷한 색으로 몸을 꾸며 천적들의 눈을 피합니다. 또, '천산갑'은 온몸에 단단한 껍질을 두르고 있습니다. 천산갑의 껍질은 사자가 물더라도 끄떡없을 정도로 단단합니다. '독화살 개구리'는 독이 있는 곤충을 일부러 먹는 방법으로 몸속에 독을 쌓아 둡니다. 그러다 천적이 나타나서 독화살 개구리를 물면 피부에서 독을 뿜습니다. 먼 옛날 아프리카 원주민들은 이 개구리의 독을 화살촉에 발라 독화살을 만들었습니다. 그래서 '독화살 개구리'라는 이름이 붙었습니다.

이처럼 동물들이 천적으로부터 몸을 지키는 방법은 ⊙천차만별입니다. 진화는 먹이뿐만이 아니라 다양한 요소의 영향을 받아 이루어집니다.

– 관련 교과: 초등 과학 6-1(2015 개정) '2. 생물과 환경'

4 다음은 위 글의 내용을 정리한 것입니다. 빈칸을 채워 보세요.

	카멜레온: 주변의 사물과 비슷한 ☐ 으로 몸을 꾸미며 천적의 눈을 피한다.
	천산갑: 온몸에 단단한 껍질을 두르고 있다.
	독화살 개구리: 독을 가진 곤충을 먹어 몸에 독을 쌓는다. 위험이 닥치면 피부로 독을 내뿜는데, 원주민들이 그 독을 ☐☐☐ 에 발라 사용하여 지금의 이름이 붙었다.

5 밑줄 친 ⊙과 바꾸어 쓸 수 있는 말을 골라 보세요. ────────── [　　　]

① 다양합니다　　　　② 평범합니다　　　　③ 독특합니다

④ 이상합니다　　　　⑤ 비슷합니다

1단계 다음 중 여러 섬을 뜻하는 '제도(諸島)'와 비슷한 뜻을 가진 낱말에 ◯표를 해 보세요.

군도	낙도
많은 수의 크고 작은 섬들	육지에서 멀리 떨어진 작은 섬

[   ]   [   ]

5주 24회

해설편 012쪽

2단계 다음은 '진화(進化)'가 가진 두 가지 뜻입니다. 문장에서 밑줄 친 부분은 어떤 뜻으로 쓰인 것인지 각각 기호를 써 보세요.

진화(進化)

㉠ 일이나 기술, 사람 따위가 점차 발달해 감

㉡ 생물이 외부의 환경에 적응하여 변화해 나가는 과정

---

[1] 요즘에는 통신 기술이 점점 **진화**하고 있다. ──────────── [   ]

[2] 인간이 원숭이에서 **진화**했다는 주장은 큰 충격을 주었다. ──────── [   ]

3단계 다음은 먹이사슬을 대략적으로 그린 것입니다. 본문과 지문에 나온 낱말로 빈칸을 채워 보세요. (화살표는 그 동물을 잡아먹는다는 뜻입니다.)

[1] 파리는 개구리의 [ ][ ]다.

[2] 뱀은 개구리의 [ ][ ]이다.

시간 **끝난 시간** [   ]시 [   ]분

1회분 푸는 데 걸린 시간 [   ]분

채점 **독해** 5문제 중 [   ]개

어법·어휘 5문제 중 [   ]개

25회 제 꾀에 제가 넘어간다*

욕심 때문에 남을 속이는 꾀를 냈다가 그 꾀에 자기가 걸려 된통 혼이 나는 경우가 있습니다. '제 꾀에 제가 넘어간다'는 말은 '꾀를 내어 남을 속이려다 그 꾀에 오히려 자기가 넘어간다'는 뜻입니다.

>>> QR코드를 찍으면
지문 읽기를 들을 수 있어요

3단계 25회

공부한 날 　　월　　일　시작 시간 　　시　　분

옛날에 성격이 **고약한❶** 영감이 살았습니다. 그 영감의 집 앞에는 커다란 느티나무가 있었습니다. 어느 여름날, 점심을 먹은 영감은 느티나무 아래의 **평상❷**에 누워 쉬고 있었습니다. 느티나무 그림자가 드리워져 있어 평상은 시원했습니다. 그때 지나가던 한 청년이 느티나무 그늘에 들어와 앉았습니다. 그 모습을 본 영감은 심술이 났습니다.

"이봐, 이 나무는 내 조상님이 심으셨어. 여기서 쉬려거든 이 그늘을 사. 내 딱 10냥만 받도록 하지."

청년은 황당했습니다. 영감은 잘하면 돈을 벌 수 있겠다는 생각에 기분이 좋아졌습니다.

청년은 **골똘히❸** 생각하다 말했습니다.

"예, 그러죠. 여기 10냥입니다. 이제 이 그늘은 제 것이니 마음껏 쉬어도 되겠지요?"

"당연하지. 자네 그늘이니까."

시간이 흘러 해질녘이 되었습니다. 느티나무의 그늘이 길어져 영감의 집 안방까지 드리웠습니다. 안방에 누워 쉬고 있던 영감은 화들짝 놀랐습니다. 청년과 청년의 친구들까지 어느새 집 안방에 들어와 드러누워 있었기 때문입니다.

"아니, 이놈들이! 여기가 어디라고 함부로 들어와 누워 있는 것이냐!"

"저한테 이 그늘을 파시지 않았습니까? 지금은 그늘이 안방까지 드리웠으니, 당연히 여기도 누울 수 있는 것이지요."

영감은 **제 꾀에 제가 넘어갔다***는 것을 깨닫고 **말문이 막혔습니다.❹** 영감은 이대로라면 온 집을 다 내주겠다 싶어 다급하게 말했습니다.

"다시 10냥을 돌려주겠네. 10냥에 그늘을 다시 팔게."

"그것은 안 되지요. 그늘의 가격이 올랐습니다. 100냥을 주시면 생각해 보겠습니다."

영감은 울먹이며 100냥을 내주었습니다. 깊이 반성한 영감은 그 후로 남을 속이지 않고 살았다고 합니다.

– 우리나라 전래 동화 「나무 그늘을 산 청년」

1 다음 중 이 이야기의 내용으로 알맞지 <u>않은</u> 것을 골라 보세요. ----------------- [   ]

① 청년은 느티나무 그늘에 앉아 쉬려고 했습니다.

② 영감은 느티나무가 자신의 조상님이 심은 것이라고 말했습니다.

③ 청년은 영감에게 100냥을 주고 그늘을 샀습니다.

④ 느티나무 그늘은 해질녘에 영감의 집 안방까지 드리웠습니다.

⑤ 영감은 청년에게 100냥을 주고 그늘을 다시 샀습니다.

2 빈칸에 알맞은 낱말을 [보기]에서 찾아 써 보세요.

[보 기]	안방	청년	친구	그늘

영감이 부린 꾀	공짜로 돈을 벌기 위해 [ ][ ]을 속여 [ ][ ]을 팖
영감이 제 꾀에 넘어간 부분	해질녘이 되어 그늘이 영감의 집 [ ][ ]까지 드리우자, 청년과 청년의 [ ][ ]들이 영감의 집에 마음대로 들어옴

3 다음 중 '제 꾀에 제가 넘어간다'와 어울리는 상황에 있는 친구를 골라 보세요.

----------------- [   ]

① 의조: 등산을 하다 중턱에서 잠깐 쉬었는데, 더 이상 올라가기 싫었어.

② 홍민: 얼마 전 해외여행을 다녀왔는데, 세상은 넓다는 걸 새삼 느꼈어.

③ 재성: 사람들이 나는 1등을 하지 못할 거라고 해서 오기가 불끈 생겼어.

④ 창훈: 길을 가다 500원짜리 동전을 주웠는데, 그 뒤로 늘 땅을 보고 다녀.

⑤ 성용: 체육을 하기 싫어 다리가 아픈 척을 했다가, 하루 종일 교실에서 숙제만 했어.

어려운 낱말 풀이 | ❶ **고약한** 하는 짓, 성격, 마음씨 같은 것이 못된 ❷ **평상** 나무로 만든 침상, 밖에다 내어 쉴 수 있도록 만든 것 苹평평할 평 床평상 상 ❸ **골똘히** 한 가지 일에 온 정신을 쏟아 딴 생각 없이 ❹ **말문이 막혔습니다** 말이 입 밖으로 나오지 않게 되었습니다 - 門문 문 -

[4~5] 다음은 이 이야기를 영화 시나리오로 바꾼 것입니다. 글을 읽고 문제를 풀어 보세요.

┌───┐

⬚ ㉠ ⬚ 이(가) 영감의 방 안으로 들어온다. 영감의 방 안에는

영감뿐만 아니라, 청년과 청년의 친구들도 있다. 영감이 잠에서 깬다.

영감: 아니, 이놈들이! 여기가 어디라고 함부로 들어와 누워 있는 것이냐!
　　　이 부분에서는 깜짝 놀라며 소리쳐주세요. ·· ①

청년: 저한테 이 그늘을 파시지 않았습니까? 지금은 그늘이 안방까지 드리웠으니,
　　　당연히 여기도 누울 수 있는 것이지요.

영감: 그건….

영감은 말문이 막힌 듯 말을 하지 않는다. 그러다 더듬더듬 말을 꺼낸다.

영감: 다, 다시 10냥을 돌려주겠네. 10냥에 그늘을 다시 팔게.
　　　이 대사는 울먹거리면서 하면 더 좋겠어요. ································· ②

청년: 그것은 안 되지요. 그늘의 가격이 올랐습니다. 100냥을 주시면 생각해 보죠.
　　　이 대사에서는 영감에게 싹싹 빌면서 하면 감동적일 것 같아요. ·········· ③

영감은 울먹이며 청년에게 100냥을 건넨다.

└───┘

4 위 시나리오 속 감독의 지시 중 <u>잘못된</u> 것의 번호를 써 보세요. ·················· [　　　]

5 다음 중 ㉠에 들어갈 말을 골라 보세요. ·· [　　　]

① 산 호랑이

② 산들바람

③ 나무 그늘

④ 아침 햇살

⑤ 소나기 빗물

1단계 [보기]를 보고 빈칸에 알맞은 낱말을 채워 보세요.

> [보 기] 골똘히 화들짝

[1] 염소는 어떻게 당나귀를 골려 줄지 ☐☐☐ 생각했다.

[2] 현수는 나쁜 짓을 하다 걸린 것처럼 ☐☐☐ 놀랐다.

2단계 다음 뜻과 쓰임을 보고 '말문'의 뜻을 알맞게 짐작한 것에 ○표를 해 보세요.

> '**말문이 막히다**'라는 말은 '말이 입 밖으로 나오지 못하게 되다'라는 뜻을 가지고 있습니다. 여기서 '말문'이라는 낱말은 우리가 하는 '말'에 '門(문)'자가 붙어 생긴 말입니다.

> '말문'은 아마 말하기 시작할 때 여는 입을 말하는 걸 거야.
>
> [   ]

> '말문'은 아마 마구간의 문을 뜻하는 말일 거야.
>
> [   ]

3단계 다음 중 '제 꾀에 제가 넘어가다'에 쓰인 '넘어가다'와 뜻이 가장 비슷한 것을 골라 보세요. ⸺⸺⸺⸺⸺⸺⸺⸺⸺⸺⸺ [   ]

① 침이 꿀꺽 **넘어가다**. (뜻: 음식물이나 침이 목구멍으로 지나가다.)

② 그 소동은 무사히 **넘어갔다**. (뜻: 어떤 상황이 별일 없이 지나가다.)

③ 사기꾼의 속임수에 깜빡 **넘어갔다**. (뜻: 속임수에 빠지거나 마음을 뺏기다.)

④ 다음 단계로 **넘어갔다**. (뜻: 다음 순서나 시기, 또는 다른 경우로 옮아가다.)

⑤ 도서관은 책장이 **넘어가는** 소리만 들렸다. (뜻: 종이나 책장 따위가 젖혀지다.)

시간 끝난 시간 ☐시 ☐분
1회분 푸는 데 걸린 시간 ☐분

채점 독해 5문제 중 ☐개
어법·어휘 4문제 중 ☐개

용이 등장하는 한자성어

우리 문화에서 용은 예로부터 신성한 존재였습니다. 꿈에 용이 등장하면 좋은 일이 일어날 징조라고 말하기도 하고, 전래 동화 속에는 용이 되기 위해 무진 노력을 하는 뱀들의 이야기도 많이 등장합니다. 그렇다면 용이 등장하는 한자 표현에는 무엇이 있을까요?

등용문   登오를 등 龍용 용 門문 문

옛날에는 '용문'이라고 불리는 계곡이 있었는데, 물살이 너무 거세어 힘센 물고기도 쉽게 오를 수 없었습니다. 대신 그런 어려움을 겪고도 이 계곡의 물살을 거슬러 오른 물고기는 용이 될 수 있었다고 합니다. 이처럼 **등용문**이란 '들어가기 어렵지만 성공하기 위해서는 꼭 거쳐야 하는 관문'이라는 뜻입니다.

예 이 공연은 새로운 배우들이 데뷔하는 **등용문**이기도 하다.
　　　　　　　　　└→ 성공하기 위해 꼭 거쳐야 하는 관문

용호상박   龍용 용 虎범 호 相서로 상 搏칠 박

이 표현은 용과 호랑이가 서로 싸운다는 뜻으로, '**힘이 강한 사람들끼리 서로 승부를 겨룰 때 누가 이길지 알 수 없을 만큼 대등한 싸움**'을 의미합니다.

예 진정한 1등을 가리기 위한 두 선수의 경기는 **용호상박**이었다.
　　　　　　　　　└→ 강한 사람들끼리 서로 싸움

와룡봉추   臥누울 와 龍용 용 鳳봉황 봉 雛병아리 추

한자를 풀이하면 '누워 있는 용과 봉황의 새끼'라는 뜻의 이 표현은 '**아직 재능을 꽃피우지 못하고 숨어 있는 훌륭한 인재**'를 뜻합니다. 누워 있는 용이 일어나면 큰일을 하게 될 것이고, 아직 새끼지만 자라나면 봉황의 새끼 또한 뛰어난 능력을 발휘할 것이기 때문입니다. 이 때문에 아직 기회를 만나지 못했지만 때가 무르익으면 훌륭한 일을 할 수 있는 사람을 '와룡봉추'에 빗대 부릅니다.

예 역사 속의 뛰어난 영웅들은 **와룡봉추**와 같은 동료들을 얻기 위해 매우 노력했다.
　　　　　　　　　└→ 숨어 있는 훌륭한 인재

6주차

회차	영역	학습 내용	학습계획일	맞은 문제수
26회	관용어	**콧대가 높다** 자기 자신에 대해 지나치게 자신감이 넘쳐 뽐내고 잘난 체하는 사람을 본 적 있나요? 그런 사람에게 **'콧대가 높다'**라는 표현을 씁니다. 말 그대로 **'잘난 체하고 뽐내는 태도'**를 의미합니다.	월 일	독 해 6문제 중 ☐ 개 어법·어휘 7문제 중 ☐ 개
27회	사자성어	**반신반의(半信半疑)** 우리는 가끔 완전히 믿을 수도 없고, 그렇다고 안 믿을 수도 없는 상황들에 처하곤 합니다. **'반신반의(半信半疑)'**는 **'반은 믿지만 반은 의심한다'**는 뜻으로, 선뜻 믿거나 의심하기 어려운 상황에 쓸 수 있습니다.	월 일	독 해 5문제 중 ☐ 개 어법·어휘 4문제 중 ☐ 개
28회	속담	**산 넘어 산이다** 만약 누군가가 어딘가로 가기 위해 산을 넘고 있다고 생각해 봅시다. 이제 저기 보이는 정상만 넘으면 산을 넘을 수 있습니다. 그런데 산을 넘었더니 앞에는 또 다른 산이 있습니다. **'산 넘어 산이다'**라는 말은 이처럼 **'갈수록 더욱 어려운 경우에 처하게 된다'**는 말입니다.	월 일	독 해 6문제 중 ☐ 개 어법·어휘 5문제 중 ☐ 개
29회	관용어	**귀가 얇다** 남들이 하는 말을 어느 정도 귀담아들을 필요는 있지만 지나치면 오히려 곤란해집니다. **'귀가 얇다'**는 말은 이처럼 **'남들이 하는 말을 너무 쉽게 믿고 행한다'**는 뜻입니다.	월 일	독 해 6문제 중 ☐ 개 어법·어휘 7문제 중 ☐ 개
30회	사자성어	**천신만고(千辛萬苦)** 갖은 위험을 겨우겨우 넘기고 살아 돌아왔을 때 **'천신만고(千辛萬苦)'**라는 표현을 씁니다. 즉, **'천 번의 고통과 만 번의 괴로움'**을 모두 버텨 냈다는 것을 의미합니다.	월 일	독 해 5문제 중 ☐ 개 어법·어휘 7문제 중 ☐ 개

자기 자신에 대해 지나치게 자신감이 넘쳐 뽐내고 잘난 체하는 사람을 본 적 있나요? 그런 사람에게 '콧대가 높다'라는 표현을 씁니다. 말 그대로 '잘난 체하고 뽐내는 태도'를 의미합니다.

>>> QR코드를 찍으면
지문 읽기를 들을 수 있어요   3단계 26회

공부한 날 ☐월 ☐일 시작 시간 ☐시 ☐분

　아라크네는 **베**를 짜는 솜씨가 뛰어났습니다. 그 모습을 보기 위해 멀리서도 사람들이 찾아올 정도였습니다. **자만에 빠진** 아라크네는 자신이 **자수**의 여신인 아테네보다 베를 잘 짠다며 자랑하고 다녔습니다.

　"이 세상에 나보다 베를 잘 짜는 사람은 없지! 자수의 여신 아테네도 나를 **능가할** 수 없을걸?"

　그 소문을 들은 아테네는 노인으로 변신을 하고 아라크네를 찾아갔습니다.

　"아테네님을 그렇게 무시하면 안 되지요. 지금이라도 아테네님께 찾아가서 사과하는 게 좋을 겁니다."

　하지만 아라크네는 **우쭐대며** 말했습니다.

　"싫어요. 오히려 아테네 신이 저한테 와서 여신의 자리를 넘겨줘야 하는 걸요?"

　이 말을 들은 아테네 신은 화가 나 그 자리에서 원래의 모습으로 돌아와 아라크네에게 벌을 주었습니다.

　"**콧대 높게*** 너의 실력에 대해 자만하고 잘난 체하면서 신을 욕하고 잘못한 줄 모르다니! 너는 이제부터 거미가 되어 평생 거미줄로 베를 짜며 살아라!"

　아라크네는 아테네의 저주 때문에 거미가 되었고 평생 거미줄로 베를 짜며 살았습니다. 그 후 옛날 그리스 사람들은 거미를 '아라크네'라고 불렀다고 합니다.

　- 그리스 로마 신화

어려운 낱말 풀이

❶ 베 삼실, 무명실, 명주실 따위로 짠 천
❷ 자만에 빠진 자신이나 자신과 관련된 것을 스스로 자랑하며 뽐내는 自스스로 자 慢거만할 만 -
❸ 자수 옷감, 헝겊 따위에 여러 가지 색실로 그림, 글자 등을 수놓는 일 刺찌를 자 繡수놓을 수
❹ 능가할 능력이나 수준 따위가 훨씬 뛰어날 凌능가할 능 駕능가할 가 -
❺ 우쭐대며 스스로 만족스러워서 자꾸 뽐내며

1 이 글의 내용으로 맞는 것에 ○표, 아닌 것에 ×표를 해 보세요.

[1] 아라크네는 베를 잘 짰다. ⋯⋯⋯⋯⋯⋯⋯⋯⋯⋯⋯⋯⋯⋯⋯⋯⋯⋯⋯ [   ]

[2] 아라크네는 노인으로 변신하고는 아테네를 찾아갔다. ⋯⋯⋯⋯⋯⋯⋯ [   ]

[3] 아테네는 아라크네의 저주 때문에 거미가 되었다. ⋯⋯⋯⋯⋯⋯⋯⋯ [   ]

[4] 옛날 그리스 사람들은 거미를 '아라크네'라고 불렀다. ⋯⋯⋯⋯⋯⋯⋯ [   ]

2 다음은 옛날 화가들이 그린 그리스 신화입니다. 이 이야기를 그린 그림에 ○표를 해 보세요.

↑ 카라바조(이탈리아) 작(1594~1596년)
(로마 바르베리니 궁전에 위치한 이탈리아 국립회화관 소장)

[   ]

↑ 벨라스케스(스페인) 작(1644~1648년)(프라도 미술관 소장)

[   ]

3 다음은 이 이야기에 나오는 인물들의 모습입니다. '콧대가 높다'와 어울리는 모습에 ○표를 해 보세요.

아라크네가 아테네보다 베를 잘 짠다고 자랑하는 모습	노인으로 변신하고 아라크네를 찾아간 아테네의 모습	아테네의 저주 탓에 거미가 되어 평생 베를 짜는 아라크네의 모습
[ ]	[ ]	[ ]

진호는 수학을 잘했어요. 하지만 친구들이 모르는 것을 물어보면 잘 알려 주지 않았습니다.

"흥, 너무 쉬운 문제는 알려 주기 싫어. 조금 더 어려운 문제면 내가 알려 줄게."

진호는 친구들의 질문에 매번 이렇게 말했습니다. 그러자 친구들은 점점 진호와 멀어지기 시작했습니다. 진호는 친구들이 자신과 놀지 않는다는 사실을 알고 선생님께 고민을 말했습니다.

"진호야, 그건 네가 수학 실력을 믿고 친구들에게 지나치게 잘난 체를 해서 그런 게 아닐까? 친구들에게 조금 더 친절하게 대하면 어떨까?"

그 후 진호는 선생님의 말씀대로 친구들에게 더 이상 콧대 높게 굴지 않았습니다. 그러자 진호는 친구들과 다시 친하게 지낼 수 있었답니다.

4 친구들이 진호와 멀어진 까닭을 골라 보세요. ------------------ [　　　　]

① 진호가 친절하게 수학 문제를 알려 줘서

② 진호가 수학 실력을 뽐내며 잘난 체해서

③ 진호가 선생님에게 모르는 문제를 물어봐서

5 선생님을 만난 후 진호가 친구들에게 했을 말에 ○표를 해 보세요.

민지야, 그동안 내가 너무 잘난 체하고 뽐냈던 것 같아. 앞으로 모르는 문제를 잘 알려 줄게.

정규야, 너는 그것도 모르니? 나는 그것보다 더 어려운 문제도 쉽게 푸는데.

[　　　]　　　　　　　　　　　　　　[　　　]

6 '콧대가 높다'의 뜻은 무엇일지 알맞은 단어를 골라 ○표를 해 보세요.

'콧대가 높다'라는 말은 { 잘난 / 못난 } 체하며

{ 뽐내는 / 화내는 } 태도를 뜻합니다.

1
단계

다음 문장이 자연스럽도록 빈칸에 알맞은 낱말을 [보기]에서 찾아 써 보세요.

> [보 기]　　　　자수　　　자만　　　자리

[1] 아무리 상대가 약해도 □□ 하면 안 된다.

[2] 그 드레스에 장식된 □□ 는 고급스럽다.

[3] 수업 종이 울렸으니 □□ 에 앉아라.

2
단계

다음 [보기]를 보고, 아래의 낱말을 소리 나는 대로 써 보세요.

> [보 기]
>
> 받침의 'ㄹ'과 뒷말의 'ㄴ'이 만나면 뒷말의 'ㄴ'은 'ㄹ'로 바뀌어 발음됩니다.
> 예시: 설날 → [설랄]　　　칼날 → [칼랄]

[1] 달님 ➡ [□□]

[2] 잘난 체 ➡ [□□ 체]

3
단계

설명을 참고하여 빈칸에 알맞은 표현을 써 보세요.

[1] 아라크네는 | ㅇ | ㅉ | 대며 말했습니다.
　　　　　　　→ 자꾸 뽐내며

[2] | ㅍ | ㅅ | 거미줄로 베를 짜며 살았습니다.
　　→ 죽을 때까지

반신반의(半 信 半 疑)*
반 반　　믿을 신　　반 반　　의심할 의

우리는 가끔 완전히 믿을 수도 없고, 그렇다고 안 믿을 수도 없는 상황들에 처하곤 합니다. '반신반의(半信半疑)'는 '반은 믿지만 반은 의심한다'는 뜻으로, 선뜻 믿거나 의심하기 어려운 상황에 쓸 수 있습니다.

공부한 날 [ ] 월 [ ] 일　시작 시간 [ ] 시 [ ] 분

>>> QR코드를 찍으면 지문 읽기를 들을 수 있어요　3단계 27회

↑ 모란꽃

　어느 날 선덕여왕이 신하들과 궁을 산책할 때였습니다. 선덕여왕은 궁의 복도에 걸린 예쁜 그림을 보고 멈춰 섰습니다. 그 그림은 흰색, 빨간색, 자주색으로 그린 **모란꽃**❶ 그림이었습니다. 신하들은 당나라 임금이 예전에 신라에 꽃씨와 함께 보낸 선물이라고 말했습니다. 그리고 '꽃 중의 왕'이라고 불릴 만큼 아름다운 모란꽃을 그려 보낸 것은 당나라가 신라와 친하게 지내고 싶다는 뜻인 것 같다고 말했습니다. 하지만 선덕여왕은 **고개를 저었습니다**❷.

　"이 꽃은 분명 향기가 없을 것이다. 궁궐의 뜰에 씨앗을 심어 보아라."

　신하들은 **반신반의***하며 궁궐의 뜰에 씨앗을 심었습니다. 그리고 얼마의 시간이 지난 후, 꽃이 활짝 피었습니다.

　"정말 꽃에서 향기가 나지 않아!"

　신하들은 깜짝 놀라서 선덕여왕에게 어떻게 향기가 없는 꽃이라는 걸 알았는지 물어보았습니다.

　"잘 보아라. 그림 속 모란꽃 **주변**❸에는 나비가 한 마리도 없어. 그건 향기가 없다는 뜻 아니겠느냐."

　신하들이 그림을 자세히 들여다보니, 활짝 핀 꽃 주변에 항상 날아다니는 나비가 보이지 않았습니다. 신하들은 선덕여왕의 지혜에 감탄할 수밖에 없었습니다. 그 후로도 선덕여왕은 지혜롭게 신라를 잘 **다스려**❹ 나갔습니다.

　– 우리나라 역사 이야기

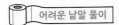 어려운 낱말 풀이

❶ **모란꽃** 작약과의 관목. 꽃이 붉고 화려하여 '꽃 중의 왕'이라고 불림 牡수컷 모 丹정성스러울 란 -
❷ **고개를 저었습니다** 부정이나 거절의 뜻을 나타냈습니다
❸ **주변** 어떤 대상의 둘레 周두루 주 邊가 변
❹ **다스려** 나라나 사회, 단체, 집안에서 여러 일을 보살피거나 아랫사람을 이끌어

1 이 이야기의 내용으로 알맞은 것에 ○표, 아닌 것에 ×표를 해 보세요.

[1] 당나라 임금은 신라에 모란꽃 그림을 선물로 보내 주었다. ┄┄┄┄┄┄┄ [　　　　]

[2] 신하들은 당나라 임금이 신라와 친해지고 싶어 한다고 생각했다. ┄┄┄┄ [　　　　]

[3] 선덕여왕은 씨앗에서 향기로운 모란꽃이 필 것이라고 생각했다. ┄┄┄┄┄ [　　　　]

2 모란꽃에 향기가 없다는 것을 선덕여왕이 어떻게 알았는지 골라 보세요. ┄┄┄┄┄ [　　　　]

① 모란꽃 그림에 나비가 없었기 때문에

② 모란꽃 그림에서 향기가 나지 않았기 때문에

③ 미리 궁궐의 뜰에 씨앗을 심어 보았기 때문에

④ 당나라 임금이 선덕여왕을 좋아하지 않기 때문에

⑤ 당나라 임금이 보낸 선물이 마음에 들지 않았기 때문에

3 '반신반의'의 한자를 보고 그 뜻에 맞게 빈칸에 들어갈 알맞은 말을 써 보세요.

半		信		半		疑	
뜻	음	뜻	음	뜻	음	뜻	음
반	반	믿을	신	반	반	의심할	의

이야기 속에서 신하들은 꽃에 향기가 없을 것이라는 선덕여왕의 말을 들은 후, [　　] 은 믿고

반은 [　　][　　] 하며 뜰에 씨앗을 심었습니다.

[4~5] 다음은 선덕여왕이 당나라 임금에게 보낸 가상의 편지입니다. 글을 읽고 문제를 풀어 보세요.

> 당나라 임금에게
>
> 이전에 우리나라에 보내 주신 그림 선물 잘 받았소.
>
> 신하들은 반신반의했지만 나는 이 그림 속 꽃과 꽃씨가 향기가 없다는 것을 단박에[1]
> 알아차렸소. 그리고 이런 그림과 꽃을 우리나라에 보낸 까닭을 생각해 보았소.
>
> 향기 없는 꽃은 아마 신라의 임금을 의미하는 것이겠지요. 그리고 이것은 신라의
> 임금이 백성들을 이끌 능력이 있는지를 반신반의하는 것이라 생각하오. 향기가 없는 꽃이
> 벌과 나비를 곁에 두지 못하듯, 백성들과 신하들이 임금을 따르지 못할 거라는 의심을
> 숨겨 둔 것이지요.
>
> 곧 그 생각이 틀렸다는 것을 알게 될 것이오. 이 나라는 나와 함께 어느 때보다
> 부강한[2] 나라로 거듭날[3] 것이오.
>
> 600년 ○월 ○일
> -위대한 신라의 선덕여왕

4 선덕여왕은 '향기 없는 꽃'이 무엇을 의미한다고 짐작하였는지 알맞은 것에 ○표를 해 보세요.

'향기 없는 꽃은 우리나라에 곧 가뭄이 들 거라는 의미군. 얼른 대비해야겠어.'	'향기 없는 꽃은 신라의 임금을 의미하는 것이군. 내가 나라를 잘 이끌 수 있을지 반신반의하는 거야.'	'향기 없는 꽃은 우리나라에 문화가 부족하다는 뜻이야. 내가 왕으로 있는 동안 좋은 문화를 만들어야지.'
[ ]	[ ]	[ ]

5 선덕여왕이 당나라 임금에게 편지를 보낸 의도를 알맞게 짐작한 친구를 골라 보세요.

.... [   ]

① 미정: 당나라에 한번 가 보고 싶어서 편지를 보냈을 거야.
② 세비: 자기가 얼마나 똑똑한지 자랑하려고 편지를 보냈을 거야.
③ 승한: 당나라의 임금이 된 것을 축하해 주려고 편지를 보냈을 거야.
④ 준희: 선물이 잘 갔을까 걱정할 당나라 임금을 위해 편지를 보냈을 거야.
⑤ 승규: 당나라 임금이 가진 의심에 대해 반박하기 위해 편지를 보냈을 거야.

어려운 낱말 풀이

❶ **단박에** 그 자리에서 바로 ❷ **부강한** 나라의 살림이 넉넉하고 군대의 힘이 센 富부유할 부 強강할 강 -
❸ **거듭날** 지금까지의 태도나 모습을 버리고 새롭게 바뀔

1
단계

다음 중 낱말의 관계가 나머지와 <u>다른</u> 하나를 골라 보세요. ·············· [   ]

① 눈 – 보다

② 코 – 맡다

③ 귀 – 듣다

④ 입 – 맛보다

⑤ 손 – 쉽다

2
단계

밑줄 친 낱말의 알맞은 뜻을 골라 번호를 써 보세요.

[1] 세종대왕은 조선을 훌륭하게 **다스렸다**. ·············· [   ]

　　　　　① 자연이나 물건을 잘 다루고 보살피다.

　　　　　② 나랏일을 보살피거나 아랫사람을 이끌다.

[2] 그 낡은 건물은 완전히 새로운 건물로 **거듭났다**. ·············· [   ]

　　　　　① 지금까지의 모습을 버리고 새롭게 바뀌다.

　　　　　② 지금까지의 모습을 그대로 이어가다.

3
단계

다음 중 한 나라의 '우두머리'를 이르는 말이 <u>아닌</u> 것을 골라 보세요. ·········· [   ]

우두머리: 한 무리를 이끄는 가장 높은 사람

① 왕　　　　　　　　　② 제왕

③ 신하　　　　　　　　④ 임금

⑤ 황제

28회 산 넘어 산이다*

만약 누군가가 어딘가로 가기 위해 산을 넘고 있다고 생각해 봅시다. 이제 저기 보이는 정상만 넘으면 산을 넘을 수 있습니다. 그런데 산을 넘었더니 앞에는 또 다른 산이 있습니다. '산 넘어 산이다'라는 말은 이처럼 '갈수록 더욱 어려운 경우에 처하게 된다'는 말입니다.

공부한 날 [ ]월 [ ]일 시작 시간 [ ]시 [ ]분

>>> QR코드를 찍으면 지문 읽기를 들을 수 있어요 3단계 28회

우리나라는 전체 땅의 70% 정도가 산으로 이루어져 있습니다. 1877년, 조선에 처음 **방문**❶했던 프랑스의 '샤를 달레'라는 사람은 이렇게 말하기도 했습니다.

"조선은 산의 나라입니다. 어디에 **발을 들여놓아도**❷ 당신은 산밖에 보지 못할 것입니다."

이처럼 우리나라는 '산의 나라'라고 해도 지나친 말이 아닙니다.

한편, 옛날 우리 조상들은 먼 지역까지 갈 때 대부분 걸어서 이동했습니다. 걸어서 서울에서 부산까지 가려면 어른 남자의 경우 20일 정도가 걸렸습니다. 이렇게 먼 길을 갈 때는 당연히 수많은 산을 넘어야만 했습니다. 산을 넘는 데는 다음과 같이 많은 어려움들이 있었습니다.

우선 지금처럼 도로가 잘 닦여 있지 않았습니다. 그래서 **짚신**❸을 신고 돌무더기, 진흙탕을 넘어 다녀야 했습니다. 게다가 옛날에는 가지고 다니는 짐도 많았습니다. 어디서든 밥을 해 먹어야 했기 때문에, 심지어 **가마솥**❹을 가지고 다니기도

↑ 태백산에서 찍은 태백산맥의 모습

했습니다. 그뿐만이 아니라 산에는 호랑이와 산적들이 많았습니다. 조상들은 산을 넘을 때 이들을 만날까 봐 늘 **마음을 졸여야**❺ 했습니다.

힘겹게 산 하나를 넘어도, 그것으로 끝나지 않았습니다. 산 너머에는 또 산이 있었습니다. '**산 넘어 산이다***'라는 말이 '갈수록 더욱 어려워진다'는 뜻으로 쓰게 된 것에는 이러한 까닭이 있습니다.

오늘날에는 이동 **수단**❻이 발달해 등산을 하는 것이 아니면 산을 넘을 일이 **좀처럼**❼ 없습니다. 그러나 옛날에는 이동할 때 산이 가장 큰 장애물이었습니다.

- 관련 교과: 초등 사회 3-1(2014 개정) '2. 이동과 의사소통'
- 관련 교과: 초등 사회 5-1(2015 개정) '1. 살기 좋은 우리 국토'

어려운 낱말 풀이 | ❶ **방문** 어떤 곳이나 사람을 찾아가는 것 訪찾을 방 問물을 문 ❷ **발을 들여놓아도** 어떤 장소에 들어가도 ❸ **짚신** 볏짚으로 삼아 만든 신 ❹ **가마솥** 아주 크고 우묵한 솥 ❺ **마음을 졸여야** 조마조마하여 긴장해야 ❻ **수단** 어떤 일을 하는 방법 手손 수 段부분 단 ❼ **좀처럼** 여간해서는, 도무지

1 다음은 이 글의 내용을 정리한 것입니다. 빈칸에 알맞은 낱말을 [보기]에서 찾아 써 보세요.

[보 기]	도로	위험	이동

조선에는 산이 무척 많았고, 조상들이 산을 넘어 □□ 하는 데는 어려움이 있었음		
어려움 1	어려움 2	어려움 3
지금처럼 □□ 가 잘 닦여 있지 않았음	가지고 다니는 짐이 많았음	산에는 □□ 한 호랑이나 산적들이 있어 늘 조심해야 했음

2 이 글의 내용으로 알맞은 것에 ○표, 아닌 것에 ✕표를 해 보세요.

[1] '샤를 달레'는 조선을 '산의 나라'라고 말하기도 했다. ──────── [   ]

[2] 우리나라는 전체 땅의 30% 정도가 산으로 이루어져 있다. ──────── [   ]

[3] 우리 조상들은 먼 지역을 갈 때 대부분 걸어서 이동했다. ──────── [   ]

3 다음 대화를 보고, 빈칸에 들어갈 말로 가장 알맞은 것을 골라 보세요. ──────── [   ]

> 슬기: '산 넘어 산이다'라는 속담에서 '산'은 어떤 것을 할 때 겪는 어려움을 뜻하는
> 것 같아.
> 예리: 그럼 '산'을 '다른 어려움'으로 바꿔도 말이 되겠다.
> 슬기: 맞아. _____

① 나는 이 닦는 게 귀찮으니까, '밥 먹으니 이 닦는다'라고 바꿔 볼래.

② 나는 시험이 제일 어려우니까, '시험을 치니 시험이다'라고 바꿔 볼래.

③ 나는 밥 먹는 게 좋으니까, '점심을 먹으니 저녁이다'라고 바꿔 볼래.

④ 나는 집 가는 길에 가장 힘이 나니까, '학교 다음 집이다'라고 바꿔 볼래.

⑤ 나는 거울을 자주 보니까, '거울 보고 또 거울 본다'라고 바꿔 볼래.

4 '산 넘어 산이다'와 가장 비슷한 뜻을 가진 표현을 골라 보세요. ──────── [   ]

① 갈수록 태산   ② 도토리 키 재기   ③ 뛰어야 벼룩

④ 수박 겉 핥기   ⑤ 꿩 대신 닭

6주 28회

해설편 014쪽

[5~6] 다음 글을 읽고, 문제를 풀어 보세요.

헤라클레스는 기절한 거대 멧돼지의 다리를 잡고 질질 끌면서 궁전으로 들어갔습니다. 왕은 멧돼지를 보고 놀라 몸을 숨겼습니다. 헤라클레스는 큰 소리로 말했습니다.

"명령하신 대로 거대 멧돼지를 잡아 왔습니다. 다음 일은 무엇입니까?"

왕은 혹시나 기절한 멧돼지가 깨어나 날뛸까 봐 몸을 그대로 숨긴 채 말했습니다.

"우, 우선, 그 멧돼지부터 궁전 밖으로 좀 내보내시오."

그러자 헤라클레스는 엄청난 힘으로 멧돼지를 던져 버렸습니다. 멧돼지는 궁전 밖의 숲까지 날아가 버렸습니다. 그 모습을 본 왕은 말했습니다.

"다음으로 헤라클레스 당신이 해야 할 일은 가축우리를 청소하는 것이오. 3,000마리의 가축을 키운 우리인데, 30년간이나 청소를 하지 않았소."

헤라클레스에게는 괴물들을 잡는 것이 차라리 쉬운 일이었습니다. 뜻밖의 일을 받은 헤라클레스는 어려움을 느꼈습니다.

'㉠산 넘어 산이로군. 저렇게 더러운 우리를 어떻게 청소한다…….'

– 그리스 로마 신화 중, 헤라클레스의 12가지 과업

---

5 헤라클레스가 밑줄 친 ㉠처럼 생각한 까닭을 골라 보세요. ────── [   ]

① 멧돼지를 잡는 것이 무서워서

② 가축우리가 아주 높은 곳에 있어서

③ 왕이 몸을 숨긴 채로 헤라클레스에게 명령을 해서

④ 괴물 멧돼지를 궁전 밖으로 보낼 방법이 떠오르지 않아서

⑤ 괴물 멧돼지를 잡았더니, 이번에는 아주 더러운 우리를 청소해야 해서

6 다음 선생님의 말씀을 읽고, 헤라클레스가 가축우리를 청소한 방법을 올바르게 짐작한 것에 ○표를 해 보세요.

선생님: "힘이 장사인 헤라클레스는 가축우리 청소도 혼자 힘으로 해결했습니다."

헤라클레스는 친하게 지내던 마을 친구들을 불러 같이 우리를 치워 달라고 부탁했습니다.	헤라클레스는 엄청난 힘을 발휘해 우리 옆을 지나던 강물의 흐름을 바꿔 강물로 우리를 청소했습니다.
[ ]	[ ]

1 단계 [보기]를 보고 빈칸에 알맞은 낱말을 채워 보세요.

> [보 기] 수단 방문 과업

[1] 갑작스러운 선생님의 ☐☐ 에 깜짝 놀랐다.

[2] 그 도둑은 도둑질을 위해서라면 ☐☐ 과 방법을 가리지 않았다.

[3] 헤라클레스는 죄를 뉘우치기 위해 12가지 ☐☐ 을 수행했다.

2 단계 다음 한자 뜻을 보고, '적'의 뜻이 나머지와 <u>다른</u> 것을 골라 보세요. ⋯⋯⋯⋯ [　　]

賊
도둑 적

① 산<u>적</u>: 산속에서 물건을 훔치는 도둑

② 유<u>적</u>: 옛날 사람들이 남긴 자취

③ 해<u>적</u>: 바다에서 물건을 훔치는 도둑

3 단계 다음 보기의 빈칸에 공통으로 들어갈 낱말을 골라 보세요. ⋯⋯⋯⋯ [　　]

> [보 기]
> • 도로를 ☐☐ . (뜻: 바닥을 골라서 터나 길을 만들다.)
> • 더러운 것을 휴지로 ☐☐ . (뜻: 때를 없애려고 문지르다.)
> • 실력을 갈고 ☐☐ . (뜻: 학문이나 기술을 배우고 익히다.)

① 내다   ② 씻다   ③ 쌓다   ④ 닦다   ⑤ 켜다

시간 **끝난 시간** ☐ 시 ☐ 분　채점 **독해** 6문제 중 ☐ 개

1회분 푸는 데 걸린 시간 ☐ 분　**어법·어휘** 5문제 중 ☐ 개

남들이 하는 말을 어느 정도 귀담아들을 필요는 있지만 지나치면 오히려 곤란해집니다. '귀가 얇다'는 말은 이처럼 '남들이 하는 말을 너무 쉽게 믿고 행한다'는 뜻입니다.

공부한 날 [ ]월 [ ]일 시작 시간 [ ]시 [ ]분

>>> QR코드를 찍으면 지문 읽기를 들을 수 있어요

3단계 29회

한 **부자**❶가 당나귀를 팔기 위해 시장으로 가고 있었습니다. 그때 마침 지나가던 남자가 말했습니다.

"왜 당나귀 등에 타지 않고 걷고 있소?"

이 말을 들은 아버지는 아들을 당나귀 등에 태우고 갔습니다. 얼마 후 그들을 본 노인이 화를 내며 말했습니다.

"아버지는 걷고 있는데 아들은 편하게 가다니! 저런 **불효막심한**❷ 놈!"

그러자 아들은 당나귀에서 내리고 아버지가 올라탔습니다. 그렇게 길을 가던 중 한 아주머니가 부자를 보고 말했습니다.

"쯧쯧, 아들만 불쌍하게 걷고 있구나."

결국 그들은 함께 당나귀에 타고 다시 길을 떠났습니다. 어느덧 시장에 도착할 때쯤 한 젊은이가 물었습니다.

"그 당나귀는 당신들 것이오?"

"그렇소."

"당신들은 당나귀를 메고 가는 것이 좋겠소. 그래야 당나귀가 불쌍하지도 않고 안전하게 **운반**❸할 수 있지 않겠소?

그러자 아버지와 아들은 당나귀의 다리를 긴 **장대**❹에 묶어 함께 메고 갔습니다. 이 모습을 본 마을 사람들은 웃음을 터뜨리며 말했습니다.

"푸하하! 당나귀를 메고 가네. 바보들!"

큰 웃음소리에 놀란 당나귀는 날뛰었고 그 바람에 장대가 부러져 당나귀는 도망쳐 버리고 말았습니다.

"아이고, 내가 **귀가 얇아*** 이런 일이 일어나는구나."

아버지는 후회했지만 **때는 이미 늦은 뒤였습니다.**❺

– 이솝 우화

어려운 낱말 풀이

❶ **부자** 아버지와 아들을 아울러 이르는 말 父아버지 부 子아들 자

❷ **불효막심한** 부모에게 매우 효성스럽지 아니한 不아니 불 孝효도 효 莫없을 막 甚심할 심 -

❸ **운반** 물건을 옮겨 나름 運옮길 운 搬옮길 반   ❹ **장대** 나무를 다듬어 만든 긴 막대기 長긴 장 -

❺ **때는 이미 늦은 뒤였습니다** 이미 일을 그르친 뒤이기 때문에 다른 방법이 없었습니다

1 다음 중 이 이야기의 주인공은 누구인지 알맞은 그림에 ○표를 해 보세요.

아버지와 아들	어머니와 아들	남편과 아내
[ ]	[ ]	[ ]

2 이야기에서 아버지와 아들, 당나귀의 모습은 어떻게 바뀌었는지 순서대로 번호를 써 보세요.

[   ]   [   ]   [   ]   [   ]

3 [보기]에서 설명하는 동물은 무엇인지 본문에서 찾아 빈칸에 써 보세요.

> [보 기]
>
> [1] 네 발로 걷습니다.
>
> [2] 말과 닮았습니다.
>
> [3] '임금님 귀는 ○○○ 귀'라는 이야기가 있습니다.

4 이 이야기의 등장인물들이 한 말을 알맞게 선으로 이어 보세요.

남자 •	• "쯧쯧, 아들만 불쌍하게 걷고 있구나."
노인 •	• "왜 당나귀 등에 타지 않고 걷고 있소?"
아주머니 •	• "아버지는 걷고 있는데 아들은 편하게 가다니! 저런 불효막심한 놈!"

5 다음 문장의 밑줄 친 부분과 비슷한 뜻을 가진 말을 골라 보세요. ·····················[   ]

> 수연이는 **귀가 얇아** 이랬다저랬다 행동했습니다.

① 남의 말을 엿듣는다.

② 남의 말을 듣지 않는다.

③ 자기 마음대로 행동한다.

④ 남의 말을 쉽게 받아들인다.

⑤ 청력이 약해서 잘 듣지 못한다.

6 [보기]의 빈칸에 공통으로 들어갈 낱말은 무엇인지 ○표를 해 보세요.

> [보 기]
>
> • 당나귀 등에 ☐☐.
>
> • 불꽃이 ☐☐.
>
> • 미숫가루를 우유에 ☐☐.

먹다   타다   춥다

1단계 [보기]를 보고 어울리는 표현을 찾아 문장을 완성해 보세요.

[보 기]　　　　　　　　후회하다　　　　웃다

[1] 배꼽을 쥐고 ⬚ .

[2] 땅을 치며 ⬚ .

2단계 서로 같은 뜻이 되도록 선으로 이어 보세요.

[1] 시장 •　　　　　　　　• 긴 막대

[2] 장대 •　　　　　　　　• 동네

[3] 마을 •　　　　　　　　• 장터

3단계 주어진 낱말의 뜻을 참고하여, 빈칸에 들어갈 알맞은 낱말을 채워 문장을 완성해 보세요.

[1] 트럭은 짐을 손쉽게 ⬚⬚ 해 준다.
　　　　　　→ 옮겨 나르는 것

[2] 이 ⬚⬚ 는 정말 서로를 쏙 빼닮았구나.
　→ 아버지와 아들

시간  끝난 시간 ⬚시 ⬚분
1회분 푸는 데 걸린 시간 ⬚분

채점 독해 6문제 중 ⬚개
어법·어휘 7문제 중 ⬚개

갖은 위험을 겨우겨우 넘기고 살아 돌아왔을 때 '천신만고(千辛萬苦)'라는 표현을 씁니다. 즉, '천 번의 고통과 만 번의 괴로움'을 모두 버텨 냈다는 것을 의미합니다.

>>> QR코드를 찍으면
지문 읽기를 들을 수 있어요 3단계 30회

공부한 날 ☐ 월 ☐ 일 시작 시간 ☐ 시 ☐ 분

부여의 왕자였던 주몽은 어려서부터 활을 잘 쏘기로 유명했습니다. 하지만 왕의 친아들이 아니라는 이유로 다른 형제들에게 미움을 받았습니다. 그러던 어느 날, 주몽의 뛰어난 능력을 질투한 첫째 왕자 대소가 주몽을 해치려 했습니다. 다행히 주몽의 어머니가 이 사실을 미리 알고 그가 멀리 도망갈 수 있도록 도와주었습니다.

주몽은 어머니와 작별 인사를 나눈 후 말에 올라타 남쪽으로 향했습니다. 뒤에서는 그를 쫓는 대소 왕자의 군대가 화살을 쏘아 대고 있었습니다.

한참을 달려 군대를 따돌리는 데 거의 성공한 주몽 앞에 커다란 강이 나타났습니다. 강은 물살이 거세고 깊어서 도저히 건널 수 없었습니다. 뒤에는 군대가 달려오고 있어서 돌아갈 수도 없었습니다. 주몽은 강에 대고 소리쳤습니다.

"나는 **해모수**의 아들이고 **하백**의 **손자**다. 길을 열어라."

그러자 놀라운 일이 벌어졌습니다. 수많은 물고기와 거북이들이 주몽이 건널 수 있도록 다리를 이루었던 것입니다. 주몽은 재빨리 강을 건넜습니다. 뒤늦게 도착한 대소 왕자와 군대는 더 이상 주몽을 쫓을

수 없었습니다. **천신만고*** 끝에 자유의 몸이 된 주몽은 목적지인 남쪽 땅에 도착했고 그곳에 나라를 세워 왕이 되었습니다. 그리고 그 나라의 이름을 '고구려'라고 지었습니다.

       – 주몽 신화, 관련 교과: 초등 국어 5-2 나(2015 개정) '9. 다양하게 읽어요'

어려운 낱말 풀이

❶ **부여** 고조선 후기에 존재했던 한국의 고대 국가 扶도울 부 餘남을 여
❷ **해모수** 하늘에서 내려왔다고 전해지는 전설상의 인물 解풀 해 慕그릴 모 漱양치질할 수
❸ **하백** 물을 다스리는 신 河물 하 伯우두머리 백
❹ **손자** 아들이 낳은 아들, 또는 딸이 낳은 아들 孫손자 손 子아들 자

1 다음은 이 이야기에 나온 인물에 대한 설명입니다. 빈칸에 알맞은 말을 채워 보세요.

> 주몽은 □□□ 를 세운 왕으로 알려져 있습니다. 그는 어려서부터 □ 을 잘 쏘기로 유명했습니다.

2 이 이야기에서 대소 왕자가 주몽을 해치려 한 까닭을 골라 보세요. ------------------ [   ]

① 주몽이 대소 왕자를 해치려 했기 때문입니다.

② 뛰어난 능력을 가진 주몽을 질투했기 때문입니다.

③ 다른 형제들이 그렇게 하도록 부추겼기 때문입니다.

④ 왕이 대소 왕자에게 명령했기 때문입니다.

⑤ 주몽이 말을 훔쳐 탔기 때문입니다.

3 다음은 주몽과의 가상 인터뷰입니다. 이야기의 내용과 알맞지 <u>않은</u> 것을 골라 보세요.

-- [   ]

> **리포터**: 부여에서 남쪽으로 오면서, 부여군에게 쫓기셨다죠?   ······ ①
>
> **주 몽**: 네, 맞습니다. 죽을 뻔한 위기를 넘기기도 했지요.   ······ ②
>
> **리포터**: 죽을 뻔한 위기요?
>
> **주 몽**: 부여군을 거의 따돌렸을 때, 앞에 큰 강이 나오더군요.   ······ ③
>
> **리포터**: 저런, 그래서 어떻게 하셨나요?
>
> **주 몽**: 신기한 일이었죠. 아무것도 하지 않았는데 갑자기 물고기들이 다리를 만들어 주더군요.   ······ ④
>
> **리포터**: 정말 신기한 일이네요.

[4~5] 다음 글을 읽고, 문제를 풀어 보세요.

그늘진 곳에 떨어진 낙엽은 무척 추웠습니다. 그래서 나무에게 햇볕이 드는 곳으로 옮겨 달라고 부탁했습니다. 그러자 나무가 말했습니다.

"나는 움직일 수가 없어서 도와줄 수 없어."

그렇게 추위를 견디던 낙엽은 내리기 시작한 눈에 파묻히기 시작했습니다. 몸이 완전히 덮이기 직전, 지나가던 강아지가 낙엽을 구해 주려고 했습니다. 이에 낙엽은 자신을 물어서 햇볕이 드는 곳으로 옮겨 달라고 말했습니다. 강아지가 낙엽을 물어 들어올린 찰나, 주인이 강아지를 불렀고 강아지는 낙엽을 뱉어 버리고 골목으로 뛰어갔습니다. 낙엽은 이빨 때문에 구멍이 난 상태로 다시 몇 시간 동안 추위를 견뎌야 했습니다.

그러던 어느 순간 세찬 겨울바람이 불어왔습니다. 낙엽은 겨울바람에게 자신을 옮겨 달라고 부탁했고 겨울바람은 낙엽을 날려 보내 주었습니다. ㉠온갖 어려움 끝에 낙엽은 결국 햇볕이 있는 곳으로 왔지만 그사이 해가 져 버려 햇볕은 사라지고 없었습니다.

– 창작 동화 「낙엽 이야기」 중

4 밑줄 친 ㉠을 대신해서 쓸 수 있는 사자성어를 빈칸에 적어 보세요.

5 위 이야기의 내용으로 알맞지 <u>않은</u> 것을 골라 보세요. ┄┄┄┄┄┄┄┄┄ [   ]

① 낙엽이 추웠던 것은 그늘진 곳에 있었기 때문입니다.

② 강아지의 이빨 때문에 낙엽의 몸에 구멍이 났습니다.

③ 낙엽은 갑자기 내린 눈에 몸이 완전히 덮일 뻔했습니다.

④ 나무는 낙엽의 부탁을 들어주지 못했습니다.

⑤ 낙엽은 겨울바람이 도와준 덕분에 햇볕에 몸을 녹일 수 있었습니다.

30회 어법·어휘편

1 단계

[보기]를 보고 빈칸에 알맞은 낱말을 채워 보세요.

[보 기]	작별	손자	목적

[1] 이 일의 ☐☐ 이 무엇입니까?

[2] 우리는 내일 만나기로 하고 ☐☐ 인사를 하였다.

[3] 우리 할머니는 ☐☐ 를 정말 귀여워해 주시고 아끼시는 분이야.

2 단계

다음 빈칸에 공통으로 들어갈 낱말을 골라 보세요. ----------------------- [☐]

- 햇빛이 ☐☐ . (뜻: 미치어 비치다)

- 공부하는 버릇이 ☐☐ . (뜻: 몸에 배다)

- 물건을 함께 ☐☐ . (뜻: 힘을 주거나 가하여 올리다)

① 들다　　　② 오다　　　③ 지다　　　④ 신다　　　⑤ 넣다

3 단계

밑줄 친 부분과 비슷한 뜻을 가진 낱말을 본문에서 찾아서 써 보세요.

[1] 주몽의 어머니가 이 사실을 **먼저** 알았고

→ ☐ㅁ☐ ☐ㄹ☐

[2] **나중에** 도착한 대소 왕자와 군대는

→ ☐ㄷ☐ ☐ㄴ☐ ☐ㄱ☐

[3] 왕의 친아들이 아니라는 **까닭**으로

→ ☐ㅇ☐ ☐ㅇ☐

 시간　**끝난 시간** ☐시 ☐분

1회분 푸는 데 걸린 시간 ☐분

 채점　**독해** 5문제 중

어법·어휘 7문제 중

 ☐개

☐개

코가 들어가는 관용어

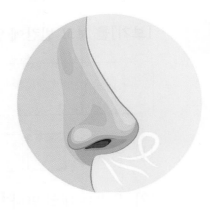

코는 얼굴의 중앙에 튀어나온 부위인 만큼, 얼굴에서 가장 눈에 띄는 곳이라고 해도
과언이 아닙니다. 그 때문인지 우리말에도 '코'가 들어간 관용 표현이 매우 많습니다.

[내 코가 석 자]

여기서 말하는 '코'는 코 자체가 아니라 '콧물'을 말합니다. '석 자'는 옛날에 길이를 세던 단위로 약 1미터를
뜻합니다. 그렇다면 내 콧물이 석 자나 길게 늘어졌다는 이 말은, 내가 몹시 곤란한 상황에 처해 있다는
표현으로 이해할 수 있습니다. 그래서 '**내 상황이 매우 어려워 남을 돌볼 여유가 없다**'는 뜻으로 자주
사용됩니다.

예 내 **코가 석 자**라서 돈을 빌려주기는 어려울 것 같아.
  ↳ 남을 돌아볼 여력이 없을 만큼 어려운 상황

[엎어지면 코 닿는 곳]

넘어졌을 때 코가 닿을 만한 곳이라면 얼마나 가까운 걸까요? 이 표현은 '**매우 가까운 거리**'를 비유적으로
이르는 표현입니다.

예 우리 집은 학교에서 **엎어지면 코 닿는 곳**에 있어서 매일 걸어 다니기 좋아.
  ↳ 매우 가까운 곳

[코 묻은 돈]

여기서의 '코' 역시 콧물을 말합니다. 이 표현은 어린 아이들의 콧물이 묻은 돈이라는 뜻으로, '**어린 아이가
가지고 있는 적은 돈**'을 비유적으로 이르는 말입니다. 주로 부정적인 상황에 쓰입니다.

예 그깟 **코 묻은 돈** 몇 푼 벌겠다고 아이들을 속일 바에야, 며칠 굶고 말겠어.
  ↳ 어린아이가 가지고 있는 적은 돈

7주차

주간학습계획표

한 주간의 계획을 먼저 세워 보세요. 매일 학습을 마친 후 맞힌 문제의 개수를 쓰세요!

회차	영역	학습 내용	학습계획일	맞은 문제수
31회	속담	**물에 빠진 놈 건져 놓으니 보따리 내놓으라 한다** '물에 빠진 놈 건져 놓으니 보따리 내놓으라 한다'는 물에 빠진 사람을 구해 줬더니 물에 떠내려간 보따리도 내놓으라고 하는 경우를 빗대어 표현한 속담으로, **'남에게 은혜를 입고서도 그 고마움을 모르고 생트집을 잡는다'**는 뜻입니다.	월 일	독 해 6문제 중 ☐ 개 어법·어휘 6문제 중 ☐ 개
32회	관용어	**풀이 죽다** 간절히 바라던 것을 이루지 못한 경험이 있나요? 그럴 때면 힘이 쭉 빠지고, 어깨도 축 처지게 되지요. 이런 상황에서 **'풀이 죽다'**라는 표현을 쓴답니다. 이 표현은 **'활기나 기세가 꺾인 모습'**을 의미합니다.	월 일	독 해 5문제 중 ☐ 개 어법·어휘 6문제 중 ☐ 개
33회	사자성어	**만장일치(滿場一致)** 무슨 놀이를 할지 정할 때나, 어디로 놀러 갈지 정할 때 모여 있는 사람들의 의견이 모두 같을 때가 있습니다. **'만장일치(萬場一致)'**는 이처럼 **'모여 있는 모두의 뜻이 하나로 같다'**는 뜻입니다.	월 일	독 해 6문제 중 ☐ 개 어법·어휘 9문제 중 ☐ 개
34회	속담	**입에 쓴 약이 몸에 좋다** 사람들에게 충고를 듣게 된다면 기분이 좋지 않을 수도 있지만 정말 도움이 되는 경우가 많습니다. 그런 상황을 두고 하는 말이 **'입에 쓴 약이 몸에 좋다'**라는 표현입니다. 즉, **'자기에 대한 충고나 비판이 당장은 듣기에 좋지 아니하지만 언젠가 자신에게 큰 도움이 된다'**는 뜻입니다.	월 일	독 해 5문제 중 ☐ 개 어법·어휘 6문제 중 ☐ 개
35회	관용어	**혀를 내두르다** 상상 이상의 일을 하는 사람을 보면 어이가 없는 것을 넘어서 감탄까지 나오곤 합니다. 이때 혀가 내둘러집니다. 이처럼 **'혀를 내두르다'**는 **'상상 이상의 일을 당하거나 보아 놀라고 어이가 없을 때'** 쓰는 말입니다.	월 일	독 해 5문제 중 ☐ 개 어법·어휘 5문제 중 ☐ 개

31회

물에 빠진 놈 건져 놓으니 보따리 내놓으라 한다*

'물에 빠진 놈 건져 놓으니 보따리 내놓으라 한다'는 물에 빠진 사람을 구해 줬더니 물에 떠내려간 보따리도 내놓으라고 하는 경우를 빗대어 표현한 속담으로, '남에게 은혜를 입고서도 그 고마움을 모르고 생트집을 잡는다'는 뜻입니다.

공부한 날 [ ] 월 [ ] 일 시작 시간 [ ] 시 [ ] 분

>>> QR코드를 찍으면
지문 읽기를 들을 수 있어요
3단계 31회

한 비단 장수가 길을 가던 중 소나기를 만났습니다. 급히 **주위**❶를 둘러봤지만, 비를 피할 곳이 보이지 않았습니다. 하는 수 없이 가지고 있던 비단을 펼쳐 비를 피하고 있는데, 마침 앞을 지나던 한 나그네가 말했습니다.

"부탁이니 저도 같이 비를 피할 수 없을까요? 은혜는 잊지 않겠습니다."

비단 장수는 비에 홀딱 젖은 나그네가 안쓰러워 **흔쾌히**❷ 허락했습니다.

잠시 후 다시 날씨가 맑아졌습니다. 그런데 비단 장수가 비단을 챙겨 떠나려 하자 나그네가 **느닷없이**❸ 비단 장수를 붙잡으며 말했습니다.

"이보시오! 갈 땐 가더라도 비단은 내놓고 가시오."

"나 원 참, 기가 막혀서. ㉠물에 빠진 놈 건져 놓으니 보따리 내놓으라 한다*더니, 왜 남의 비단을 내놓고 가라는 거요?"

비단 장수와 나그네는 한참 말싸움을 하다가 원님을 찾아갔습니다. 비단 장수는 원님에게 말했습니다.

"제 말을 좀 들어 보십시오. 이웃 마을로 비단을 팔러 가는 길에 소나기를 만나 비단 아래에서 비를 피하고 있는데, 이 자가 사정하기에 제 옆으로 들어오게 해 주었습니다. 그런데 비가 그치니 이 은혜도 모르는 자가 갑자기 비단을 내놓으라며 **생떼**❹를 쓰지 뭡니까!"

그러자 나그네가 말했습니다.

"아이고, 아닙니다. 이 비단은 제가 어머니께 드리려고 산 것인데, 이 사람이 제 비단을 감히 **넘보는**❺ 것입니다."

원님은 비단 장수와 나그네의 이야기를 듣고 곰곰이 생각한 뒤 명령했습니다.

㉡"비단을 반으로 잘라 저 둘에게 똑같이 나눠 주도록 하라."

그러자 비단 장수가 울상을 지으며 말했습니다.

"아이고, 너무 억울합니다. 남을 도와준 **대가**❻로 **도리어**❼ 제 비단을 **뺏기다니요**."

비단 장수의 말을 들은 나그네가 웃으며 대답했습니다.

"당신은 값비싼 비단이 여럿 있으니 하나 정도는 나와 나누어도 별 문제 없지 않겠소?"

나그네의 말을 들은 원님은 나그네를 크게 꾸중했습니다.

"이놈! 정말로 저 비단이 너의 비단이었다면 과연 그런 말을 할 수 있다고 생각하느냐?"

원님의 말을 들은 나그네는 잘못을 빌며 비단을 다시 돌려주었습니다.

– 다른 나라 전래 동화

1 다음 중 이 이야기의 제목으로 가장 어색한 것을 골라 보세요. ────────── [   ]

① 원님의 판결　　　　② 효심 깊은 나그네　　　　③ 은혜 모르는 나그네

④ 비단 장수와 나그네　　　⑤ 뻔뻔한 나그네와 원님의 꾸중

2 사건을 일어난 순서대로 나열해 보세요.

> ㉮ 나그네가 비단 장수에게 함께 비를 피할 수 있게 해 달라고 부탁을 한다.
>
> ㉯ 나그네가 원님에게 혼쭐이 난다.
>
> ㉰ 비단 장수와 나그네가 말다툼을 벌인다.
>
> ㉱ 비단을 반만 돌려받게 생긴 비단 장수가 울상이 된다.

[   ] → [   ] → [   ] → [   ]

3 다음은 속담 '물에 빠진 놈 건져 놓으니 보따리 내놓으라 한다'에 대한 설명입니다. 빈칸을 채워 완성해 보세요.

> '물에 빠진 놈 건져 놓으니 보따리 내놓으라 한다'는 속담은 물에 빠진 사람을 구해
> 줬더니 도리어 물에 떠내려간 자신의 보따리까지 찾아오라고 한다는 뜻으로, 도움을
> 받은 사람이 그 은혜를 모르고 오히려 억지를 부리는 상황에 쓰입니다. 위 이야기에서
> 이 속담과 같은 상황이 벌어졌는데요, 속담의 '물에 빠진 놈'은 이야기 속에서 곧
> [　][　][　], '보따리'는 곧 [　][　] 이라고 볼 수 있습니다.

어려운 낱말 풀이
❶ **주위** 주변, 대상을 둘러싸고 있는 것 周두루 주 圍둘레 위　❷ **흔쾌히** 기쁘고 유쾌하게 欣기쁠 흔 快쾌할 쾌 -　❸ **느닷없이** 나타나는 모양이 아주 뜻밖이고 갑작스럽게　❹ **생떼** 억지로 쓰는 떼 生날 생 -　❺ **넘보는** 갖고 싶어 욕심을 부리는　❻ **대가** 어떤 일에 대한 결과로 받게 되는 것 代대신할 대 價값 가　❼ **도리어** 반대로

4 비단 장수가 나그네에게 밑줄 친 ㉠과 같이 말한 까닭을 골라 보세요. ·········· [   ]

① 나그네가 고맙다고 말해서

② 나그네가 비단을 나눠 가지자고 해서

③ 나그네가 은혜를 입고서도 뻔뻔하게 생트집을 부려서

④ 나그네가 비단을 아주 비싼 값에 팔아 달라고 부탁해서

⑤ 앞으로 먼 길을 가야 할 나그네의 모습이 너무나도 가여워 보여서

5 '㉠물에 빠진 놈 건져 놓으니 보따리 내놓으라 한다'와 같은 상황에 처한 친구를 골라 보세요.
··· [   ]

① 민준: 수지는 자기가 잘못을 해 놓고 오히려 내게 큰소리를 쳤어.

② 주하: 동생을 감싸 주려고 한 거짓말이 들통나서 일이 더 커지고 말았어.

③ 유리: 난 아무 말도 안 했는데 민수 혼자 양심에 찔렸는지 내게 먼저 와서 사과했어.

④ 수지: 옆 반 친구에게 체육복을 빌려주었는데 그 친구가 왜 운동화는 빼놓고 빌려주느냐고
하면서 오히려 화를 냈어.

⑤ 민수: 나는 나름대로 열심히 수학 문제를 풀었는데 정답이 틀렸다고 선생님께 혼이 났어.

6 원님이 밑줄 친 ㉡과 같이 명령한 까닭으로 가장 알맞은 것을 골라 보세요. ······ [   ]

① 나그네의 말이 거짓인 것 같아서

② 두 사람의 말이 모두 거짓인 것 같아서

③ 두 사람 모두에게 잘못이 있다고 생각해서

④ 비단 장수가 거짓말을 하고 있다고 생각해서

⑤ 두 사람이 어떤 반응을 보이는지 관찰해서 진짜 주인을 찾으려고

1단계 다음 문장이 자연스럽도록 빈칸에 알맞은 낱말을 [보기]에서 찾아 쓰세요.

> [보기]   주위   생떼   대가

[1] 하루 종일 논□□로 시험을 망치고 말았다.

[2] 이 □□에는 희귀한 식물들이 많이 자라고 있다.

[3] 아무리 □□를 써도 안 되는 것은 안 되는 거다.

2단계 밑줄 친 낱말과 바꿔 쓸 수 있는 말을 골라 보세요.

[1] **오히려** 휴식이 더 나을 때가 있다. ─────────── [   ]

　① 도리어

　② 그렇게

[2] 그 문제에 대해서 **깊이** 생각해 보았다. ─────────── [   ]

　　① 꿋꿋이

　　② 곰곰이

3단계 [보기]의 밑줄 친 글자 '상'이 비슷한 뜻으로 쓰인 낱말에 ○표를 해 보세요.

> [보기]   울**상**: 울 것 같은 얼굴 모양

[1] **상**당수: 아주 많은 수 ─────────────── [   ]

[2] 비**상**: 날아오름 ─────────────────── [   ]

[3] 죽을**상**: 죽을 것 같이 괴로운 얼굴 모양 ─────── [   ]

시간 끝난 시간 □시 □분
1회분 푸는 데 걸린 시간 □분

채점 독해 6문제 중 □개
어법·어휘 6문제 중 □개

7주 31회

해설편 016쪽

32회 풀이 죽다*

간절히 바라던 것을 이루지 못한 경험이 있나요? 그럴 때면 힘이 쭉 빠지고, 어깨도 축 처지게 되지요. 이런 상황에서 '풀이 죽다'라는 표현을 쓴답니다. 이 표현은 '활기나 기세가 꺾인 모습'을 의미합니다.

>>> QR코드를 찍으면
지문 읽기를 들을 수 있어요

3단계 32회

공부한 날 ☐ 월 ☐ 일   시작 시간 ☐ 시 ☐ 분

엄마 오리가 품던 알에서 드디어 아기 오리들이 알을 깨고 나왔습니다. 그런데 노란색의 털을 가진 다른 오리들과 다르게 회색 털을 가진 아기 오리가 있었습니다.

"너는 우리랑 다르게 생겼어. 미운 아기라고 불러야겠어!"

아기 오리들은 미운 아기 오리를 놀리고 괴롭혔습니다.

"아니야. 나도 너희랑 똑같은 오리야."

그들은 미운 아기 오리를 두고 다른 강에 가서 헤엄을 쳤습니다. **따돌림❶**을 당하던 미운 아기 오리는 **풀이 죽었습니다.***

"여기는 내가 있을 곳이 아닌가 봐."

미운 아기 오리는 집을 떠나 걷다가 **마음씨❷** 좋은 할머니를 만나게 되었습니다.

"어째서 기운 없이 **풀이 죽어*** 있니? 이 할머니 집에서 며칠 머물다 가렴."

미운 아기 오리는 **헛간❸**에서 지내게 되었지만, 그곳에 살던 고양이와 닭에게도 괴롭힘을 당했습니다. 결국 또다시 집을 나올 수밖에 없었습니다.

"왜 다들 나를 싫어하는 걸까?"

미운 아기 오리는 외로워하며 겨울을 지냈고, 봄이 왔습니다. 어느 날 미운 아기 오리는 길을 걷다가 **근처❹** 호수에서 물을 마시려고 몸을 기울였습니다. 그런데 호수에 비친 아기 오리의 모습은 한 마리의 아름다운 백조였습니다. 사실 회색빛의 미운 아기 오리는 백조였던 것입니다. 근처에 있던 다른 백조들이 미운 아기 오리를 불렀습니다.

"처음 보는 백조네? 이리 와서 우리랑 하늘을 날자."

미운 아기 오리는 그들과 함께 백조 무리 안에서 자유롭게 하늘을 날며 행복하게 살았습니다.

– 동화 「미운 오리 새끼」 (초등 국어 1–2 '10. 인물의 말과 행동을 상상해요.')

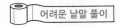 어려운 낱말 풀이

❶ **따돌림** 밉거나 싫은 사람을 따로 떼어 멀리하는 일   ❷ **마음씨** 마음을 쓰는 태도
❸ **헛간** 막 쓰는 물건을 쌓아 두는 곳 - 間사이 간   ❹ **근처** 가까운 곳 近가까울 근 處곳 처

1 이 이야기를 읽고, [보기]의 등장인물을 미운 아기 오리를 대하는 태도에 따라 알맞은 칸에 나누어 써 보세요.

> [보기]　　　　아기 오리들　　할머니　　고양이　　닭　　백조

미운 아기 오리를 따돌렸다.	미운 아기 오리를 도와주었다.

2 새끼 백조를 따돌린 오리들에게 해 줄 수 있는 말로 알맞은 말을 골라 보세요. ····· [　　　]

① 동생에게 거짓말을 해서는 안 돼.

② 가족들과 함께 살 때는 서로 양보를 해야 해.

③ 남들과 다른 모습이라는 이유로 따돌리면 안 돼.

④ 내면의 아름다움이 아니라 겉모습을 볼 수 있어야 해.

⑤ 함께 태어난 형제가 잘못을 하더라도 무조건 감싸 주어야 해.

3 다음은 '풀이 죽다'라는 말에 대한 설명입니다. 알맞은 말을 골라 보세요.

'풀이 죽다'는 따돌림 당하던 미운 아기 오리처럼 기운이 { 없고 / 세고 }

온에 힘이 { 빠져서 / 넘쳐서 } 걸어 다니는 모습을 말할 때 사용합니다.

옛날에는 옷을 빨래할 때, 천에 풀을 먹였습니다. 여기서 말하는 풀은 잔디밭에 있는 풀이 아닙니다. 쌀이나 밀가루를 물에 풀어서 끓이면 끈끈한 물질이 나오는데, 그걸 풀이라고 합니다. 이렇게 끈끈한 풀을 빨래를 할 때 옷에 스며들게 하면 옷이 마르면서 빳빳해집니다. 그러면 옷에서 광택이 나고, 때가 덜 탄다고 합니다.

하지만 이렇게 빳빳해진 옷도 시간이 지나면 다시 흐물흐물해집니다. 이런 모습을 보고 '풀이 죽는다'라고 합니다. 그러니까 결국 활기나 기세가 꺾여서 축 처진 사람의 모습을 흐물흐물해진 옷에 빗대어 '㉠풀이 죽다'라고 표현하는 것입니다.

4 다음은 윗글을 정리한 것입니다. 빈칸을 채워 보세요.

	옛날에는 빨래를 할 때, 쌀이나 밀가루를 끓여서 만든 끈끈한 물질인 ☐ 을 옷에 스며들게 만들었다.
	옷이 마르면서 ☐☐ 해지는데, 그러면 빳빳해진 옷에서 광택이 나고 때가 덜 타게 된다.
	시간이 지나면 옷이 흐물흐물해진다. 이 모습이 기운이 없어 축 처진 사람의 모습과 닮아서 '☐☐☐☐'라고 표현한다.

5 밑줄 친 ㉠과 어울리는 상황에 있는 친구를 골라 보세요. ⸻⸻⸻ [   ]

① 유진이가 시험이 끝나고 콧노래를 부르고 있다.

② 동현이가 선생님께 꾸중을 듣고 터덜터덜 집에 가고 있다.

③ 영수가 지난해에 이사를 갔던 친구와 마주쳐서 반가워하고 있다.

32회 어법·어휘편

1 단계

[보기]를 보고 빈칸에 알맞은 낱말을 채워 보세요.

> [보 기]　　　　　따돌림　　　마음씨

[1] 처음 전학 왔을 때 나는 반 아이들에게 □□□ 을 당했다.

[2] □□□ 가 고운 사람은 사람을 따돌리지 않는다.

2 단계

다음 낱말과 어울리는 그림을 알맞게 선으로 이어 보세요.

빳빳한　•

흐물흐물　•

3 단계

다음 문장의 □ 속 낱말이 <u>잘못된</u> 부분에 ×표 하고 올바르게 고쳐 보세요.

[1] 밀가루를 | 끌이면 | | 끈끈한 | | 물질 | 이 나온다. → [　　　]

[2] 엄마 | 오리 | 는 | 몇 일 | | 동안 | 알을 품었습니다. → [　　　]

시간　끝난 시간 □시 □분　　채점　독해 5문제 중　□개

1회분 푸는 데 걸린 시간 □분　　　어법·어휘 6문제 중　□개

만장일치（滿 場 一 致）*
모두 만　의견 장　하나 일　일치 치

무슨 놀이를 할지 정할 때나, 어디로 놀러 갈 때 모여 있는 사람들의 의견이 모두 같을 때가 있습니다. '만장일치(滿場一致)'는 이처럼 '모여 있는 모두의 뜻이 하나로 같다'는 뜻입니다.

공부한 날 　 월 　 일　시작 시간 　 시 　 분

>>> QR코드를 찍으면
지문 읽기를 들을 수 있어요
3단계 33회

　　어느 여름날, **초원**에 지독한 더위가 찾아왔습니다. 샘들은 말라붙어 마실 물을 찾기 어려웠습니다. 그런 가운데 염소 무리와 사슴 무리는 물을 찾아 헤매고 있었습니다. 그때 앞서가던 염소 한 마리가 샘을 **발견**하고 소리쳤습니다.

　　"샘이다, 샘이 있어!"

　　염소 무리와 사슴 무리는 서둘러 소리가 나는 곳으로 달려갔습니다. 그곳에는 작은 샘이 있었습니다. 문제는 샘이 너무 작아, 도저히 모두가 물을 마실 수 없다는 것이었습니다. 두 무리는 물을 못 마신 지 오래되었기 때문에 샘을 **양보**할 수 없었습니다. 샘의 물을 사이에

두고, 염소와 사슴 무리 사이에는 **긴장감**이 **감돌았습니다**. 두 무리의 **우두머리**들이 맞부딪치려는 순간, 사슴 무리의 누군가가 소리쳤습니다.

　　"하늘을 봐! 독수리 떼가 날아다니고 있어. 우리들이 싸워서 지치면 우리들을 잡아먹을 속셈인가 봐."

　　그 말을 들은 모두의 생각은 같았습니다. 두 무리는 **만장일치***로 싸움을 그만두자고 말했습니다.

　　"둘이 싸우다 독수리의 먹이가 될 바엔, 싸우지 말고 조금씩이라도 샘물을 나눠 먹자."

　　그렇게 조금씩 샘물을 나눠 먹은 두 무리는 독수리 떼가 있는 곳을 빠져나와 길을 떠났습니다. 이윽고 두 무리는 모두가 나누어 마실 수 있을 만큼 큰 샘을 발견해 목마름을 **해결**할 수 있었습니다.

　　– 이솝 우화

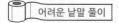 어려운 낱말 풀이 ❶ **초원** 풀이 난 들판 草풀 초 原들 원　❷ **발견** 미처 알거나 보지 못했던 것을 찾아냄 發나타날 발 見볼 견 ❸ **양보** 남을 위해 자신의 이익을 포기함 讓넘길 양 步걸음 보　❹ **긴장감** 평온하지 않고 무언가가 벌어 질 듯 팽팽히 당겨진 느낌 緊당길 긴 張넓힐 장 感느낌 감　❺ **감돌았습니다** 어느 느낌 따위가 주위에 가 득 찼습니다　❻ **우두머리** 어떤 무리를 이끄는 대장　❼ **해결** 얽힌 일을 잘 처리함 解풀 해 決터질 결

1 이 이야기에서 동물들이 싸운 까닭과, 싸움을 멈춘 까닭은 각각 무엇인지 써 보세요.

[1] 싸운 까닭: 샘의 ☐

[2] 싸움을 멈춘 까닭: ☐ ☐ ☐ 떼

2 다음 중 '만장일치'의 뜻을 골라 보세요. ────────────── [   ]

① 자신감이 넘쳐 기세가 등등함

② 결단력이 없어 남의 의견만 따라감

③ 어림짐작으로 대충대충 일을 처리함

④ 모여 있는 모두의 뜻이 하나로 같음

⑤ 남이 베푼 도움이나 은혜를 잊고 배신함

3 다음 중 염소와 사슴 무리가 '만장일치'로 한 결정으로 가장 적절한 것에 ○표를 해 보세요.

"샘이다! 샘이 있어!"	"하늘을 봐! 독수리 떼가 날아다니고 있어."	"둘이 싸우다 독수리의 먹이가 될 바엔, 싸우지 말고 조금씩이라도 샘물을 나눠 먹자."
[ ]	[ ]	[ ]

[4~6] 다음 기사를 읽고, 문제를 풀어 보세요.

봉준호 감독, 〈기생충〉으로 칸 영화제의 주인공이 되다.

2019.05.26.

봉준호 감독의 영화 〈기생충〉이 어제(25일) 프랑스에서 열린 칸 영화제에서 가장 높은 상(賞)인 '황금종려상'을 ㉠수상했다. 칸 영화제에서 대한민국의 영화가 가장 높은 상을 수상한 것은 〈기생충〉이 처음이다. 더군다나 ㉡심사위원들이 만장일치로 〈기생충〉에 '황금종려상'을 주기로 결정했기에 더욱 큰 의미가 있다.

---

4 다음은 위 기사를 읽고 쓴 메모입니다. 옳지 <u>않은</u> 부분을 골라 보세요. ┈┈┈ [   ]

① 기사에 나온 우리나라 감독 이름: 봉준호

② 기사에 나온 우리나라 영화 제목: 기생충

③ 칸 영화제가 열리는 나라: 프랑스

④ 우리나라 영화가 받은 상의 이름: 황금종려상

⑤ 더욱 큰 의미가 있는 까닭: 오랜만에 대한민국 영화가 칸 영화제에서 가장 높은 상을 수상했기 때문

---

5 '㉠수상'은 어떤 뜻으로 쓰였는지 골라 ○표를 해 보세요.

상을 받음	물 위
[ ]	[ ]

---

6 밑줄 친 ㉡과 가장 비슷한 뜻을 가진 문장을 골라 보세요. ┈┈┈┈ [   ]

① 〈기생충〉은 영화다.

② 〈기생충〉은 봉준호 감독의 작품이다.

③ 심사위원 모두가 〈기생충〉에 황금종려상을 주는 것에 동의했다.

33회 | 어법·어휘편

1 단계

다음의 낱말과 뜻이 서로 알맞도록 선으로 이어 보세요.

[1] 발견 •

[2] 양보 •

[3] 초원 •

• 남을 위해 자신의 이익을 포기함

• 풀이 난 들판

• 미처 알거나 보지 못했던 것을 찾아냄

2 단계

다음 밑줄 친 부분을 본문에 나온 낱말로 바꿔 써 보세요.

[1] 우리 **전부**가 그렇게 생각해.

→ ㅁ ㄷ

[2] 각 집단의 **대장**들이 나와 이야기를 나누었다.

→ ㅇ ㄷ ㅁ ㄹ

3 단계

빈칸에 들어갈 알맞은 글자를 [보기]에서 찾아 써 보세요.

[보기]	때	떼

[1] 지금은 그럴 [ ] 가 아니야.

[2] 목욕탕에 왔으면 [ ] 를 밀어야지.

[3] 설탕에 개미 [ ] 가 몰려들었다.

[4] 아무리 [ ] 를 써도 그것만은 안 돼!

 시간

끝난 시간 [ ]시 [ ]분

1회분 푸는 데 걸린 시간 [ ]분

 채점

독해 6문제 중 [ ]개

어법·어휘 9문제 중 [ ]개

34회 입에 쓴 약이 몸에 좋다*

사람들에게 충고를 듣게 된다면 기분이 좋지 않을 수도 있지만 정말 도움이 되는 경우가 많습니다. 그런 상황을 두고 하는 말이 '입에 쓴 약이 몸에 좋다'라는 표현입니다. 즉, '자기에 대한 **충고**나 **비판**이 당장은 듣기에 좋지 아니하지만 언젠가 자신에게 큰 도움이 된다'는 뜻입니다.

공부한 날 [ ]월 [ ]일 시작 시간 [ ]시 [ ]분

>>> QR코드를 찍으면 지문 읽기를 들을 수 있어요

3단계 34회

어느 추운 겨울날이었습니다. 꿩 부부는 먹을 것을 찾아 밖으로 나왔습니다. 하지만 눈 덮인 하얀 산골짜기에는 앙상하게 마른 나무들밖에 없었습니다.

꿩 부부는 한참을 먹이를 찾아 ㉠헤맸습니다. 그러다 남편 꿩이 콩이 떨어져 있는 것을 **발견**했습니다. 남편 꿩은 기뻐하며 말했습니다.

"드디어 먹을 것을 찾았어!"

그러나 아내 꿩은 뭔가 이상하다는 표정을 지으며 말했습니다.

"그거 먹지 마세요."

그러자 남편 꿩이 물었습니다.

"왜요?"

아내 꿩은 남편 꿩에게 **불안한** 목소리로 대답했습니다.

"이 겨울날에 보란 듯이 콩이 **덩그러니** 놓여 있는 것이 아무래도 이상해요. 사냥꾼이 산짐승을 잡기 위해 놓아둔 **함정** 같아요."

남편 꿩은 걱정하지 말라는 듯 말했습니다.

"이렇게 깊은 산속까지 사냥꾼이 올 리 없어요. 우리가 안 먹으면 머지않아 다른 짐승들이 먹고 말 거예요."

"제 말이 듣기 싫더라도 제 말을 들으세요. **입에 쓴 약이 몸에 좋은 법이에요.*** 모두 당신 생각해서 하는 말이니까 부탁이에요."

하지만 남편 꿩은 **막무가내**였습니다. 남편 꿩은 콩을 향해 달려갔습니다. 결국 남편 꿩은 눈에 파묻힌 덫에 걸리고 말았습니다. 아내 꿩의 걱정대로 사냥꾼이 파 놓은 함정이었던 것입니다.

"이럴 수가! 어제는 좋은 꿈을 꿔서 내 생각이 옳다고 생각했는데. 정말 당신 말을 들을 걸 그랬어요."

남편 꿩은 울부짖으며 후회하고 말았습니다.

– 고전 소설 「장끼전」

1 아내 꿩이 남편 꿩에게 콩을 먹지 말라고 한 까닭을 본문에서 찾아 빈칸을 채워 보세요.

이 겨울날에 콩 한 알만 덩그러니 놓여 있는 것이 아무래도 사냥꾼이 놓아둔

☐☐ 처럼 보였기 때문입니다.

2 이야기의 내용으로 보아 '입에 쓴 약이 몸에 좋다'의 뜻으로 알맞은 것에 ○표를 해 보세요.

자신에게 향하는 충고가 당장은 듣기 싫더라도 받아들이는 것이 좋다.	자신에게 자주 충고를 하는 사람과는 가깝게 지내지 않는 편이 더 좋다.
[　　　]	[　　　]

3 밑줄 친 '㉠헤맸습니다'의 알맞은 뜻을 선으로 이어 보세요.

헤맸습니다　•

　•　어디로 가야 할지 몰라 이리저리 돌아다니다

　•　실이나 줄처럼 가늘고 긴 것이 마구 얽혀 있다

어려운 낱말 풀이

❶ **충고** 잘못을 고치도록 타일러 주는 행동 忠충성 충 告알릴 고　❷ **비판** 잘못을 따짐 批비평할 비 判가름할 판　❸ **발견** 어떤 것을 알아내거나 찾아내는 것 發나타날 발 見볼 견 ❹ **불안한** 마음이 편하지 아니하고 조마조마한 不아닐 불 安편안할 안 - ❺ **덩그러니** 홀로 우뚝 드러난 모양　❻ **함정** 짐승을 잡으려고 판 구덩이 陷빠질 함 穽함정 정　❼ **막무가내** 도무지 어찌할 수 없음 莫없을 막 無없을 무 可옳을 가 柰어찌 내

[4~5] 다음 글을 읽고, 문제를 풀어 보세요.

임금님도 사람이기 때문에, 실수하거나 잘못된 일을 할 수 있습니다. 그래서 누군가는 임금님이 하는 실수나 잘못을 **바로잡을**❶ 수 있어야 합니다. 이에 신하들은 임금님이 잘못하고 있을 때, 잘못된 일을 고치도록 하는 말을 종종 하곤 했습니다. 신하들의 **쓴소리**❷를 '간언'이라고 합니다.

그런데 임금님은 가장 높은 사람이기 때문에, 신하들이 하는 간언을 듣기 싫다고 **무시**❸할 수도 있습니다. 그래서 옛날 우리 조상님들은 임금님이 간언을 쉽게 무시하지 못하도록 하는 곳을 만들었습니다. 그곳은 '사간원'으로, 임금님이 잘못된 **지시**❹를 할 때 간언을 통해 바로잡으려 했습니다.

입에 쓴 약이 몸에 좋다는 말처럼, 사간원의 간언은 임금님에게는 듣기 싫은 소리일 수도 있었습니다. 그러나 간언을 잘 **새겨듣고**❺, 잘못을 고친 성종과 같은 임금님은 지금도 나라를 훌륭히 다스렸던 임금님으로 우리에게 기억되고 있습니다.

4 윗글에서 임금님에게 '입에 쓴 약'은 무엇인지 찾아 써 보세요.

→ ☐☐

5 조선시대에 임금님이 옳지 못하거나 잘못된 일을 고치도록 하는 말을 맡아 했던 곳은 어디인지 윗글에서 찾아 써 보세요.

→ ☐☐☐

어려운 낱말 풀이

❶ **바로잡을** 그릇된 일을 바르게 만들거나 잘못된 것을 올바르게 고칠
❷ **쓴소리** 듣기에는 거슬리나 도움이 되는 말
❸ **무시** 어떤 것을 하찮게 여기는 것 無없을 무 視볼 시
❹ **지시** 일러서 시킴 指손가락 지 示보일 시
❺ **새겨듣고** 남의 말을 귀 기울여 듣고

1 단계 주어진 뜻에 알맞은 낱말을 [보기]에서 찾아 써 보세요.

[보 기] 발견 불안 무시

[1] ☐☐ : 마음이 편하지 않은 것

[2] ☐☐ : 어떤 것을 하찮게 여기는 것

[3] ☐☐ : 어떤 것을 알아내거나 찾아내는 것

7
주
34
회

해설편 0 1 7 쪽

2 단계 다음 문장이 바르게 완성되도록 선으로 이어 보세요.

[1] 임금은 백성을 • • 다스린다.

[2] 신하는 임금을 • • 섬긴다.

3 단계 다음 문장의 밑줄 친 부분과 같은 뜻의 낱말을 골라 보세요. ─────── [   ]

지금은 추운 겨울이지만 **머지않아** 따뜻한 봄이 올 거야.

① 곧 ② 항상 ③ 절대로

④ 오랫동안 ⑤ 잠깐 동안

시간   끝난 시간 ☐시 ☐분

1회분 푸는 데 걸린 시간 ☐분

채점   독해 5문제 중 ☐개

어법·어휘 6문제 중 ☐개

관용어 둘 이상의 낱말이 오래전부터 함께 쓰이면서 본래의 뜻과 다른 뜻을 지니게 된 표현

35회 혀를 내두르다*

상상 이상의 일을 하는 사람을 보면 어이가 없는 것을 넘어서 감탄까지 나오곤 합니다. 이때 혀가 내둘러집니다. 이처럼 '혀를 내두르다'는 '상상 이상의 일을 당하거나 보아 놀라고 어이가 없을 때' 쓰는 말입니다.

공부한 날 ☐ 월 ☐ 일 시작 시간 ☐ 시 ☐ 분

>>> QR코드를 찍으면 지문 읽기를 들을 수 있어요 3단계 35회

해   설: 935년, 천 년의 역사를 가진 신라는 망해 가고 왕건이 세운 고려는 나날이 강해지고 있었다. 그때, 신라의 마지막 왕인 경순왕에게는 **조국❶** 신라를 그 누구보다 사랑하는 왕자가 하나 있었으니, 사람들은 그를 '마의 태자'라 기억한다.

커튼이 걷히며 무대가 점차 밝아진다. 무대에는 경순왕과 신하들이 모여 있다. 경순왕은 무언가를 결심한 얼굴로 앉아 있고, 신하들은 수군대고 있다.

경 순 왕: (엄숙한 목소리로) 자, 조용히 하시오. 오늘은 우리 신라가 고려에게 항복할지를 정하기 위해 모였소. 솔직히 우리 신라는 고려와 싸울 힘이 없소. 굳이 전쟁을 하겠다면 어느 정도 버틸 수는 있겠으나, 그동안 백성들이 **무의미하게❷** 피를 흘리고 말 것이오. 비록 나는 나라를 망하게 한 못난 왕이나, 백성들의 목숨마저 저버리는 왕이 되고 싶진 않소.

신하들, 침묵한다. 그때, 마의 태자가 다급하게 문을 열고 들어온다.

마의 태자: (울부짖으며) 그럴 수 없습니다, 아버님! 신라는 천 년을 이어 온 나라입니다. 모두가 힘을 합쳐 고려와 맞서 싸우지 못할망정 항복이라니요!

경 순 왕: (화난 목소리로) **가망❸** 없는 싸움에 백성들의 목숨을 걸 셈이냐! 고려의 왕 왕건은 너그러운 사람이라 항복만 한다면 아무런 해도 끼치지 않는다고 한다. 물론, 너도 좋은 대우를 받을 수 있을 테고!

마의 태자: (더욱 화난 목소리로) 나라를 빼앗긴 왕자가 **부귀영화❹**라니요? 그렇게 **굴욕❺**적으로 살 바에야 차라리 산으로 들어가 평생 **속죄❻**하며 살겠습니다!

*마의 태자, 화난 듯 무대를 빠져나간다. 신하들, 부귀영화를 **마다하는❼** 마의 태자의 고집에 **혀를 내두른다.*** 왕의 한숨 소리가 들리고, 무대는 점차 어두워진다.

해   설: 결국 신라는 항복하고, 왕건은 좋은 대우를 약속해 주었지만, 마의 태자는 **한사코❽** 고려를 따르지 않았다. 그는 금강산에 들어가 허름한 집을 짓고 삼베옷을 입으며 살았으니, 삼베옷이 '마의'고 그는 다음 왕이 될 사람이었기에 '태자'라, 우리는 그를 '마의 태자'라 부르게 되었다.

1 이 이야기를 읽고 알 수 <u>없는</u> 사실을 골라 보세요. ----------------------------- [　　　]

① 신라는 고려에 항복했다.

② 마의 태자는 나중에 왕이 되었다.

③ 신라의 마지막 왕은 경순왕이다.

④ 마의 태자는 끝까지 고려를 따르지 않았다.

⑤ 935년에는 신라가 망해 가고, 고려가 강해지고 있었다.

2 신라의 마지막 왕자에게 '마의 태자'라는 이름이 붙은 까닭을 써 보세요.

평생 [　] [　] [　] 을 입으여 살았고, 다음 [　] 이 될 사람이었기

때문입니다.

7주 35회

해설편 018쪽

3 다음 중 신하들이 마의 태자에게 혀를 내두른 까닭에 ○표를 해 보세요.

처음에는 항복할 수 없다고 말했지만, 항복한 뒤에는 당연하다는 듯 부귀영화를 누리는 뻔뻔함이 어이없어서	부귀영화를 마다하고 산으로 들어가 죄를 뉘우치며 살겠다는 마의 태자의 고집이 놀라워서	다음 왕이 되고 싶은 마음에 아버지마저 배신하는 그 욕심이 감탄스러울 정도라서
[　　　]	[　　　]	[　　　]

어려운 낱말 풀이 ❶ **조국** 태어나고 자란 나라 祖조상 조 國나라 국 ❷ **무의미하게** 아무런 의미 없이 無없을 무 意뜻 의 味뜻 미 - ❸ **가망** 가능성 있는 희망 可옳을 가 望바랄 망 ❹ **부귀영화** 가진 것이 많고 높은 지위에 올라 갖은 영광을 누림 富넉넉할 부 貴귀할 귀 榮꽃 영 華꽃 화 ❺ **굴욕** 업신여김을 당함 屈굽을 굴 辱욕 욕 ❻ **속죄** 죄를 뉘우침 贖속죄할 속 罪허물 죄 ❼ **마다하는** 거절하거나 싫다고 하는 ❽ **한사코** 죽기로 기를 쓰고 限한할 한 死죽을 사 -

[4~5] 다음 글을 읽고, 문제를 풀어 보세요.

옛날에 김선달이라고 하는 사람이 살았습니다. 김선달은 꾀가 많아 여러 사람의 일을 해결해 주었는데, 어느 날은 시장에 나쁜 닭 장수가 있다는 소식을 들었습니다. 닭 값을 잘 모르는 사람들에게 한참 비싼 값에 닭을 판다는 것이었습니다. 김선달은 그 닭 장수를 혼내 주기로 했습니다.

김선달은 닭 장수를 찾아가 닭을 보고 깜짝 놀란 척을 했습니다.

"아, 아니……. 이게 바로 전설의 새, **봉황**❶이 아니오?"

닭 장수는 김선달을 보고 또 닭을 비싸게 살 바보가 왔다고 생각했습니다. 그래서 김선달에게 그 닭은 봉황이 맞다고 하고, 비싼 값을 불렀습니다. 김선달은 닭 장수의 말을 믿는 척하며 비싼 값을 주고 그 닭을 사 갔습니다.

그리고 이튿날, 김선달은 그 닭을 원님에게 봉황이라며 바쳤습니다. 원님이 어이없다는 얼굴로 바라보자, 김선달은 눈물을 뚝뚝 흘리며 말했습니다.

"닭 장수가 분명 봉황이라고 해서 귀한 새를 바치려고 온 것인데……."

일이 무언가 이상하게 되었음을 눈치챈 원님은 당장 닭 장수를 불러들였습니다. 닭을 봉황이라 속여 판 것은 사실이었으니, 닭 장수는 할 말이 없었습니다. 결국 닭 장수는 크게 혼이 나고 더 많은 돈을 물어주어야 했습니다.

그 모습을 본 마을 사람들은 김선달의 꾀에 _____ .

그 후, 김선달은 '봉황'의 '봉' 자를 따서 '봉이 김선달'이라 불리게 되었습니다.

4 '봉이 김선달'의 '봉이'는 어느 낱말에서 유래했는지 윗글에서 찾아 써 보세요.

5 다음 중 윗글의 빈칸에 어울리는 말을 골라 보세요. ------------------------ [   ]

① 뜸을 들였습니다   ② 한술 더 떴습니다

③ 걸음마를 뗐습니다   ④ 박차를 가했습니다

⑤ 혀를 내둘렀습니다

어려운 낱말 풀이   ❶ **봉황** 옛날부터 중국의 전설에 전해지는 환상 속의 새. 앞모습은 기린, 뒷모습은 사슴, 목은 뱀, 꼬리는 물고기, 등은 거북, 턱은 제비, 부리는 닭을 닮았다고 전해진다. 鳳봉새 봉 凰봉황새 황

1단계 다음의 낱말과 뜻이 알맞도록 선으로 이어 보세요.

[1] 가망 •   • 업신여김을 당함

[2] 굴욕 •   • 가능성 있는 희망

[3] 속죄 •   • 죄를 뉘우침

2단계 다음 중 조국이 '한국'이 아닌 사람에 ○표를 해 보세요.

한국에서 태어나고 자랐으며, 아직도 한국에서 살고 있는 사람	한국에서 태어나고 자랐지만, 지금은 미국에서 1년간 공부하고 있는 사람	일본에서 태어나고 자라, 지금은 잠깐 한국을 여행하고 있는 사람
[ ]	[ ]	[ ]

3단계 밑줄 친 낱말 가운데 나머지와 뜻이 <u>반대</u>인 문장에 ○표를 해 보세요.

[1] 부귀영화를 **마다하고** 삼베옷을 입은 마의 태자 ──────────── [   ]

[2] 자유가 없는 삶을 **거부한다.** ──────────────── [   ]

[3] 그 말을 **받아들일** 수밖에 없었다. ──────────── [   ]

시간 끝난 시간 [   ]시 [   ]분

1회분 푸는 데 걸린 시간 [   ]분

채점 독해 5문제 중 [   ]개

어법·어휘 5문제 중 [   ]개

동물의 암수 명칭

사람의 성별을 보통 여자와 남자로 구분하는 것처럼 대부분의 동물들도 암컷과 수컷으로 성별을 구분합니다. 그 중에서는 재미있게도 성별에 따라서 아예 부르는 이름이 달라지는 동물들도 있습니다.

↑ 장끼

↑ 까투리

장끼/까투리

장끼와 까투리는 각각 꿩의 수컷과 암컷을 말합니다. 장끼는 암컷인 까투리보다 체구가 크고 화려한 색을 가지고 있으며 암컷은 그보다 작은 체구에 담홍색과 갈색의 중간색을 띱니다. '꿩 먹고 알 먹고' 같은 우리나라의 속담이나 고전소설 '장끼전'등을 보면 닭이나 개만큼 우리와 가까운 동물이었음을 알 수 있습니다.

↑ 왕치

↑ 딱따깨비

왕치/딱따깨비

여름이면 큰 뒷다리로 잔디밭을 껑충껑충 뛰어다니는 곤충이 있습니다. 바로 방아깨비인데 왕치와 딱따깨비는 바로 이 방아깨비의 암컷과 수컷의 이름입니다. 왕치는 이름에서 짐작할 수 있듯이 수컷 보다도 훨씬 큰 몸을 가지고 있으며 수컷인 딱따깨비는 이리저리 뛰며 날아다닐 때 딱딱 소리를 낸다고 하여 딱따깨비라는 재미있는 이름으로 불려왔다고 알려져 있습니다.

8주차

주간학습계획표

한 주간의 계획을 먼저 세워 보세요. 매일 학습을 마친 후 맞힌 문제의 개수를 쓰세요!

회차	영역	학습 내용	학습계획일	맞은 문제수
36회	사자성어	**다재다능(多才多能)** 이것저것 못하는 게 없는 사람을 보면 정말 부러워집니다. 그런 사람을 두고 '**다재다능(多才多能)**'하다고 합니다. 즉, '**재주와 능력이 많음**'이라는 뜻의 사자성어입니다.	월 일	독해 5문제 중 ☐ 개 어법·어휘 6문제 중 ☐ 개
37회	속담	**마른하늘에 날벼락** 벼락은 보통 먹구름이 잔뜩 끼고, 비가 내릴 때 내리칩니다. 그런데 맑은 하늘에서 갑자기 벼락이 친다면 아무도 준비하지 못한 큰일이 벌어질 수 있습니다. '**마른하늘에 날벼락**'이라는 속담은 '**뜻밖에 당하게 되는 안 좋은 일**'을 뜻합니다.	월 일	독해 6문제 중 ☐ 개 어법·어휘 7문제 중 ☐ 개
38회	관용어	**눈코 뜰 사이 없다** 일이 아주 바쁠 때 '**눈코 뜰 사이 없다**'라는 표현을 씁니다. 즉, '**정신 못 차리게 몹시 바쁘다**'는 뜻입니다.	월 일	독해 6문제 중 ☐ 개 어법·어휘 7문제 중 ☐ 개
39회	사자성어	**칠전팔기(七顚八起)** '일곱 번 넘어지고 여덟 번 일어나다'라는 뜻을 가진 '**칠전팔기(七顚八起)**'라는 말은 이처럼 '**힘든 일에도 포기하지 않고 일어서서 이뤄 내는 정신**'을 뜻하는 말입니다.	월 일	독해 5문제 중 ☐ 개 어법·어휘 8문제 중 ☐ 개
40회	속담	**원숭이도 나무에서 떨어진다** 아무리 완벽한 사람이라도 실수를 할 수 있습니다. 그런 상황에서 '**원숭이도 나무에서 떨어진다**'고 합니다. 즉, '**누구나 실수할 수 있다**'는 교훈을 주는 속담입니다.	월 일	독해 5문제 중 ☐ 개 어법·어휘 5문제 중 ☐ 개

36회 다재다능(多才多能)*
많을 다   재주 재   많을 다   능력 능

이것저것 못하는 게 없는 사람을 보면 정말 부러워집니다. 그런 사람을 두고 '다재다능(多才多能)'하다고 합니다. 즉, '재주와 능력이 많음'이라는 뜻의 사자성어입니다.

>>> QR코드를 찍으면
지문 읽기를 들을 수 있어요   3단계 36회

공부한 날 ☐월 ☐일   시작 시간 ☐시 ☐분

세종대왕은 '대왕'의 **칭호**❶를 받을 만큼 훌륭한 업적을 많이 남긴 왕입니다. 그것이 가능했던 까닭으로는 그의 훌륭한 성품도 있었지만 여러 가지로 재능이 많았기 때문이기도 합니다.

우선 세종대왕은 **정치**❷적으로 뛰어난 왕이었습니다. 세종대왕은 과학자들에게 농사짓는 데 도움이 되는 기구를 발명하도록 시켜 백성들이 농사를 잘 지을 수 있도록 도와주었습니다. 뿐만 아니라 북쪽으로 조선의 영토를 넓혀 압록강과 두만강을 우리의 국경으로 확실하게 만들었습니다.

세종대왕은 음악에 대한 **조예**❸도 깊었습니다. 그래서 음악을 듣는 귀가 남달랐습니다. 음악을 하는 신하가 세종대왕 앞에서 악기를 연주했었는데 악기에 **미세한**❹ 문제가 있었던 것도 알아챘다고 합니다. 덕분에 당시의 음악은 그 어느 때보다도 발전했습니다.

무엇보다도 세종대왕은 뛰어난 언어**학자**❺였습니다. 세종대왕은 백성들이 글이 없어 힘들어하는 것이 안타까웠습니다. 그래서 백성들을 위해 글자를 만들고자 하셨습니다. 그리고 여러 학자와 언어를 연구하는 등 수많은 노력 끝에 우리말에 맞는 한글을 직접 만드셨습니다.

이처럼 세종대왕은 정치, 음악, 언어 등 여러 **방면**❻에서 **다재다능***하셨고 이를 이용해 백성들을 위한 수많은 일을 하셨습니다. 때문에 많은 세월이 흐른 지금까지도 존경의 대상이며 우리나라 역사상 가장 위대한 임금 중 한 명으로 남아있습니다.

– 역사 속 인물 이야기

어려운 낱말 풀이

❶ **칭호** 어떤 뜻으로 일컫는 이름 稱일컬을 칭 號부르짖을 호
❷ **정치** 나라를 돌보고 다스림 政정사 정 治다스릴 치
❸ **조예** 어떤 것에 대한 이해의 깊이가 최고에 이름 造지을 조 詣이를 예
❹ **미세한** 아주 작은 微작을 미 細가늘 세 -   ❺ **학자** 공부하는 사람 學배울 학 者사람 자
❻ **방면** 분야 方모 방 面낯 면

1 다음 중 이 글의 내용으로 알맞지 <u>않은</u> 것을 골라 보세요. ────────── [   ]

① 세종대왕 시절에는 음악이 크게 발전했다.

② 세종대왕은 많은 사람들에게 '대왕'이라 불린다.

③ 세종대왕은 중국의 한자가 한글보다 더 뛰어나다고 생각했다.

④ 세종대왕 이전에는 백성들이 쉽게 쓸 만한 글이 없어 힘들어했다.

⑤ 세종대왕 시절에 조선의 국경이 압록강과 두만강으로 확실하게 정해졌다.

2 [보기]는 세종대왕의 어떤 재능을 보여 주는 이야기인지 골라 ○표를 해 보세요.

[보기]

↑ 편경의 모습

'편경'은 깎은 돌을 줄에 매달아 놓고 쳐서 음을 내는 악기입니다. 중국에서 들여오지 않는 한 구할 수 없는 악기였지만, 세종대왕 시절에 중국보다 더 뛰어난 품질의 편경을 만들어 내는 데 성공합니다. 편경을 완성한 뒤 세종대왕 앞에서 첫 연주를 했는데, 세종대왕이 미세한 음의 차이를 알아차리고 편경의 돌 중 하나가 조금 덜 깎인 것을 알아냈다고 합니다.

정치적 재능	음악적 재능	언어에 대한 재능
[ ]	[ ]	[ ]

3 이 글에서 세종대왕이 '다재다능'하다고 한 까닭을 골라 보세요. ────────── [   ]

① 한글을 만들었기 때문에

② 음악을 듣는 귀가 남달랐기 때문에

③ 많은 사람들이 존경하는 왕이기 때문에

④ 여러 분야에 재능을 가지고 있기 때문에

⑤ 조선의 국경을 압록강과 두만강으로 정했기 때문에

다음 글을 읽고, 문제를 풀어 보세요.

블레즈 파스칼(1623~1662)은 프랑스의 **수학자**①입니다. "인간은 생각하는 갈대다."라는 유명한 글귀를 남긴 그는 수학에 재능이 있었습니다. 어린 시절 아무도 가르쳐 주지 않았는데 삼각형 **내각**②의 합이 늘 180도라는 사실을 발견했고, 그 외에도 **독창적인**③ 풀이를 생각해 내며 그의 수학적 재능을 알리기 시작했습니다. 그는 수학자로서 수많은 업적을 남겼으며, 최초로 계산기를 발명하기도 했습니다.

↑ 파스칼의 계산기.
이 계산기가 발전하여 지금의 컴퓨터가 되었다.

그러나 파스칼의 재능은 수학에만 있지 않았습니다. 그는 ⑦**다재다능하기로** 유명했습니다. 그는 **물리학**④에도 조예가 깊었으며, 특히 죽기 전 얼마간의 기간 동안 신의 존재에 대해 깊게 몰두했습니다. 파스칼은 39세의 젊은 나이로 죽기 전까지 여러 생각을 메모해 두었는데, 그것이 그의 대표작인 〈팡세〉가 되었습니다. 프랑스어로 '생각'이라는 뜻의 이 책은 아직까지도 **신학자**⑤와 **철학자**⑥라면 반드시 읽어야 하는 책으로 불릴 만큼 높은 평가를 받고 있습니다.

4 다음 중 블레즈 파스칼에 대한 설명으로 옳지 <u>않은</u> 것에 ○표를 해 보세요.

물리학, 신학, 발명에도 재능을 보였던 천재적인 **수학자**	계산기를 최초로 발명한 **발명가**	젊은 나이에 죽어 아무런 대표작도 남기지 못한 **철학자**
[ ]	[ ]	[ ]

5 밑줄 친 '⑦**다재다능하기로**'와 바꿔 쓸 수 있는 말을 골라 보세요. ┄┄┄┄┄┄┄ [   ]

① 재능이 많기로   ② 호기심이 많기로   ③ 됨됨이가 좋기로
④ 준비성이 철저하기로   ⑤ 많은 사람들의 사랑을 받기로

어려운 낱말 풀이

❶ **수학자** 수학을 탐구하는 사람 數셀 수 學배울 학 者사람 자   ❷ **내각** 안쪽의 각 內안 내 角뿔 각
❸ **독창적인** 창의적이고 색다른 獨홀로 독 創비롯할 창 的과녁 적 -   ❹ **물리학** 세상의 물질들이 어떻게 움직이고 어떤 성질을 가지고 있는지 연구하는 학문 物만물 물 理다스릴 리 學배울 학
❺ **신학자** 신과 신에 대한 믿음에 대해 탐구하는 사람 神신 신 學배울 학 者사람 자
❻ **철학자** 인간과 세상에 대해 고민하고 탐구하는 사람 哲밝을 철 學배울 학 者사람 자

1 단계

밑줄 친 낱말의 알맞은 뜻을 골라 번호를 써 보세요.

[1] **미세한** 흠집이라도 흠집은 흠집이야. ⸻ [　　　]

① 아주 큰

② 아주 작은

[2] 그 **방면**에서는 또 내가 아는 사람이 많지. ⸻ [　　　]

① 분야

② 방향

2 단계

다음 문장이 자연스럽도록 빈칸에 알맞은 낱말을 [보기]에서 찾아 써 보세요.

> [보 기]　　　　　학자　　　　재능　　　　존경

[1] 저는 피아노에 [　][　] 이 있습니다.

[2] [　][　] 하는 선생님, 생신 축하드립니다!

[3] 그 사람은 국어를 연구하는 뛰어난 [　][　] 야.

3 단계

밑줄 친 글자에 주목하여 빈칸을 채워 보세요.

> • 수학**자**(數學**者**): 수학을 전문으로 하는 사람
>
> • 철학**자**(哲學**者**): 철학을 전문으로 하는 사람
>
> • 과학**자**(科學**者**): 과학을 전문으로 하는 [　][　]

시간　끝난 시간 [　]시 [　]분

1회분 푸는 데 걸린 시간 [　]분

채점　**독해** 5문제 중 [　]개

어법·어휘 6문제 중 [　]개

마른하늘에 날벼락*

벼락은 보통 먹구름이 잔뜩 끼고, 비가 내릴 때 내리칩니다. 그런데 맑은 하늘에서 갑자기 벼락이 친다면 아무도 준비하지 못한 큰일이 벌어질 수 있습니다. '마른하늘에 날벼락'이라는 속담은 '뜻밖에 당하게 되는 안 좋은 일'을 뜻합니다.

공부한 날 ☐ 월 ☐ 일 시작 시간 ☐ 시 ☐ 분

>>> QR코드를 찍으면 지문 읽기를 들을 수 있어요

3단계 37회

　공룡은 **인류가** **탄생**하기도 훨씬 전에 오랜 시간 동안 온 지구를 **누비며** 다녔지만 지금은 영화 속에서나 볼 수 있는 동물입니다.

　공룡은 지금으로부터 약 2억 3,000만 년 전 처음 등장했습니다. 공룡에는 풀을 뜯어먹고 사는 '초식공룡'과 초식공룡을 잡아먹고 사는 '육식공룡'이 있었습니다. 약 2억 800만 년 전부터 지구가 따뜻해지면서 풀이 무성하게 자라나자 풀을 먹고 사는 초식공룡의 수가 늘어났습니다. 그 결과, 초식공룡을 먹는 육식공룡의 수도 함께 늘어났습니다.

　그러나 약 6,600만 년 전, 우주에서 날아온 뜨거운 돌덩이, 즉 '운석'이 지구에 부딪히면서 땅 위의 식물이 불타고 하늘은 먼지로 가득 뒤덮였습니다. 먼지 때문에 햇빛을 보지 못한 식물이 다 말라 죽자 먹이가 없어진 초식공룡이 **멸종**되었고 그 후로 육식공룡 역시 자취를 감추게 되었습니다. 정말 ㉠**마른하늘에 날벼락** 같은 일이었습니다. 그야말로 평화로운 **나날**을 보내고 있는데 **뜬금없이** 벼락이 내리치고 만 것입니다.

↑ 스테고사우르스

　이로써 온 지구를 누비던 공룡의 모습은 자취를 감추고 영화 속에서나 볼 수 있는 존재가 되어 버렸습니다.

🧻 어려운 낱말 풀이

❶ **인류** 사람을 다른 동물과 구별하는 말. 인간 人사람 인 類무리 류　❷ **탄생** 사람이 태어남 誕태어날 탄 生날 생　❸ **누비며** 이리저리 거리낌 없이 다니며　❹ **멸종** 생물의 한 종류가 모두 없어짐 滅멸망할 멸 種씨 종　❺ **나날** 하루하루　❻ **뜬금없이** 갑작스럽고도 엉뚱하게

1 이 글과 같이 '어떤 지식이나 정보를 잘 이해하도록 풀어서 쓴 객관적인 글'을 '설명문'이라고 합니다. 다음 중 설명문이 다룰 만한 주제로 알맞은 것을 골라 보세요. ·············· [   ]

① 교복을 반대하는 까닭
② 전자레인지를 사용하는 법
③ 친구와 싸우고 화해한 경험
④ 오늘 잘못한 일에 대한 반성문
⑤ 그동안 썼던 용돈을 정리하는 용돈 기입장

2 다음 [보기]를 이 글의 내용 순서에 맞도록 기호를 써 보세요.

[보 기]

㉮ 공룡의 개체 수가 증가한 원인
㉯ 식성에 의한 공룡의 분류
㉰ 공룡의 등장 시기
㉱ 공룡이 멸종된 원인

[   ] → [   ] → [   ] → [   ]

3 이 글을 읽은 친구들의 반응입니다. 바르게 이해하지 <u>않은</u> 친구에 ○표를 해 보세요.

유라: 식물들이 죽어 버린 것이 공룡의 멸종으로 이어졌구나.	민수: 육식공룡의 수는 초식공룡의 수에 영향을 많이 받겠구나.	지은: 그래도 초식공룡은 육식공룡보다 훨씬 오래 살았구나.

[   ]   [   ]   [   ]

4 이 글의 내용으로 미루어 보았을 때, '마른하늘에 날벼락'의 뜻으로 알맞은 것을 골라 보세요. ·············· [   ]

① 뜻밖에 당하게 되는 안 좋은 일
② 별안간 하는 엉뚱한 말이나 행동
③ 남들의 싸움에 끼게 되어 피해를 입게 됨
④ 하늘에서 비가 오고 눈이 내리듯 자연스러운 일
⑤ 모든 일들이 예상했던 그대로 맞아떨어지는 경우

해설편 019쪽

[5~6] 다음 글을 읽고, 문제를 풀어 보세요.

하루는 제우스 신이 자신의 생일을 맞아 성대한 생일잔치를 열어 세상의 모든 동물을 초대했습니다. 잔치에는 작은 쥐부터 뱀, 기린, 하마, 심지어 호랑이까지 각종 동물이 모였습니다. 그런데 잔치가 끝날 때까지 딱 한 동물이 모습을 드러내지 않았으니, 그 동물은 바로 거북이였습니다. 화가 난 제우스 신은 거북이에게 찾아가 물었습니다.

"어째서 나의 초대를 받고도 잔치에 오지 않았지?"

이에 거북이가 태연하게 대답했습니다.

"집이 좋으니까요. 집만큼 편한 곳이 어디 있겠어요?"

거북이의 대답을 들은 제우스 신은 화가 머리끝까지 났습니다.

"그래? 그렇게 집이 좋다면 네게 좋은 집을 선물해 주지."

제우스 신은 거북이의 등 위에 딱딱한 등딱지를 얹어 버렸습니다. 난데없이 등딱지를 짊어지게 된 거북이는 깜짝 놀라 소리쳤습니다.

"아니, 이게 웬 **마른하늘에 날벼락**이람!"

5 위 이야기에서 제우스 신이 화가 머리끝까지 난 까닭을 골라 보세요. ················· [   ]

① 거북이의 등딱지가 부러워서

② 아무도 잔치에 찾아오지 않아서

③ 거북이가 자신의 초대를 무시해서

④ 생일잔치에 동물이 너무 많아 시끄러워서

⑤ 생일잔치에 싫어하는 동물을 잘못 초대해서

6 거북이가 '마른하늘에 날벼락'이라고 말한 까닭을 바르게 짐작한 친구에 ○표를 해 보세요.

민아: 제우스 신이 고함치는 소리가 마치 벼락 소리 같았기 때문이야.	동주: 제우스 신에게 예상치 못한 벌을 받았기 때문이야.	은우: 맑았던 하늘에서 갑자기 비가 쏟아지며 천둥번개가 쳤기 때문이야.
[ ]	[ ]	[ ]

1단계 '초식'과 '육식'의 뜻이 알맞도록 선을 이어 보세요.

[1] 초식 •   • 고기를 먹음

[2] 육식 •   • 풀을 먹음

2단계 [보기]를 보고 빈칸에 알맞은 낱말을 채워 보세요.

[보 기]	인류	멸종	탄생

[1] 그의 손에서 엄청난 작품이 [ ][ ] 했다.

[2] [ ][ ] 는 짐승과는 달리 잘못을 고쳐 가며 발전할 수 있다.

[3] [ ][ ] 위기 동물들은 보호받아야만 한다.

3단계 다음 문장의 [ ] 속 낱말이 <u>잘못된</u> 부분에 ×표를 하고 올바르게 고쳐 보세요.

[1] 공뇽 들은 지구 에서 평화로운 나날 을 보냈다. → [   ]

[2] 온석 이 떨어져 공기 는 먼지 로 뒤덮였다. → [   ]

38회 눈코 뜰 사이 없다*

일이 아주 바쁠 때 '눈코 뜰 사이 없다'라는 표현을 씁니다. 즉, '정신 못 차리게 몹시 바쁘다'는 뜻입니다.

공부한 날 ☐월 ☐일 시작 시간 ☐시 ☐분

>>> QR코드를 찍으면
지문 읽기를 들을 수 있어요

3단계 38회

오래전 이탈리아의 아름다운 도시 피렌체에 한 천재 화가가 살고 있었습니다. 이 화가에게는 나이 어린 **조수**가 있었는데, 그 조수는 항상 붓을 들고 다니며 화가의 일을 도왔습니다. 어느 날, 조수가 **분주하게** 그림을 그리는 화가에게 물었습니다.

"선생님, 무엇을 하고 계세요?"

"지금은 인공 날개를 **설계**하고 있단다. 이 날개가 있으면 사람도 하늘을 날 수 있어. 자, 새 물감 좀 가져오너라."

조수는 화가를 위해 새 물감을 가져왔습니다. 그러자 화가는 또 다른 그림을 그리기 시작했습니다.

"선생님, 지금은 뭘 하고 계세요?"

"인체 **비례**도를 그리고 있단다. 사람의 몸은 아주 신비롭게 생겼지. 이 붓을 좀 닦아 줄 수 있겠니?"

조수는 화가의 붓을 깨끗하게 씻어서 **화실**로 돌아왔습니다. 화가는 여전히 몹시 바빴습니다. 조수는 화가의 등 뒤에서 발끝을 세워 그림을 들여다보았습니다.

"선생님, 또 뭘 하시는 거예요?"

"이번에는 도시 설계도를 그리고 있단다! 다음에는 하늘의 별자리를 그릴 거야. 그러고 나면 비행기 그림도 그리고, 기계도 그리고……."

"우리 선생님은 정말 못 말려. 온종일 **눈코 뜰 사이 없이 바쁘시다니까.**"

그런 화가를 보며 조수는 절레절레 고개를 저었습니다. 이 못 말리는 화가는 바로 '모나리자'와 '최후의 만찬'을 그린 레오나르도 다빈치입니다. 천재 화가일 뿐만 아니라 건축가이면서 과학자이자 발명가였던 다빈치는 평생 셀 수 없이 많은 위대한 작품들을 남겼습니다.

↑ 레오나르도 다빈치가 그린
〈모나리자〉(프랑스 루브르 박물관 소장)
(1503~1506년 사이에 그려진 것으로 추정)

어려운 낱말 풀이

❶ **조수** 어떤 사람 밑에서 배우면서 그 일을 도와주는 사람 助도울 조 手손 수
❷ **분주하게** 바쁘게 奔달릴 분 走달릴 주 - ❸ **설계** 무언가를 만들기 위해 계획을 세우는 일 設베풀 설 計셀 계
❹ **비례** 전체와 부분이 서로 일정한 관계를 가지는 것 比견줄 비 例법식 례
❺ **화실** 그림을 그리는 방 畵그림 화 室방 실

1 다음 중 '레오나르도 다빈치'의 작품에 모두 ○표를 해 보세요. (답 2개)

↑ 최후의 만찬(1498년)

[   ]

↑ 천지창조(1500년대)

[   ]

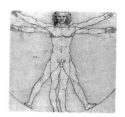

↑ 인체비례도(정확한 연도 모름)

[   ]

2 다음은 조수가 선생님이 눈코 뜰 사이 없이 바쁘시다고 한 까닭입니다. [보기]에서 알맞은 낱말을 찾아 완성해 보세요.

[보 기]   종일   하루   바쁜   계획

화가는 ☐☐☐☐ 쉬지 않고 여러 가지 설계도와 그림을 그렸습니다. 게다가 앞으로 하늘의 별자리와 비행기의 설계도를 그릴 ☐☐ 이라고 말했습니다. 이렇게 매우 ☐☐ 선생님의 모습을 보고 조수는 '눈코 뜰 사이 없다'고 표현했습니다.

8주 38회 해설편 019쪽

3 이 글의 내용으로 미루어 '눈코 뜰 사이 없다'의 뜻을 골라 보세요. --------------- [   ]

① 부끄러워서 상대방을 바라보지 못하다.

② 아는 사람을 일부러 모른 체하다.

③ 정신을 못 차릴 만큼 매우 바쁘다.

④ 마음이 들떠 가만히 있지 못하다.

⑤ 하던 일을 그만두거나 잠시 멈추다.

4 다음 중 '눈코 뜰 사이 없다'고 말할 수 있는 상황에 있는 친구를 써 보세요.

> 선규: 얘들아, 오늘 수업 끝나고 뭐 하니?

> 영민: 어제 시험이 끝났으니까 집에 가서 컴퓨터 게임도 하고, 읽고 싶었던 책도 읽어야지. 오늘 하루는 여유 있게 보낼 거야.

> 상욱: 선생님께서 부르셔서 교무실에 가 봐야 해. 그리고 나면 동아리 회의를 갔다가 영어 학원에 갈 거야. 오늘은 정말 바빠.

[5~6] 다음 글을 읽고, 문제를 풀어 보세요.

> 그날도 여느 때와 다름없는 하루였다. 언니는 재미없는 책을 읽고 있었고, 앨리스는 강가에서 꽃다발을 만들고 있었다. 풀숲 사이로 흰 토끼가 나타났지만, 그것도 그다지 놀랄 만한 일은 아니었다. 그 토끼가 말을 하기 전까지는.
> "아이고, 바쁘다, 바빠!"
> 앨리스는 토끼가 말하는 것이 무척 자연스럽게 느껴졌다. 그러나 토끼가 품에서 시계를 꺼냈을 때, 앨리스는 그제야 토끼가 말을 한다는 사실에 깜짝 놀랐다. 심지어 그 토끼는 시계까지 보고 있지 않은가!
> "바쁘다, 바빠!"
> 토끼는 ㉠눈코 뜰 새 없이 바빠 보였다. 토끼는 굴속으로 들어가 버렸고, 호기심을 느낀 앨리스는 토끼를 따라 모험을 떠나기로 했다.
> ─루이스 캐럴, 「이상한 나라의 앨리스」 중

5 다음 중 '㉠눈코 뜰 새 없이'와 바꿔 쓸 수 있는 낱말을 골라 보세요. ┈┈┈┈┈ [   ]

① 별로   ② 조금   ③ 잠깐   ④ 아직   ⑤ 무척

6 윗글에서 앨리스가 깜짝 놀란 까닭을 써 보세요.

☐☐ 가 말을 할 뿐만 아니라, 토끼가 ☐☐ 까지 보았기 때문이다.

1단계 다음의 낱말과 뜻이 알맞도록 선으로 이어 보세요.

[1] 조수 •

[2] 설계 •

[3] 해부 •

• 생물체의 일부를 갈라 헤쳐 그 내부를 자세히 조사하는 일

• 어떤 사람 밑에서 배우면서 그 일을 도와주는 사람

• 무언가를 만들기 위해 계획을 세우는 일

2단계 밑줄 친 말과 비슷한 뜻을 가진 말을 골라 번호를 써 보세요.

[1] **내내** 눈코 뜰 새 없이 바쁘다니까. ⸺⸺⸺⸺⸺⸺⸺ [   ]

　① 잠깐

　② 온종일

[2] 조수가 **바쁘게** 그림을 그리는 화가에게 말했습니다. ⸺⸺⸺ [   ]

　　① 분주하게

　　② 한가하게

3단계 다음 밑줄 친 부분을 맞춤법에 맞게 고쳐 보세요.

[1] 화가의 등 뒤에서 발 **꽂**을 세워

➜ [ㄲ]

[2] **샐** 수 없이 많은

➜ [ㅅ]

어떤 일에 대한 교훈이나 일어난 까닭을 한자 네 자로 표현한 말

39회 칠전팔기(七 顚 八 起)*
일곱 **칠** 엎드러질 **전** 여덟 **팔** 일어날 **기**

'일곱 번 넘어지고 여덟 번 일어나다'라는 뜻을 가진 '칠전팔기(七顚八起)'라는 말은 '힘든 일에도 포기하지 않고 일어서서 이뤄 내는 정신'을 뜻하는 말입니다.

공부한 날 ☐ 월 ☐ 일 시작 시간 ☐ 시 ☐ 분

>>> QR코드를 찍으면
지문 읽기를 들을 수 있어요

3단계 39회

세계에서 가장 높은 산은 **해발고도**❶ 8,848m의 에베레스트 산입니다. '세계의 지붕'이라고도 불리는 에베레스트 산은 오래전부터 **등산가**❷들에게 도전의 대상이었습니다. 수많은 사람이 에베레스트 산의 정상을 노렸지만, 모두 실패하며 에베레스트 산은 오랜 시간 넘을 수 없는 산으로 남아 있었습니다.

↑ 에베레스트 산

그러나 모두가 에베레스트 **등반**❸을 불가능한 일이라고 생각했을 때, 사람들의 생각을 바꾸는 사건이 하나 일어납니다. 1924년에 영국의 조지 말로리와 앤드류 어빈이라는 등산가들이 에베레스트 산의 정상 직전까지 등반하는 데 성공한 것이었습니다. 비록 둘은 정상으로 출발한 뒤 **실종**❹되었지만, 그럼에도 그 둘의 성공은 인류가 하늘에 가장 가까운 곳까지 갈 수 있다는 희망을 보여 주었습니다.

최초로 에베레스트 산의 정상을 밟은 사람은 1953년, 뉴질랜드의 에드먼드 힐러리와 네팔의 텐징 노르가이였습니다. 에드먼드 힐러리와 텐징 노르가이는 모두 예전에 에베레스트 산의 정상을 노렸다가 실패한 경험이 있었습니다. 특히 텐징 노르가이는 정상에 오를 때까지 모두 여섯 번의 실패를 겪어야 했습니다. 하지만 **칠전팔기***의 정신으로 끊임없이 도전한 끝에, 비로소 인간은 에베레스트 산의 정상을 밟을 수 있게 되었습니다.

대한민국의 등산가들 또한 1977년에 에베레스트 산의 정상을 처음으로 밟게 되었습니다. 당시 눈보라와 강한 바람으로 대한민국 **원정대**❺는 어려움을 겪어야 했지만, 몇 번이고 다시 일어선 끝에 결국 고상돈이 최초로 에베레스트 산 정상에 태극기를 꽂았습니다. 이 또한 **칠전팔기***의 정신을 가지고 도전한 덕분이었습니다. 그 이후에도 지현옥 대장, 박영석 대장, 엄홍길 대장 등의 등산가가 에베레스트 산의 정상에 올랐습니다.

에베레스트 산을 오른다는 것은 온갖 어려움을 극복해야 하는 일입니다. 낮은 기온, 부족한 산소, 낯선 환경, 체력적인 부담 등은 많은 등산가를 실패로 몰아갔습니다. 그러나 결국 에베레스트 산을 정복한 등산가들은 모두 실패를 딛고 일어서는 **칠전팔기***의 정신을 가지고 있었다는 공통점을 가지고 있습니다. 그렇기에 에베레스트 산에 대한 도전은 아직도 큰 울림을 주고 있는지도 모릅니다.

어려운 낱말 풀이

❶ **해발고도** 바다의 바로 위부터 잰 높이 海바다 해 拔뺄 발 高높을 고 度정도 도
❷ **등산가** 산을 오르는 사람 登오를 등 山뫼 산 家집 가　❸ **등반** 험한 산이나 높은 곳의 꼭대기로 가기 위해 올라감 登오를 등 攀매달릴 반　❹ **실종** 사람이 없어짐 失잃을 실 踪자취 종
❺ **원정대** 먼 곳에 조사 등을 하러 가는 단체 遠멀 원 征칠 정 隊대 대

1 이 글의 주제는 무엇인지 써 보세요.

→ ☐☐☐☐☐ 산 등반의 역사

2 다음은 이 글에서 언급된 사건들을 연도별로 정리한 것입니다. 왼쪽에 알맞은 연도를 적어 보세요.

연도	사건
1924	영국의 조지 말로리와 앤드류 어빈이 에베레스트 산의 정상 직전까지 가는 데 성공함.
☐	뉴질랜드의 에드먼드 힐러리와 네팔의 텐징 노르가이가 에베레스트 산의 정상까지 오르는 데 성공함. 텐징 노르가이는 이전에 에베레스트 산 등정에 여섯 번 실패한 적 있음.
☐	등산가 고상돈이 원정대와 함께 간 산행에서 대한민국 최초로 에베레스트 산 정상을 밟음.

3 다음은 '칠전팔기'의 한자와 뜻입니다. 한자와 뜻풀이를 알맞게 이어 보세요.

사자성어의 한자

七 일곱 칠 · 顚 넘어질 전 · 八 여덟 팔 · 起 일어날 기 ·

사자성어의 뜻

· 일곱 번 넘어져도 · 여덟 번 일어난다.

[4~5] 다음 글을 읽고, 문제를 풀어 보세요.

먼 옛날 전투에서 패배한 장수가 적군에게 쫓겨 도망치고 있었습니다. 한참을 쫓기던 장수는 어느 동굴 속에 숨어들게 되었습니다. 그런데 잠시 후 동굴 입구에 거미 한 마리가 나타나더니, 거미줄로 집을 짓기 시작했습니다.

거미줄이 거슬렸던 장수는 거미가 집을 지을 때마다 거미줄을 치워 버렸습니다. 그러나 ㉠일곱 번이나 ㉡거미줄을 치웠는데도 거미는 묵묵히 집을 지을 뿐이었습니다. 장수는 포기하지 않는 거미의 의지에 감동해서 거미가 ㉢여덟 번째로 ㉣집을 지을 때는 가만히 내버려 두었습니다.

그런데 그때, 장수를 쫓던 적군이 동굴 근처까지 다가왔습니다. 장수는 납작 엎드렸지만, 적군과 거리가 너무 가까워 곧 들킬 것만 같았습니다. 그때였습니다. 동굴 밖에서 적군들이 말하는 소리가 들렸습니다.

"잠깐, 그 안에는 아무도 없을 거야. 입구에 거미줄이 있잖아? 누가 그 안으로 들어갔다면 거미줄이 뜯겼겠지."

이 말과 함께 적군들은 동굴 수색을 포기하고 돌아갔습니다. 거미의 포기하지 않는 의지가 장수를 살린 셈이었습니다. 그에 감동한 장수는 ⓐ거미의 자세를 본받아 나중에는 왕이 되어 그의 나라를 잘 다스렸다고 합니다.

4 위 이야기는 '칠전팔기'의 유래입니다. '칠전팔기'를 이루는 한자 밑에 ㉠~㉣ 중 관련 있는 부분의 기호를 각각 써 보세요.

七 일곱 칠 [　　]　　顚 넘어질 전 [　　]　　八 여덟 팔 [　　]　　起 일어날 기 [㉣]

5 윗글을 읽고 밑줄 친 'ⓐ거미의 자세'를 올바르게 이해한 친구에 ○표를 해 보세요.

우인: 장수는 거미의 포기하지 않는 정신을 본받아 실패해도 끈질기게 노력했을 거야. 그래서 높은 자리에 오르게 된 거지.

[　　]

민성: 남의 눈을 신경 쓰지 않는 거미를 보고 장수는 패배한 뒤 꺾여 버린 자존심을 회복할 수 있었겠구나.

[　　]

1단계 다음 중 밑줄 친 낱말이 알맞게 쓰인 것에 ○표, 아닌 것에 ×표 해 보세요.

[1] 그렇게 대충대충 하더니, **결국** 일이 이렇게 됐구나. ──────────── [   ]

[2] 비밀을 숨겨왔고, **드디어** 비밀을 들키지 않을 수 있었다. ──────────── [   ]

[3] 그날부터 우리나라는 **비로소** 선진국이라 불리게 되었다. ──────────── [   ]

[4] 이리저리 도망쳤지만 **끝내** 붙잡히고 마는군. ──────────── [   ]

2단계 다음 사다리 타기가 알맞게 완성되도록 [보기]의 낱말을 빈칸에 채워 보세요.

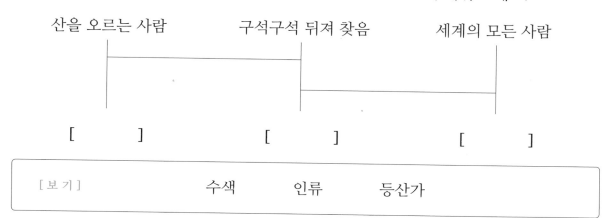

산을 오르는 사람   구석구석 뒤져 찾음   세계의 모든 사람

[   ]   [   ]   [   ]

[보 기]   수색   인류   등산가

3단계 다음 그림에 보이는 산꼭대기의 해발고도는 몇 m일까요? 빈칸에 알맞은 높이를 써 보세요.

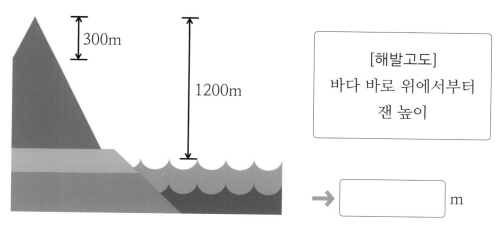

300m

1200m

[해발고도]
바다 바로 위에서부터
잰 높이

→ [   ] m

40회 원숭이도 나무에서 떨어진다*

아무리 완벽한 사람이라도 실수를 할 수 있습니다. 그런 상황에서 '원숭이도 나무에서 떨어진다'고 합니다. 즉, '누구나 실수할 수 있다'는 교훈을 주는 속담입니다.

공부한 날 [　]월 [　]일　시작 시간 [　]시 [　]분

>>> QR코드를 찍으면
지문 읽기를 들을 수 있어요

3단계 40회

조선 시대에 박문수라고 하는 유명한 암행어사가 있었습니다. 박문수는 늘 **초라한**❶ **차림**❷을 하고 돌아다니며 백성들의 억울함을 지혜롭게 풀어 주었습니다. 그러던 어느 날, 박문수는 도망치는 여인을 마주치게 되었습니다.

"제발 저를 숨겨 주세요. 나쁜 사람들이 저를 쫓아오고 있답니다."

박문수는 근처에 있는 다리 밑에 여인을 숨겨 주었습니다. 그리고 잠시 후, 몽둥이를 든 사람들이 잔뜩 몰려왔습니다. 몽둥이를 든 사람들은 곧바로 박문수를 둘러싸고 물었습니다.

"혹시 이 근처를 지나가는 여자를 보지 못했나?"

"나는 아무것도 보지 못했소."

"거짓말하지 마! **분명**❸ 이쪽으로 지나갔는데 어떻게 아무것도 못 볼 수가 있어!"

몽둥이를 든 사람들은 박문수를 몽둥이로 때리기 시작했습니다. 지혜롭기로 소문난 박문수였지만, 무슨 꾀를 낼 틈도 없이 얻어맞으니 박문수도 어쩔 **도리**❹가 없었습니다. 결국 박문수가 얻어맞는 것을 보다 못한 여인이 스스로 걸어 나왔습니다.

"그만! 그분은 죄가 없으니 그만두고, 저를 잡아가세요."

몽둥이를 든 사람들은 그제야 박문수를 때리는 걸 멈추고 여인을 붙잡아 갔습니다. 그 덕에 박문수는 목숨을 건졌지만, 여인을 구하지 못한 **죄책감**❺에 그 자리에 한참을 멍하니 앉아 있었습니다. 시간이 좀 더 지났을 무렵, 길을 가던 소년이 박문수에게 다가왔습니다.

"왜 그렇게 **상심한**❻ 표정으로 앉아 계세요?"

박문수는 답답한 마음에 방금 전에 있었던 일을 말해 주었습니다. 소년은 **잠자코**❼ 듣고 있더니, 곧 아무렇지도 않게 말했습니다.

"그렇다면 눈이 보이지 않는 척을 했어야죠. 그랬다면 몽둥이로 얻어맞을 일도 없었을 것이고, 여인도 구할 수 있었을 텐데."

그 말을 듣자마자 박문수는 소년의 지혜에 감탄하는 수밖에 없었습니다.

"사실 나는 암행어사 박문수란다. 그런데 어린 네가 나보다 더 낫구나."

○"**원숭이도 나무에서 떨어질 때가 있는 법인데**,* 그 유명한 박문수 선생님이라도 실수를 할 때가 있지 않겠어요? 너무 신경 쓰지 마세요."

박문수는 소년의 위로에 다시 힘을 냈습니다. 끝까지 여인을 구해 내기로 한 박문수는 이웃 마을에서 결국 여인을 찾아냈고, **부하**⑧들을 데려가 여인을 구해 냈습니다. 그 후 박문수는 고마움을 전하기 위해 소년을 찾았지만, 소년은 어디에서도 찾을 수 없었습니다.

1 다음 중 이 이야기에 대한 설명으로 알맞지 <u>않은</u> 것을 골라 보세요. ────── [   ]

① 박문수는 유명한 암행어사다.
② 박문수는 결국 여인을 구해 냈다.
③ 박문수는 소년의 지혜에 감탄했다.
④ 박문수는 소년의 위로에 다시 힘을 낼 수 있었다.
⑤ 박문수는 몽둥이를 든 사람들에게 여인이 숨은 곳을 알려 주었다.

2 소년이 눈이 보이지 않는 척을 하면 여인도 구하고 얻어맞지도 않았을 거라 생각한 까닭에 ○표를 해 보세요.

만약 눈이 보이지 않는 척을 했다면 여인이 눈앞을 지나가도 볼 수 없는 것이 당연하므로, 몽둥이를 든 사람들도 캐묻지 못하리라 생각했기 때문이다.

[   ]

만약 눈이 보이지 않는 척을 했다면, 몽둥이를 든 사람들도 나중에 받을 벌이 두려워 차마 때리지 못하리라 생각했기 때문이다.

[   ]

3 밑줄 친 ○에서 '원숭이'와 '나무에서 떨어진다'는 각각 무엇을 가리키는 것인지 본문에서 찾아 써 보세요.

[1] '원숭이': □□□

[2] '나무에서 떨어진다': **잘못된 판단으로** □□ **을 구해 내지 못한 일**

어려운 낱말 풀이
❶ **초라한** 보잘것없는　❷ **차림** 옷이나 물건 따위를 입거나 갖춘 상태
❸ **분명** 틀림없이 확실하게 分나눌 분 明밝을 명　❹ **도리** 어떤 일을 해나갈 방법 道길 도 理다스릴 리
❺ **죄책감** 저지른 잘못에 대해 책임을 느껴 괴로운 마음 罪허물 죄 責꾸짖을 책 感느낄 감
❻ **상심한** 슬픔이나 걱정 따위로 마음이 아픈 喪잃을 상 心마음 심 -　❼ **잠자코** 조용하고 가만히
❽ **부하** 더 낮은 자리에 있어 따르게 할 수 있는 사람 部떼 부 下아래 하

[4~5] 다음 글을 읽고, 문제를 풀어 보세요.

먼 옛날 중국에 '공자'라는 사람이 있었습니다. 그는 지혜롭기로 유명해서 수많은 제자를 두고 있었는데, 그중에서도 '안회'라는 제자를 특히 아꼈습니다. 안회는 머리가 좋을 뿐만 아니라 마음씨도 착하고 누구에게나 늘 솔직했기 때문이었습니다.

그러던 어느 날, 공자는 이른 시간에 눈을 떴습니다. 일어난 김에 잠깐 주방을 둘러보았는데, 그곳에서 안회가 밥을 한 움큼 집어먹고 있었습니다. 공자는 깜짝 놀랐습니다. 다 함께 먹어야 할 밥을 안회가 몰래 먹고 있다고 생각했기 때문이었습니다.

잠시 후, 아침밥을 가져온 안회를 혼낼 생각으로 공자는 방금 전의 일을 물었습니다.

"오늘 아침에 밥이 잘 되었나 솥의 뚜껑을 열었는데, 그 순간 천장에서 흙덩이가 떨어졌습니다. 흙이 묻은 밥을 스승님께 드릴 수는 없고, 또 먹지 않기에는 아까워 제가 먹고 말았던 것입니다."

그 말을 듣고 공자는 안회를 의심한 일을 크게 후회했습니다. 그래서 그 일을 두고두고 기억하며 제자들에게 말했습니다.

"나는 내 눈과 머리를 믿었는데, 아무리 지혜로운 사람이라도 실수를 한다는 사실을 잊고 있어 그런 것이었다. 너희는 늘 그것을 잊지 말아라."

4 안회가 주방에서 몰래 밥을 먹고 있었던 까닭을 써 보세요.

솥의 뚜껑을 열었을 때 천장에서 ☐☐☐가 떨어졌고, 그 부분을

스승에게 드릴 수 없어 자신이 먹어 치운 것이다.

5 위 이야기의 내용에 '원숭이도 나무에서 떨어진다'를 올바르게 적용한 친구에 ○표를 해 보세요.

세훈: '원숭이도 나무에서 떨어진다'라는 말처럼, 공자와 같이 지혜로운 사람도 때때로 실수를 할 수 있다는 교훈을 주는 이야기야.

[   ]

수아: '원숭이도 나무에서 떨어진다'라는 말처럼, 지혜로운 사람이 가르쳐 주는 내용을 마음에 잘 새겨 두라는 이야기야.

[   ]

진형: '원숭이도 나무에서 떨어진다'라는 말처럼, 늘 솔직하게 사람을 대하면 언젠가는 도움을 받게 된다는 이야기야.

[   ]

40회 | 어법·어휘편

1
단계

다음 중 '차림'과 가장 관련이 깊은 것에 ○표를 해 보세요.

| 똑똑함 | 입은 옷 | 가진 돈 |

[   ]   [   ]   [   ]

2
단계

비슷한 낱말끼리 선으로 이어 보세요.

[1] 소문난 •   • 가만히

[2] 잠자코 •   • 유명한

3
단계

다음 밑줄 친 부분을 맞춤법에 알맞게 고쳐 써 보세요.

[1] 구하지 못한 <u>죄첵감</u>에

→ ☐☐☐

[2] <u>잔득</u> 몰려왔습니다.

→ ☐☐

발명(없던 것을~) / 발견(원래 있던 것을~)

종수와 친구들은 〈이미테이션 게임〉이라는 영화를 함께 본 후 영화에 대해 이야기를 나눴습니다.

종수: 이 영화의 주인공인 앨런 튜링이 실제 있었던 사람이라던데 정말이야?

우석: 응, 영화 속에서 독일군의 암호를 해독해 낸 콜로서스 라는 기계를 만드는 데에 앨런 튜링이 큰 역할을 했대.

래연: 그 기계를 바탕으로 지금 우리가 쓰고 있는 컴퓨터를 만들어 낼 수 있었다고 들었어.

종수: 대단하다. 컴퓨터를 누가 { ① 발견 ② 발명 } 했는지 몰랐는데 이런 이야기가 숨어 있었다는 사실이 정말 놀라워.

↑ 앨런 튜링의 제안한 개념을 바탕으로 만들 어진 세계 최초의 컴퓨터인 콜로서스의 모습 (1943년 촬영)

'발명'과 '발견'은 비슷한 말처럼 보이지만 그 뜻은 전혀 다릅니다. '발명'은 '없던 기술이나 물건을 새로 만들어 냄'이라는 뜻이고, '발견'은 '알려지지 않은 사물이나 현상, 사실 따위를 찾아냄'라는 뜻입니다. 다시 말해 '발명'은 본래 없었던 기술이나 물건을 개발했다는 말이고, '발견'은 본래 있었으나 알려지지 않은 것들을 찾아냈다는 말입니다. 예를 들어 발명은 '전화기를 발명하다', '증기 기관을 발명하다' 등으로 쓸 수 있고, 발견은 '새로운 생물을 발견하다', '고대 유물을 발견하다' 등으로 쓸 수 있습니다.

> **발명:** 없던 기술이나 물건을 새로 만들어 냄. '전화기를 발명하다', '증기 기관을 발명 하다' 등.
>
> **발견:** 알려지지 않은 사물이나 현상, 사실 따위를 찾아냄. '신대륙을 발견하다', '고대 유물을 발견하다' 등.

✎ **바르게 고쳐 보세요.**   정답: 020쪽

종수: 대단하다. 컴퓨터를 누가 발견했는지 몰랐는데 이런 이야기가 숨어 있었다는 사실이 정말 놀라워.

→ **종수:** 대단하다. 컴퓨터를 누가 [　][　] 했는지 몰랐는데 이런 이야기가 숨어 있었다는 사실이 정말 놀라워.

이 책에 쓰인 사진 출처

회차	제목	출처	쪽수
03회	안시성 전투	전쟁기념관	10쪽
07회	현주일구	한국천문연구원	28쪽
18회	거중기	https://commons.wikimedia.org/wiki/	76쪽
24회	핀치 부리	https://commons.wikimedia.org/wiki/File:Darwin%27s_finches.png	108쪽
26회	실 잣는 여인들	https://commons..wikipedia.org/wiki/File:Velazquez-las_hilanderas.jpg	113쪽
26회	나르키소스	https://commons.wikimedia.org/wiki/File:Michelangelo_Caravaggio_065.jpg	113쪽
7주차 부록	장끼	https://commons.wikimedia.org/wiki/	154쪽
7주차 부록	까투리	https://commons.wikimedia.org/wiki/	154쪽
38회	모나리자	https://commons.wikimedia.org/wiki/	164쪽
38회	최후의 만찬	https://commons.wikimedia.org/wiki/ (이탈리아 산타 마리아 델레 그라치에 성당에서 소장)	165쪽
38회	천지창조	https://commons.wikimedia.org/wiki/ (바티칸 시스티나 경당에서 소장)	165쪽
38회	인체비례도	https://commons.wikimedia.org/wiki/ (원제: 비트루비우스적 인간)	165쪽

마더텅 학습 교재 이벤트에 참여해 주세요. 참여해 주신 모든 분께 선물을 드립니다.

이벤트 1 1분 간단 교재 사용 후기 이벤트

마더텅은 고객님의 소중한 의견을 반영하여 보다 좋은 책을 만들고자 합니다.
교재 구매 후, <교재 사용 후기 이벤트>에 참여해 주신 모든 분께는 감사의 마음을 담아
네이버페이 포인트 1천 원 을 보내 드립니다. 지금 바로 QR 코드를 스캔해 소중한 의견을 보내 주세요!

이벤트 2 마더텅 교재로 공부하는 인증샷 이벤트

인스타그램에 <마더텅 교재로 공부하는 인증샷>을 올려 주시면 참여해 주신 모든 분께 감사의 마음을 담아
네이버페이 포인트 2천 원 을 보내 드립니다. 지금 바로 QR 코드를 스캔해 작성한 게시물의 URL을 입력해 주세요!

필수 태그 #마더텅 #뿌리깊은초등국어 #공스타그램

이벤트 3 독해력 나무 기르기 이벤트

SNS 또는 커뮤니티에 완성한 <독해력 나무 기르기> 사진을 올려 주시면 참여해 주신 모든 분께 감사의 마음을 담아
네이버페이 포인트 1천 원 및 B 북포인트 2천 점 을 보내 드립니다.
지금 바로 QR 코드를 스캔해 작성한 게시물의 URL을 입력해 주세요!

SNS/커뮤니티 페이스북, 인스타그램, 블로그, 네이버/다음 카페 등
필수 태그 #마더텅 #뿌리깊은초등국어

B 북포인트란? 마더텅 인터넷 서점 http://book.toptutor.co.kr에서 교재 구매 시 현금처럼 사용할 수 있는 포인트입니다.
※자세한 사항은 해당 QR 코드를 스캔하거나 홈페이지 이벤트 공지글을 참고해 주세요. ※당사 사정에 따라 이벤트의 내용이나 상품이 변경될 수 있으며 변경 시 홈페이지에 공지합니다.
※만 14세 미만은 부모님께서 신청해 주셔야 합니다. ※상품은 이벤트 참여일로부터 2~3일(영업일 기준) 내에 발송됩니다.
※동일 교재로 세 가지 이벤트 모두 참여 가능합니다. (단, 같은 이벤트 중복 참여는 불가합니다.)
※이벤트 기간: 2025년 12월 31일까지 (*해당 이벤트는 당사 사정에 따라 조기 종료될 수 있습니다.)

뿌리깊은 국어 독해 시리즈

뿌리깊은 초등국어 독해력	뿌리깊은 초등국어 독해력 어휘편	뿌리깊은 초등국어 독해력 한자	뿌리깊은 초등국어 독해력 한국사
하루 15분으로 국어 독해력의 기틀을 다지는 초등국어 독해 기본 교재	국어 독해로 초등국어에서 반드시 익혀야 할 속담·관용어·한자성어를 공부하는 어휘력 교재	하루 10분으로 한자 급수 시험을 준비하고 초등국어 독해력에 필요한 어휘력의 기초를 세우는 교재	하루 15분의 국어 독해 공부로 초등 한국사의 기틀을 다지는 새로운 방식의 한국사 교재
• 각 단계 40회 구성 • 매회 어법·어휘편 수록 • 독해에 도움 되는 읽을거리 8회 • 배경지식 더하기·유형별 분석표 • 지문듣기 음성 서비스 제공 (시작~3단계)	• 각 단계 40회 구성 • 매회 어법·어휘편 수록 • 초등 어휘력에 도움 되는 주말부록 8회 • 지문듣기 음성 서비스 제공 (1~3단계)	• 각 단계 50회 구성 • 수록된 한자를 활용한 교과 단어 • 한자 획순 따라 쓰기 수록 • 한자 복습에 도움이 되는 다양한 주간활동	• 각 단계 40회 구성 • 매회 어법·어휘편 수록 • 한국사능력검정시험 대비 정리 노트 8회 • 지문듣기 음성 서비스 제공 • 한국사 연표와 암기 카드

시작단계 (예비 초등)

독해력 시작단계
• 한글 읽기를 할 수 있는 어린이를 위한 국어 독해 교재
• 예비 초등학생이 읽기에 알맞은 동요, 동시, 동화 및 짧은 지식 글 수록

1단계 (초등 1·2학년)

독해력 1단계
• 처음 초등국어 독해 공부를 시작하는 학생을 위한 재밌고 다양한 지문 수록

어휘편 1단계
• 어휘의 뜻과 쓰임을 쉽게 공부할 수 있는 이솝 우화와 전래 동화 수록
• 맞춤법 공부를 위한 받아쓰기 수록

한자 1단계
• 한자능력검정시험 (한국어문회) 8급 한자 50개

한국사 1단계 (선사 시대~삼국 시대)
• 한국사를 쉽고 재미있게 이해할 수 있는 다양한 유형의 지문 수록
• 당시 시대를 보여 주는 문학 작품 수록

2단계

독해력 2단계
• 교과 과정과 연계한 다양한 유형의 지문 수록
• 교과서 수록 작품 중심으로 선정한 지문 수록

어휘편 2단계
• 어휘의 쓰임과 예문을 효과적으로 공부할 수 있는 다양한 이야기 수록
• 맞춤법 공부를 위한 받아쓰기 수록

한자 2단계
• 한자능력검정시험 (한국어문회) 7급 2 한자 50개

한국사 2단계 (남북국 시대)
• 한국사능력시험 문제 유형 수록
• 초등 교과 어휘를 공부할 수 있는 어법·어휘편 수록

3단계 (초등 3·4학년)

독해력 3단계
• 초대장부터 안내문까지 다양한 유형의 지문 수록
• 교과서 중심으로 엄선한 시와 소설 수록

어휘편 3단계
• 어휘의 뜻과 쓰임을 다양하게 알아볼 수 있는 여러 가지 종류의 글 수록
• 어휘와 역사를 한 번에 공부할 수 있는 지문 수록

한자 3단계
• 한자능력검정시험 (한국어문회) 7급 한자 50개

한국사 3단계 (고려 시대)
• 신문 기사, TV드라마 줄거리, 광고 등 한국사 내용을 바탕으로 한 다양한 유형의 지문 수록

4단계

독해력 4단계
• 교과 과정과 연계한 다양한 유형의 지문 수록
• 독해에 도움 되는 한자어 수록

어휘편 4단계
• 공부하고자 하는 어휘가 쓰인 실제 문학 작품 수록
• 이야기부터 설명까지 다양한 종류의 글 수록

한자 4단계
• 한자능력검정시험 (한국어문회) 6급 한자를 세 권 분량으로 나눈 첫 번째 단계 50개 한자 수록

한국사 4단계 (조선 전기)(~임진왜란)
• 교과서 내용뿐 아니라 조선 전기의 한국사를 이해하는 데 알아 두면 좋은 다양한 역사 이야기 수록

5단계 (초등 5·6학년)

독해력 5단계
• 깊이와 시사성을 갖춘 지문 추가 수록
• 초등학생이 읽을 만한 인문 고전 작품 수록

어휘편 5단계
• 어휘의 다양한 쓰임새를 공부할 수 있는 다양한 소재의 글 수록
• 교과 과정과 연계된 내용 수록

한자 5단계
• 한자능력검정시험 (한국어문회) 6급 한자를 세 권 분량으로 나눈 두 번째 단계 50개 한자 수록

한국사 5단계 (조선 후기)(~강화도 조약)
• 한국사능력시험 문제 유형 수록
• 당시 시대를 보여 주는 문학 작품 수록

6단계

독해력 6단계
• 조금 더 심화된 내용의 지문 수록
• 수능에 출제된 작품 수록

어휘편 6단계
• 공부하고자 하는 어휘가 실제로 쓰인 문학 작품 수록
• 소설에서 시조까지 다양한 장르의 글 수록

한자 6단계
• 한자능력검정시험 (한국어문회) 6급 한자를 세 권 분량으로 나눈 세 번째 단계 50개 한자 수록

한국사 6단계 (대한 제국~대한민국)
• 한국사를 쉽고 재미있게 이해할 수 있는 다양한 유형의 지문 수록
• 초등 교과 어휘를 공부할 수 있는 어법·어휘편 수록

중학 (예비 중학~예비 고1)

뿌리깊은 중학국어 독해력
• 각 단계 30회 구성
• 독서 + 문학 + 어휘 학습을 한 권으로 완성
• 최신 경향을 반영한 수능 신유형 문제 수록
• 교과서 안팎의 다양한 글감 수록
• 수능 문학 갈래를 총망라한 다양한 작품 수록

1단계 (예비 중학~중1)
2단계 (중2~중3)
3단계 (중3~예비 고1)

※단계별로 권장 학년이 있지만 학생에 따라 느끼는 난이도는 다를 수 있습니다. 학생의 독해 실력에 맞는 단계를 공부하는 것이 좋습니다.
※<뿌리깊은 초등국어 한자>는 해당 학년을 참고하시기보다는 학생의 실력에 맞는 단계를 선택해 주세요. ※<뿌리깊은 초등국어 독해력 한국사>의 단계는 독해력 난이도가 아닌 시대 순서를 바탕으로 구성되었습니다.

1주차

01회 | 본문 002쪽

1주차

1 ①   2 힘, 끈기, 지혜
3 자신만만, 쥐, 더
4 공작새 - 인도, 멧돼지 - 일본, 고양이 - 태국
5 ⑤

어법·어휘편

[1단계]
[1] 전력   [2] 지상
[2단계]
[1] 대회 당일 - 대회가 있는 날
[2] 대회 전날 - 대회 하루 전
[3] 대회 이튿날 - 대회 다음날
[3단계]
[1] 자신만만   [2] 끈기

02회 | 본문 006쪽

1주차

1 ④   2 자존심, 꿈
3 가랑이, 못마땅
4 재윤에 O표   5 ②

어법·어휘편

[1단계]
[3]에 O표

[2단계]
[2]에 O표

[3단계]

		[2] 자
	[1] 한	신
[2] 중	심	

---

1. 쥐는 하늘 문이 보이기 전까지 소의 등에 몰래 숨어있었습니다.

2. 이야기의 내용을 정리하는 문제입니다. 소는 큰 '힘'과 지치지 않는 '끈기'를 가지고 있었기 때문에 하늘 문까지 가장 빠르게 달렸습니다. 하지만 '지혜'로운 쥐는 소의 등에 숨어있는 꾀를 써서 1등을 하였습니다.

3. 소는 뛰어난 힘과 끈기가 있기 때문에 뛰는 데 '자신만만'했습니다. 그러나 영리한 '쥐'는 자신의 힘을 들이지 않고도 소보다 '더' 빠르게 도착할 수 있었습니다. 따라서 '뛰는 놈'은 소를, '나는 놈'은 쥐를 말합니다.

4. 인도에서는 닭 대신 '공작새'를 십이지신에 포함시키고 있습니다. 일본에서는 돼지 대신 '멧돼지', 태국에서는 토끼 대신 '고양이'가 십이지신에 들어갑니다.

5. 우리나라 이야기에서는 힘이 세고 끈기 있는 소가 1등으로 달리고 있었으나, 꾀 많은 쥐가 등 뒤에 몰래 숨어 있다가 뛰어나와 하늘 문에 가장 먼저 도착하였습니다. 따라서 빈칸에 '소'가 들어가야 하겠지만, 베트남의 십이지신에는 소 대신 '물소'가 들어가므로, 정답은 물소가 됩니다.

어법·어휘편 해설

[1단계]

[1] 모든 힘을 뜻하는 '온 힘'은 '전력'으로 바꿔 쓸 수 있습니다.
[2] 육지를 의미하는 '땅 위'는 '지상'과 같은 말입니다.

[2단계]

'당일'은 일이 있는 바로 그날을 말합니다. '전날'은 당일보다 바로 앞 날, '이튿날'은 당일보다 하루 다음의 날입니다.

[3단계]

[1] 달리기에 매우 자신이 있으므로 '자신만만'입니다.
[2] 줄다리기가 힘들지만 포기하지 않고 해나가므로 '끈기'가 알맞습니다.

---

1. "내가 어찌 칼을 쓸 용기도 없이 칼을 차고 다녔겠나?"라는 말은 칼을 쓸 용기가 충분히 있다는 말과 같습니다. 따라서 한신이 칼을 쓸 용기가 없어 칼을 차고 다니지 않았다는 말은 적절하지 않습니다.

2. 사내는 한신에게 칼을 쓸 용기가 없는 '겁쟁이'라고 하였고, 한신이 사내의 가랑이 사이를 지나가는 모습을 보며 마을 사람들은 '자존심도 없다'고 말했습니다. 하지만 대장군이 된 한신은 살인범이 되면 '꿈'을 이룰 수 없기 때문에 치욕을 참은 것이라고 설명했습니다.

3. 평소에도 마음에 들지 않았던 한신이 사내의 '가랑이' 사이를 지나가자, 마을 사람들은 한심하다며 눈살을 찌푸립니다. 따라서 '눈살을 찌푸리다'라는 말은 '못마땅'하거나 보기 민망하여 찡그리는 모습을 말합니다.

4. 바로 뒤에 이어지는 문장을 보면, 개구리가 징그러워 입을 맞추기 싫었기 때문에 공주가 눈살을 찌푸렸다는 것을 알 수 있습니다.

5. 왕이 공주를 혼내자, 공주는 화가 나서 약속을 지키지 않고 개구리를 벽에 던져버렸습니다.

어법·어휘편 해설

[1단계]

'가랑이'는 바지에서 두 다리가 각각 들어가도록 갈라지는 부분을 말합니다.

[2단계]

'영영'은 '영원히'를 의미합니다. 금방 다시 돌아올 경우에는 '잠시, 잠깐' 등의 표현을 사용합니다.

[3단계]

가로[1] 이야기의 주인공입니다. 가로[2] 사물의 '한가운데'에 있을 만큼 중요한 것을 '중심'이라고 합니다. 세로[1] 행동이 모자라서 보기에 딱할 때 '한심'하다고 합니다. 세로[2] 앞서 말한 사람을 다시 가리키거나 할 수 있다고 믿을 때 '자신'이라고 표현합니다.

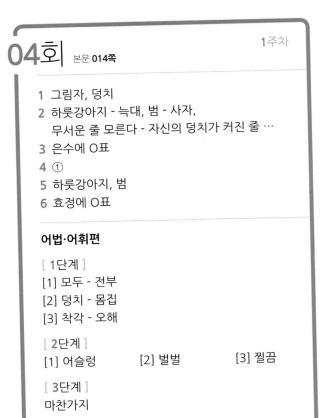

1 ③
2 [2]에 O표
3 백, 백
4 활빈당
5 ③
6 도영에 O표

어법·어휘편

[1단계]
[1] 공격　　　　[2] 방어

[2단계]
[1] 제안　　　　[2] 점령　　　　[3] 침략

[3단계]
[1] 충언　　　　[2] 유언

1. 높은 흙산을 쌓는 당나라 작전에도 끝내 전쟁에서 승리하는 양만춘에 대한 이야기입니다. 고구려가 이겼으므로 ①, ②, ④번은 답이 아니며, 양만춘이 죽지 않았으므로 ⑤번도 올바르지 않습니다.

2. 당나라 군대를 본 양만춘은 겁먹지 않고 "고구려는 당나라에 지지 않는다!"라고 외쳤습니다. 또한 당나라 군대는 쌀이 아닌 비단 백 필을 남기고 돌아갔습니다.

3. '백전백승'의 '백'은 모두 100을 뜻하는 百(일백 백)과 이어지는 글자로, '여러 번, 항상'을 의미합니다.

4. 홍길동은 도둑들을 설득하여 '활빈당'이라는 조직을 만들었습니다.

5. 홍길동을 이긴 사람이 하나도 없었다는 말입니다. '아무도'는 '못하다'와 함께 묶여서, '한 명도 없었다'라는 뜻으로 쓰입니다. 여기서 '아무'는 '꼭 집어 정해지지 않은 사람'입니다.

6. '백전백승'은 여러 번 싸워서 모두 이긴다는 뜻입니다. 누구와도 싸우지 않은 승희의 경우는 '백전백승'하지 않았으며, 따라서 천하무적도 아닙니다.

어법·어휘편 해설

[1단계]
상대방을 먼저 나서서 치는 것이 '공격'이고, 상대방의 공격을 막는 것이 '방어'입니다.

[2단계]
[1] 의견을 낼 때는 '제안'한다고 합니다.
[2] 어떠한 장소를 차지할 때 '점령'한다고 합니다.
[3] 다른 나라가 쳐들어오는 것은 '침략'입니다.

[3단계]
[1] 신하가 윗사람인 임금에게 드리는 말씀이므로 '충언'입니다.
[2] 할아버지께서 돌아가시기 전 남기신 말씀이므로 '유언'입니다.

---

1 그림자, 덩치
2 하룻강아지 - 늑대, 범 - 사자,
　무서운 줄 모른다 - 자신의 덩치가 커진 줄 …
3 은수에 O표
4 ①
5 하룻강아지, 범
6 효정에 O표

어법·어휘편

[1단계]
[1] 모두 - 전부
[2] 덩치 - 몸집
[3] 착각 - 오해

[2단계]
[1] 어슬렁　　　　[2] 벌벌　　　　[3] 찔끔

[3단계]
마찬가지

1. 노을이 지면서 늑대의 그림자가 길게 늘어지자, 늑대는 그림자만큼 덩치가 실제로 커졌다고 믿게 되었습니다.

2. 이 속담은 방금 태어난 조그만 '하룻강아지'는 아직 세상에 대해 잘 모르기 때문에, 크고 강한 '범'이 '무서운 동물인 줄 모르고' 덤빈다는 뜻입니다. 이야기에서는 그림자가 길어진 '늑대'가 덩치 큰 '사자'를 몰라보고 '함부로 큰 소리로 외치는 모습'을 빗대고 있습니다.

3. 전학을 왔기 때문에 학교의 상황을 잘 몰라서 무모한 영수는 '하룻강아지'와 같고, 팔씨름을 제일 잘하는 진희는 '범'과 같습니다.

4. 사마귀는 자신의 앞다리가 세상에서 가장 강하다고 믿기 때문에 임금님의 수레를 막아서 보려고 했지만, 수레가 너무 컸기 때문에 막을 수 없었습니다.

5. 자신보다 훨씬 강한 상대방에게 무모하게 싸움을 거는 모습을 보고, '하룻강아지 범 무서운 줄 모른다'라는 속담을 씁니다.

6. 범에게 질 것이 분명한데도 대드는 하룻강아지의 무모함을 지적하는 속담입니다. 이처럼 함부로 행동하지 말고 신중히 생각하라고 타이르는 것은 효정입니다.

어법·어휘편 해설

[1단계]
[1] 남김없이 다
[2] 몸의 크기
[3] 실제와 다르게 아는 것을 뜻하는 같은 말입니다.

[2단계]
[1] 천천히 계속 돌아다니는 모양
[2] 몸을 몹시 떨고 있는 모습
[3] 액체가 조금 새어나오는 모양을 흉내 내는 말입니다.

[3단계]
상황이나 모양, 기분 따위가 서로 똑같을 때 '마찬가지'라고 합니다.

05회 본문 018쪽

1 깜짝 놀라 도망을 쳤다, 방망이, 장롱 문을 열고 농부를 혼냈다
2 ④
3 장롱, 농부, 뻔뻔
4 두 번째 칸에 O표
5 ⑤   6 ③

어법·어휘편

[1단계]
[1] 뚝딱   [2] 벌컥

[2단계]
스승님에 O표

[3단계]
낯설다 - 전에 본 기억이 없어 익숙하지 않다.
낯익다 - 여러 번 보아서 친하고 익숙한 …

---

1. 도깨비들은 뚝 소리가 나자 집이 무너지는 소리인 줄 알고는 깜짝 놀라 도망을 쳤고, 나무꾼은 방 안에 놓여있던 방망이를 챙겨와 부자가 되었습니다. 이웃 마을 농부가 와 다시 뚝 소리를 내자, 도깨비는 방망이를 훔쳐간 사람이라고 오해하고 혼쭐을 냈습니다.

2. 도깨비들은 낡은 집이 무너지려는 소리인 줄 알고, 기둥 어디가 부러진 것 같다며 도망쳤습니다.

3. 지난번에 나무꾼이 방망이를 훔쳐가서 부자가 되었는데, 또다시 훔치러 온 것으로 오해하여 도깨비들은 뻔뻔하다고 생각했습니다. '낯이 두껍다'는 말은 '뻔뻔하다'는 뜻입니다.

4. 할머니가 어쩔 수 없이 떡을 내주고 떡이 얼마 남지 않자 벌벌 떠는 것으로 보아, 호랑이가 억지로 빼앗고 있는 것으로 볼 수 있습니다. 착한 의도로 한 일이 아니므로 첫 번째 생각은 올바르지 않습니다.

5. 바로 앞 문장을 보면, 호랑이가 계속해서 나타나 떡을 달라고 했기 때문에 '낯이 두껍다'고 했다는 것을 알 수 있습니다.

6. '낯 두꺼운'은 '뻔뻔한'과 같은 의미입니다. 부끄러운 일을 하고도 태연하게 칭찬 스티커를 달라고 말하는 찬수가 가장 뻔뻔한 행동을 하고 있습니다.

어법·어휘편 해설
[1단계]
[1] 단단한 물건을 가볍게 두드리는 소리
[2] 닫혔던 것을 갑자기 세게 여는 소리를 흉내 내는 말입니다.
[2단계]
소굴은 바람직하지 않은 무리가 모이는 곳입니다.
[3단계]
얼굴을 보지 않아 익숙하지 않다는 뜻의 '낯설다'와 얼굴을 자주 보아 익숙하다는 뜻의 '낯익다'는 반대말입니다.

1주차 주말부록 정답 본문 022쪽

[1] 4   [2] 닭

2주차

06회 본문 024쪽

1 첫 번째 칸에 O표
2 첫 번째 칸에 O표
3 ①
4 지민에 O표
5 세미에 O표
6 시시비비

어법·어휘편

[1단계]
해결

[2단계]
좋, 뜻

[3단계]

[1] 솔	방	[2] 울
로		음
몬		

---

1. 진짜 어머니는 아이가 다치는 걸 원하지 않기 때문에 울음을 터트리며 "아이를 반으로 나누지 말아주세요!"라고 말했습니다.

2. 아이를 반으로 가르면 죽임는데, 어머니는 아이가 죽는 것을 원하지 않습니다. 따라서 솔로몬 왕은 아이를 반으로 가르기를 원하지 않는 사람이 진짜 어머니라는 결론을 내렸습니다.

3. 솔로몬 왕은 두 여인 중에 누구의 말이 '옳고' 누구의 말이 '잘못되었는지'를 따지고 해결합니다. 따라서 '시시비비'는 '옳고 그름'을 의미합니다.

4. 솔로몬 왕이 지혜로웠기 때문에, 진짜 어머니를 찾고 아이도 죽지 않을 수 있었습니다. 시시비비를 정확하게 가리기 위해서는 이와 같은 현명함이 필요합니다.

5. 수애는 선의의 거짓말이라 하더라도 하지 말아야 한다고 주장하고 있으므로, 세미와 생각이 같습니다.

6. 옳은 것은 옳다, 옳지 않은 것은 옳지 않다고 하는 것을 '시시비비를 가린다'고 말합니다.

어법·어휘편 해설

[1단계]
해결(解決)은 문제를 풀고(解) 결정을 내린다는(決) 한자말입니다.
[2단계]
한자의 뜻 그대로 '좋은 뜻'을 의미합니다.
[3단계]
가로[1] 소나무의 줄임말인 '솔'과 열매 모양인 '방울'을 합해 '솔방울'이라고 합니다. 세로[1] 이야기의 주인공입니다. 세로[2] 사람이나 동물이 울거나 그러는 소리를 '울음'이라고 합니다.

07회 본문 028쪽

1 '그래도 나는 발명을 할 거야. …'
2 '수차'에 O표
3 노비, 신분, 발명
4 ③
5 ⑤
6 [1]에 O표

어법·어휘편

[1단계]
[1] 가뭄　　　　[2] 시름　　　　[3] 좌절

[2단계]
[1] ②　　　　　[2] ②

[3단계]
④

08회 본문 032쪽

1 데메테르 - 땅의 신, 하데스 - 저승의 신,
　제우스 - 모든 신들 중 으뜸
2 몰래 데려갔다, 그만두었다, 손을 놓자
3 세헌에 O표
4 ②
5 ①
6 첫 번째 칸에 O표

어법·어휘편

[1단계]
[1] 합류　　　　[2] 확신　　　　[3] 납치

[2단계]
[1] 천눈　　　　[2] 민는

[3단계]
연설

---

1. 장영실은 낮은 신분과 사람들의 말에 아랑곳하지 않고, 노력하다 보면 언젠가 하고 싶은 것을 자유롭게 하며 살 수 있을 것이라 생각했습니다.

2. 장영실이 개발한 '수차'는 물이 지나가는 길을 통해 농사를 짓는 곳으로 물을 공급하는 장치입니다. 물을 이동시키는 물건을 고르면 됩니다.

3. '쥐구멍'은 어렵고 부족한 형편을, '볕 들 날'은 소망을 이루는 것을 말합니다. 장영실에게 '쥐구멍'은 자유롭지 못했던 '노비라는 신분'이었고, '볕 들 날'은 '꿈을 이뤄 발명을 마음껏 하는 것'이라고 할 수 있습니다.

4. 조앤은 카페에서 커피를 판 것이 아니라, 카페에 자리를 잡고 글을 썼습니다.

5. '문득'은 생각이 '갑자기' 떠오르는 모양입니다.

6. 힘들고 어려운 '쥐구멍'을 버티고 노력하여 밝고 즐거운 '볕 들 날'이 온 것이므로, '고진감래'와 바꿔 쓸 수 있습니다.

어법·어휘편 해설

[1단계]
[1] 계속 비가 내리지 않는 '가뭄'이 들면 과일들이 잘 자라지 못합니다.
[2] '시름'은 걱정, 고민과 비슷한 말로 노래를 부르며 시름을 이겨냈다는 뜻입니다.
[3] '좌절'은 의욕이나 기세가 꺾이는 것을 말합니다.

[2단계]
[1] 참견, 관심을 두지 않을 때 아랑곳하지 않는다고 표현합니다.
[2] 건조함과 메마름 모두 물기가 없는 상태를 말합니다.

[3단계]
'들다'에는 ①아래에 있는 것을 올리다, ②어떤 일이나 기상현상이 일어나다, ③안으로 들어오다 등의 여러 가지 의미가 있습니다.

---

1. 데메테르는 땅을 다스리는 '땅의 신'이며, 하데스는 저승에 사는 '저승의 신'입니다. 제우스는 '모든 신들 중 으뜸'이기 때문에 하데스에게 페르세포네를 풀어주라고 명령합니다.

2. 하데스가 페르세포네를 몰래 저승으로 데려가서 슬픔에 빠진 데메테르가 땅을 다스리는 일을 그만두자, 땅이 메마르게 되었습니다. '그만두다'와 '손을 놓다'는 같은 뜻으로 쓰입니다.

3. '손을 놓다'는 '하던 일을 그만두거나 멈춘다'는 뜻이므로, 반장이 자기 일을 하지 않는 경우 등에 씁니다. 가은이는 '손이 맞아서', 희경이는 '손이 매워서'로 바꿔서 말해야 합니다.

4. 다른 방법이 없어서 일을 관두어야 할 때, '어쩔 수 없다' 또는 '하는 수 없다'라고 합니다.

5. 희망이 없다고 생각하여 포기하고 싶었다는 내용입니다. 즉, 방탄소년단을 그만두려고 했다는 뜻입니다.

6. 사람들이 자신을 잘 알아주지 않았고 오히려 희망도 없다고 했기 때문에, 방탄소년단을 관둘 생각을 했습니다. 그러나 끝내 포기하지 않았기 때문에 기회가 찾아와 지금의 방탄소년단이 된 것입니다. 상대방을 격려하자는 내용은 지문에 나와 있지 않습니다.

어법·어휘편 해설

[1단계]
'합류'는 다른 사람이나 무리가 하나로 합치는 것, '확신'은 굳게 믿음, '납치'는 강제로 데려가는 것을 말합니다.

[2단계]
앞소리의 받침이 [ㄴ]으로 바뀌어 [천눈], [민는]으로 발음됩니다.

[3단계]
여러 사람 앞에서 자기의 의견을 말하는 것을 '연설'이라고 합니다.

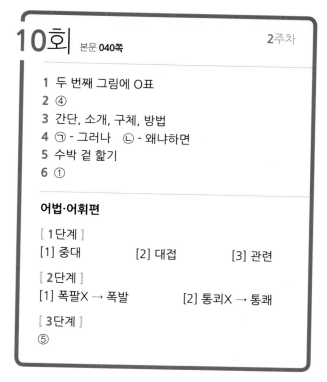

09회 본문 036쪽

1 석류
2 저승, 슬픔, 겨울
3 첫 번째 칸에 O표
4 ④
5 ⑤

어법·어휘편

[1단계]
④

[2단계]
①

[3단계]
④

---

1. 하데스와 데메테르의 대화로 보아 페르세포네가 먹은 음식이 '석류 한 알'이라는 것을 알 수 있습니다. 또한 저승의 음식을 먹으면 저승에서 완전히 떠날 수 없다는 것은 제우스의 말을 보면 알 수 있습니다.

2. '엄동설한'이 오게 된 까닭을 정리하는 문제입니다. 페르세포네가 저승의 음식을 먹었기 때문에 1년 중에 세 달은 어쩔 수 없이 '저승'에 가야 했고, 어머니 데메테르는 그동안 '슬픔'에 빠져 땅을 다스리지 않았기 때문에 땅에는 추운 '겨울'이 오게 되었습니다.

3. '엄동설한'은 매섭게 춥고 눈이 오는 겨울의 날씨를 말합니다. 눈이 오는 겨울 모습을 고르면 됩니다.

4. '엄동설한'은 우리나라의 겨울 중에서도 가장 추운 절기인 '소한'에 볼 수 있는 날씨입니다.

5. 우리나라는 사계절에 각각 6가지씩 24개의 절기를 가지고 있습니다. '처서'는 더위가 그친다는 말로, '처서' 이후로 우리나라는 점점 선선해지기 때문에 동완이의 설명은 올바르지 않습니다.

어법·어휘편 해설

[1단계]
'아프다'는 신체 감각과 관련 있는 낱말입니다.

[2단계]
'入'은 '들어가다'에 해당하는 한자말로, '입장'은 '입장'은 어떤 장소로 들어가는 것을 말하며, '입학'은 학교를 다니게 되는 것을 말합니다.

[3단계]
'계절 - 겨울'은 계절 안에 겨울이 포함되는 '상의어 - 하의어' 관계의 낱말입니다. 식물과 여름은 딱히 관계가 없습니다.

10회 본문 040쪽

1 두 번째 그림에 O표
2 ④
3 간단, 소개, 구체, 방법
4 ㉠ - 그러나   ㉡ - 왜냐하면
5 수박 겉 핥기
6 ①

어법·어휘편

[1단계]
[1] 중대   [2] 대접   [3] 관련

[2단계]
[1] 폭팔X → 폭발   [2] 통쾌X → 통쾌

[3단계]
⑤

---

1. 첫 문단을 보면 '화포'는 '철로 된 긴 원통에 화약을 넣고 돌덩이를 멀리 쏘는 대포와 비슷한 무기'라고 설명되어 있습니다. 그림은 순서대로 총, 화포, 활입니다.

2. 중국에서 건너온 화약과 관련된 책들에는 중요한 내용들은 하나도 들어 있지 않았기 때문에 베낄 수가 없었습니다. 최무선은 직접 위험한 실험들을 반복하며 화약을 연구했습니다.

3. 화약 만들기를 수박에 빗대어 설명하는 문제입니다. 수박에서 중요한 부분은 속에 있는 과육입니다. 중국에서 건너온 책들에는 '겉'만 핥듯이 화약을 '간단하게 소개'하는 내용만 적혀있었습니다. 반면에 중요한 '속' 내용인 화약을 만드는 '구체적인 방법'은 모두 빠져 있었습니다.

4. 최무선은 책을 모두 읽었지만, 내용이 '수박 겉 핥기' 식이라서 아무 도움이 되지 않았습니다. ㉠의 앞뒤 두 문장의 내용이 반대이므로 '그러나'로 이어주어야 합니다. 또한 책이 '수박 겉 핥기' 식인 이유는 중국에서 내용을 비밀로 했기 때문입니다. ㉡의 뒷 문장이 까닭을 설명하고 있으므로 '왜냐하면'으로 이어야 합니다.

5. '감을 잡을 수 있었다'라고 말한 것으로 보아, 정확하고 구체적인 방법은 들어있지 않아 '수박 겉 핥기' 식이었다는 것을 알 수 있습니다.

6. 일기에는 글쓴이의 생각과 감정이 잘 드러나 있습니다.

어법·어휘편 해설

[1단계]
[1] '중요하고 큼', [2] '예의 있게 대함', [3] '관계가 있음'과 같은 뜻을 가진 말이 각각 들어가야 합니다.

[2단계]
[1] 갑작스럽게 터질 때는 '폭발'이 올바른 표현입니다.
[2] 즐겁고 시원할 때 '통쾌'하다고 표현합니다.

[3단계]
'잦다 - 드물다'는 의미가 서로 반대되는 '반의어' 관계의 낱말입니다. '좋다'과 '같다'는 관계가 없습니다.

11회　본문 046쪽　

1 헐값, 불태우려, 훨씬 비싼 값
2 ⑤
3 ③
4 페넬로페, 오디세우스
5 첫 번째 칸에 O표

어법·어휘편

[1단계]
[1] 제값 - 물건의 가치에 맞는 값
[2] 헐값 - 물건의 원래 가격보다 훨씬 싼 값

[2단계]
첫 번째 칸에 O표

[3단계]
바짝바짝

---

1. 처음에 중국 상인들은 서로 미리 짜고서 임상옥에게 인삼을 헐값에 팔라며 으름장을 놓았습니다. 그러나 예상과 다르게 임상옥이 팔지 못한 인삼들을 모두 불태우려 하자, 중국 상인들은 인삼을 아예 사지 못할 것이 걱정되어 원래보다도 훨씬 비싼 값에 사겠다고 하였습니다.

2. '속이 타다'라는 말은 어떠한 걱정 때문에 불안하고 답답하여 속이 불타는 것과 같다는 뜻입니다.

3. 조선의 인삼은 몇 년에 한 번씩만 오는 귀한 물건이기 때문에 지금 사지 못하면 앞으로 몇 년 동안 구할 수가 없었습니다. 그래서 불타는 인삼을 보며 중국 상인들의 속도 함께 타들어간 것입니다.

4. 남편을 기다리다가 어쩔 수 없이 내기를 건 '페넬로페'와, 전쟁에서 겨우 돌아와 아내를 구한 '오디세우스' 부부가 이야기의 주인공입니다.

5. 페넬로페는 사람들이 결혼을 강요하고 있는 와중에 그리운 남편의 소식을 알 길이 없자 답답하고 안타까워 속이 탔습니다.

어법·어휘편 해설

[1단계]
[1] '제값'은 제대로 된 값, 맞는 값을 말합니다.
[2] '헐값'은 원래보다 훨씬 내린 값, 싼 값을 말합니다.

[2단계]
말이나 행동으로 위협하고 겁을 줄 때 '으름장을 놓는다'고 합니다. 첫 번째는 협박하고 있고, 두 번째는 부탁하고 있습니다.

[3단계]
'바짝바짝'은 물기가 말라 타 버리는 모양을 흉내 내는 말로, '속이 타다'의 느낌을 더욱 생생하게 강조할 수 있습니다.

12회　본문 050쪽　

1 노비, 10
2 노비, 상인
3 첫 번째 칸에 O표
4 첫 번째 칸에 O표
5 자수성가
6 세 번째 칸에 O표

어법·어휘편

[1단계]
[1] 노비 - 남의 집에 딸려 천한 일을 하던 사람들
[2] 흉년 - 농작물이 평소에 비해 무척 적게 나오는 해
[3] 빚 - 남에게 갚아야 할 돈이나 은혜

[2단계]
지다, 갚다

[3단계]
[3]에 O표

---

1. 여인은 흉년이 들어 빚을 갚을 길이 없자 노비로 팔려가고 있었습니다. 이 모습을 보고 임상옥이 빚을 갚아 주었는데, 10년 뒤 이 여인의 남편인 중국의 큰 부자가 임상옥에게 아내 대신 은혜를 갚았습니다.

2. 임상옥은 빚 때문에 '노비'가 되었습니다. 하지만 스승이 그의 재능을 알아본 대로 임상옥은 장사에 뛰어난 재능이 있었고, 중국 상인들의 꾀에 빠지지 않고 인삼을 비싸게 파는 등 장사로 성공하여 조선 최고의 '상인'으로 인정받았습니다.

3. '자수성가'는 어려운 상황에서도 자신의 힘으로 성공하는 일을 말합니다. 임상옥은 아무 재산도 없는 노비였지만, 영리하게 장사를 잘하여 스스로 최고의 상인이 되었기 때문에 자수성가했다고 할 수 있습니다. 임상옥이 따뜻한 마음씨를 가진 것은 사실이지만, 자수성가와는 상관이 없습니다.

4. 그림에서 광고하고 있는 것은 조선 최고의 상인이 된 임상옥의 업적과 삶을 담고 있는 책입니다.

5. '혼자 힘으로' 최고의 상인이 되었다는 말로 보아 '자수성가'한 인물이라는 설명이 가장 적절합니다.

6. '자수성가'는 자기 힘으로 재산을 모아 성공하는 일을 말하므로 사업이나 재산을 물려받은 사람과는 어울리지 않습니다.

어법·어휘편 해설

[1단계]
남의 집에 딸려 천한 일을 하던 사람들을 '노비', 농작물이 평소에 비해 무척 적게 나오는 해를 '흉년', 남에게 갚아야 할 돈이나 은혜를 '빚'이라고 합니다.

[2단계]
돈을 빌려 갚을 것이 생길 때 '빚을 진다'고 하며, 빚을 돌려줄 때 '빚을 갚는다'고 합니다.

[3단계]
'베풀다'는 남을 도와 은혜나 혜택을 받게 한다는 말로, '꾸중'처럼 부정적인 낱말과 함께 쓰이지 않습니다.

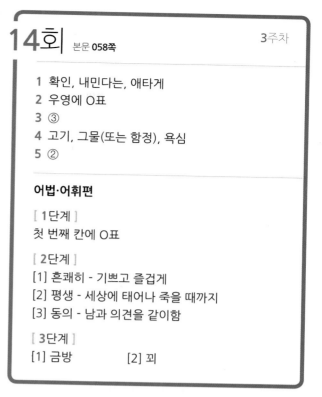

13회 본문 054쪽

1 우형에 O표
2 ③
3 ①
4 숲, 씨, 호기심, 모양
5 ⑤

어법·어휘편

[1단계]
항해, 육지, 전설

[2단계]
[1] ① [2] ②

[3단계]
[1] 원인 [2] 결과

1. 사람들은 물고기 배에 찍힌 이상한 자국을 보고, 커다란 빨판을 가지고 있는 괴물 '크라켄'의 흔적일 것이라고 생각하였습니다. 실제로 어부가 잡은 대왕 오징어의 빨판이 물고기 배의 자국과 똑같이 생겼으므로, 소문이 날 만한 원인이 있었던 셈입니다.

2. 불을 땠기 때문에 굴뚝에서 연기가 올라오는 것이라는 말로, 원인이 있기 때문에 결과도 있다는 뜻입니다.

3. 어부는 처음에 크라켄에 대한 소문을 믿지 않았지만, 자신이 잡은 대왕 오징어의 빨판이 물고기 배에 있던 자국과 똑같다는 것을 확인하자 "이 녀석을 보고 괴물 크라켄이라 한 모양이구나."라고 말했습니다.

4. 메스트랄은 '숲'에서 길을 헤매다가 겨우 빠져나왔을 때, 옷에 묻은 '엉겅퀴 씨'가 잘 떨어지지 않자 궁금하게 여겼습니다. 남들은 세탁을 하고 말았을 테지만, '호기심' 많은 메스트랄은 확대경으로 관찰하여 엉겅퀴 씨가 '갈고리 모양'이라는 것을 확인하고 벨크로 테이프를 만들었습니다.

5. "분명 잘 떨어지지 않는 이유가 있을 거야."라고 말한 것으로 볼 때, '모든 일에는 까닭이나 원인이 있다'는 뜻을 가진 속담이 들어가야 합니다.

어법·어휘편 해설

[1단계]
배를 타고 바다로 나가는 것을 '항해', 물이 없는 마른 땅을 '육지', 전해 내려오는 신비한 이야기를 '전설'이라고 합니다.

[2단계]
[1] 물건이 제법 무거울 때 '묵직하다'고 합니다.
[2] '호기심'은 신기해 하는 마음을 말합니다.

[3단계]
[1] 학교에 지각하게 된 까닭이므로 '원인'입니다.
[2] 밥을 많이 먹었기 때문에 생긴 '결과'입니다.

14회 본문 058쪽

1 확인, 내민다는, 애타게
2 우영에 O표
3 ③
4 고기, 그물(또는 함정), 욕심
5 ②

어법·어휘편

[1단계]
첫 번째 칸에 O표

[2단계]
[1] 흔쾌히 - 기쁘고 즐겁게
[2] 평생 - 세상에 태어나 죽을 때까지
[3] 동의 - 남과 의견을 같이함

[3단계]
[1] 금방 [2] 꾀

1. 아틀라스가 오고 있는지 보기 위해 헤라클레스가 고개를 앞으로 내밀고 간절하게 기다린 것처럼, '목이 빠지게 기다리다'라는 말은 사람이 오는지 확인하기 위해 고개를 내밀고 애타게 기다린다는 뜻입니다.

2. 헤라클레스는 아틀라스가 황금 사과를 따다 주겠다는 말을 믿고 기다렸지만, 아틀라스는 헤라클레스가 계속 하늘을 떠받치고 있게 하고는 가버리려고 했습니다. 하지만 헤라클레스는 꾀를 발휘해 잠시 준비 운동만 하겠다고 하고는 황금 사과를 챙겨 떠나 버렸습니다.

3. 헤라클레스가 준비 운동만 하고는 앞으로 평생 하늘을 들고 있겠다고 하자, 아틀라스는 달콤한 말에 깜빡 속아 잠시만이라고 생각하고 대신 들어주었던 것입니다.

4. 사자는 여우에게 물고 있던 '고기'를 내놓으라고 했습니다. 그러다가 오히려 여우의 꾀에 넘어가 고기 더미를 보고 '욕심'을 부리다가 사냥꾼들이 파놓은 '그물'에 걸리게 되었습니다.

5. 사자는 그물에 걸려 옴짝달싹 못하는 신세가 되었기 때문에 여우가 도와주기를 애타게 기다렸을 것입니다.

어법·어휘편 해설

[1단계]
'떠받치다'는 밑에서 받치며 버틴다는 뜻입니다.

[2단계]
각각 사전에 실린 뜻에 맞게 이어줍니다.

[3단계]
[1] '곧, 일찍, 금방'은 '바로 조금 뒤'를 뜻하는 같은 말입니다.
[2] 일을 잘 해결하기 위해 생각하거나 꾸며낸 방법을 '꾀'라고 합니다.

15회 본문 062쪽

1 박수, 주인
2 ③
3 산 산 - 산과, 바다 해 - 바다의,
진귀할 진 - 귀한, 맛 미 - 음식들
4 첫 번째 그림에 O표
5 ⑤

어법·어휘편

[1단계]
[1] ①   [2] ①

[2단계]
'걸레, 가위, 망치'에 O표

[3단계]
주막

16회 본문 068쪽

1 세 번째 칸에 O표
2 ①
3 은주에 O표
4 ④
5 ③
6 ⑤

어법·어휘편

[1단계]
[1] 출력   [2] 평생   [3] 탄성

[2단계]
[1] ①   [2] ①

[3단계]
②

1. 도깨비가 나그네에게 보물을 주면서 하는 말을 살펴보면, 보물들이 어떤 요술을 부릴 수 있는지 알 수 있습니다. 보자기는 '박수'를 치면 온갖 맛있는 음식들이 나오는 보물이고, 방망이는 누가 훔치려고 하면 '주인'이 멈추라고 할 때까지 도둑을 때려주는 보물입니다.

2. 주막 주인은 나그네가 어제 요술 보자기를 가지고 있는 것을 보았기 때문에, 방망이도 '요술 방망이겠거니'라고 생각하고 밤에 몰래 방망이를 훔쳤습니다.

3. '산해진미'는 한자의 순서 그대로 '산과 바다에서 나온 귀한 음식들'을 뜻하는 사자성어입니다.

4. 온갖 산해진미가 차려져 있다고 하였으므로, 산과 바다에서 나는 다양한 재료들로 잔뜩 차린 맛있는 음식들의 그림을 고르면 됩니다.

5. 용왕님은 토끼를 보고 '저런 특이한 생물의 간을 먹으면 정말로 병이 나을 것도 같다'고 생각했습니다. 따라서 자라는 용왕님의 병을 낫게 하기 위해 토끼를 꾀어 데려왔을 것이라고 추측할 수 있습니다.

어법·어휘편 해설

[1단계]
[1] '귀한' 것은 흔하지 않아 소중하고 값진 것을 말합니다.
[2] '특이한' 것은 보통에 비해 훨씬 다르거나 뛰어난 것을 말합니다.

[2단계]
'-질'은 도구나 물건 뒤에만 붙을 수 있습니다.

[3단계]
옛날에는 '주막'에서 밥과 술을 팔거나 돈을 받고 나그네를 재워주었습니다.

1. 1930년 2월, 톰보는 명왕성을 발견했습니다. 명왕성은 많은 사람들이 찾고자 했던 별이며, 로웰천문대를 세운 '퍼시벌 로웰'이 평생 찾아 헤매던 별이기도 합니다.

2. 클라이드 톰보는 대학을 포기하고 일을 하여 더 좋은 망원경을 장만했습니다. 대학을 가지 않았기 때문에 ①번은 알맞지 않습니다.

3. '우물을 파도 한 우물을 파라'는 속담은 하나의 일을 집중해서 끝까지 해야 성공할 수 있다는 뜻입니다. 은주는 피아노, 태권도, 서예, 노래 등 여러 가지 일을 잠깐씩만 해보고 관뒀기 때문에 정말로 잘하는 것이 무엇인지 찾지 못하고 있습니다.

4. '관찰'은 마음에 둔 어떤 것을 주의하여 계속 자세히 살펴보는 것을 말합니다.

5. 파브르는 나이가 들어서도 곤충 연구를 멈추지 않았습니다.

6. 파브르는 어릴 적부터 나이가 들어서까지 '곤충'이라는 한 우물만 팠습니다. 그래서 '곤충학의 아버지'라는 별명도 갖게 되었습니다.

어법·어휘편 해설

[1단계]
[1] '출력'은 컴퓨터에 입력한 글이나 사진을 인쇄하는 것을 말합니다.
[2] 기회가 잘 오지 않을 때 '평생'에 한 번 올까 말까 하다고 표현합니다.
[3] 몹시 감탄할 때 나는 소리는 '탄성'입니다.

[2단계]
'희미하다'는 정확히 보이지 않을 때, '장만하다'는 사거나 만들어서 갖출 때 쓰이는 말입니다.

[3단계]
16세기는 1501부터 1600년까지를 말합니다. 보기 중 이 사이에 해당하는 년도는 ②번입니다.

3주차 주말부록 정답   본문 066쪽

① 받쳐 / 받쳐

17회 | 본문 072쪽

1 ②
2 고통을 잘 참는다, 용맹하다
3 ①
4 ②
5 힘을 조금 들이고
6 첫 번째 칸에 O표

어법·어휘편

[1단계]
[1] 의형제를 - 맺다.
[2] 고통이 - 따르다.
[3] 시간이 - 걸리다.

[2단계]
[1] 감탄   [2] 장군   [3] 신음

[3단계]
④

1. 관우는 수술을 하는 동안 꼿꼿이 앉아 부하와 바둑을 두었습니다.

2. 관우는 수술 때문에 고통이 무시무시한데도 신음소리조차 내지 않을 만큼 고통을 잘 참는 사람이었습니다. 게다가 부하와 바둑까지 두었고, 전쟁에서도 가장 앞에 서서 군사들을 이끌 정도로 용맹했습니다.

3. 부하는 관우가 수술을 맨정신으로 받으며 고통을 참는 것만으로도 힘들 것이라고 생각했는데, 관우는 오히려 늠름하게 바둑을 두는 여유까지 보여주었기 때문입니다.

4. 이미 한 숟가락을 먹어놓고도 남보다 한 번 더 먹는다는 좋지 않은 뜻이었지만, 이미 어지간히 대단한데 거기서 조금 더 나아간다는 긍정적인 뜻으로도 쓰입니다.

5. '한술'은 '조그만 양'을 말하므로, '한술 밥에 배부르랴'는 조금 먹으면 배부르지 않다는 뜻입니다. 다시 말해, 힘을 조금 들여서는 효과도 클 수 없다는 속담입니다.

6. 추운 날씨에 겉옷만 벗는 것도 대단한데, 더 나아가 반팔을 입자고 한 지우가 '한술 더 뜬' 경우입니다.

어법·어휘편 해설

[1단계]
관계를 만들 때 '맺다', 고통이 함께 올 때 '따르다', 시간이 들 때 '걸리다'라고 말합니다.

[2단계]
감동하여 찬탄하는 것은 '감탄', 군사를 이끄는 사람은 '장군', 앓는 소리를 내는 것은 '신음'이라고 합니다.

[3단계]
연주나 전투를 할 때, 다른 사람들이 따라오도록 앞에서 이끄는 것을 다른 말로 '지휘한다'고 표현합니다.

18회 | 본문 076쪽

1 첫 번째 칸에 O표
2 왼쪽 아래 일꾼에게 X표
3 위 대답에 O표
4 제사, 과일
5 ①
6 ③

어법·어휘편

[1단계]
[1] ①   [2] ②

[2단계]
[1] 시기   [2] 영문   [3] 구박

[3단계]
[1] 도리   [2] 값

1. 거중기는 무거운 것을 쉽게 들 수 있게 하는 기계입니다.

2. 거중기 덕분에 무거운 돌을 쉽게 옮기게 되었고, 10년 정도 걸릴 예정이었던 공사가 2년 7개월 만에 끝날 수 있었습니다. 따라서 시간이 오래 걸린다는 일꾼의 말은 알맞지 않습니다.

3. '일사천리'는 일이 거침없이 빠르게 진행된다는 뜻입니다. 반대말인 '늦다'와는 어울리지 않으므로, 일사천리가 되어 공사가 늦어졌다는 말은 올바르지 않습니다.

4. 양반들은 '제사'를 중요하게 생각했고 제사에 '과일'은 반드시 올려야 했기 때문에, 과일을 모두 가지고 있는 허생에게 비싸게라도 살 수밖에 없었습니다.

5. 허생에게 과일을 팔기 싫어하는 사람이 없었기 때문에 과일을 빠르게 모두 사 들일 수 있었습니다. 따라서 일이 술술 풀린다는 '일사천리'와 같은 의미로 볼 수 있습니다.

6. '일사천리'는 허생이 과일을 살 때처럼, 일이 막힘없이 빠르게 잘 풀릴 때 쓸 수 있는 표현입니다.

어법·어휘편 해설

[1단계]
[1] '당시'는 그때를 말합니다.
[2] '발명'은 연구하여 없던 것을 새로 만들어내는 것입니다.

[2단계]
[1] 어떤 일이 계속되는 때를 '시기'라고 합니다.
[2] 이유, 까닭, 영문은 모두 같은 말입니다.
[3] '구박'은 못 견디도록 괴롭히는 것을 말합니다.

[3단계]
[1] 여기서 '수'는 방법, 도리로 바꿔 말할 수 있습니다.
[2] 가격, 값은 같은 말입니다.

19회 본문 080쪽

1 선비 - 이렇게 작은 나무가 언제 자라 …
   스승 - 십 년 전에 심은 배나무에서 …
2 ②
3 수영에 O표
4 ②
5 대청소, 천 리 길, 한 걸음, 먼지
6 심

어법·어휘편

[1단계]
[1] 스승 - 선생님
[2] 과일 - 열매
[3] 미소 - 웃음

[2단계]
[1] ②   [2] ①

[3단계]
[1] 포기   [2] 마리   [3] 리

---

1. 스승이 배나무를 심고 있는 것을 보고 선비는 이 작은 나무가 언제 과일을 맺겠냐고 생각했습니다. 그러나 십 년 뒤 스승은 인사를 하러 온 선비에게 그 배나무에서 딴 배를 대접했습니다.

2. 천 리는 분명히 너무나 먼 길이지만, 포기하지 않고 첫 걸음을 떼기 시작하면 결국은 도착한다는 말씀입니다. 즉 '시작'이 중요하다는 것을 강조하고 있습니다.

3. 한 장씩이지만 꾸준히 책을 읽어서 마침내 두꺼운 책을 모두 읽은 수영이와 어울리는 속담입니다.

4. '티끌'은 작은 먼지이고, '태산'은 매우 높은 산입니다.

5. 속담을 '대청소'에 빗대어 설명하고 있는 문제입니다. '대청소'는 '천 리 길'처럼 끝이 보이지 않고 막막하게 느껴지지만, '먼지'를 닦는 것처럼 '한 걸음'부터 시작해 보면 어느새 모두 끝내게 됩니다.

6. 식물이나 생각을 자리 잡게 하는 것을 '심'는다고 합니다.

어법·어휘편 해설

[1단계]
'스승'과 '선생님'은 가르치는 사람, '과일'과 '열매'는 식물이 자라 생기는 것, '미소'와 '웃음'은 웃는 일을 가리키는 비슷한 말입니다.

[2단계]
'관리'는 [1] 책임지고 감독하는 행동을 말하기도 하고, [2] 공적인 일을 하는 사람을 말하기도 합니다.

[3단계]
단위에 관한 문제입니다. 배추는 '포기', 동물은 '마리'로 세며, '리'는 거리를 나타내는 단위 중 하나입니다.

20회 본문 084쪽

1 ㉰, ㉱, ㉯, ㉮
2 ④
3 유라
4 ①
5 O, X, X
6 ①

어법·어휘편

[1단계]
[1] 웬   [2] 왠

[2단계]
[1] 재빨리 - 잽싸게
[2] 한평생 - 일평생
[3] 한복판 - 한가운데

[3단계]
첫 번째 칸에 O표

---

1. 욕심쟁이는 돈을 잃어버리고 우는 아이를 발견하고(㉰), 아이 몰래 돈을 주워 주머니에 넣었습니다(㉱). 이후에는 선비가 잃어버린 물건을 몰래 챙길 생각에 돈을 잃어버린 줄도 모르고 개울을 샅샅이 살폈지만(㉯), 발견한 것은 결국 선비의 붓이었습니다(㉮).

2. 욕심쟁이는 선비가 잃어버린 것이 '돈이 가득 든 주머니'일 것이라고 생각해서 자신이 몰래 챙길 생각에 물에 젖어가며 한참 찾았지만, 아무런 쓸모가 없는 붓인데다 돈도 잃어버려 화가 난 것입니다. 애초에 선비를 도와줄 마음은 없었으므로 ④번은 알맞지 않습니다.

3. 욕심쟁이는 '되는 일이 없다며' 후회했을 뿐, 뉘우치거나 사과를 하지는 않았습니다.

4. '입을 닦다'는 아이의 돈을 몰래 챙긴 욕심쟁이처럼 '이익을 가로채고 모른 체하다'라는 뜻입니다.

5. 시치미는 고려 시대에 매의 날개가 아닌 꽁지 부분에 달았던 이름표입니다. 또한 '시치미를 떼는' 것은 자신의 것이 아닌 것을 알고도 짐짓 모른 척 하는 것으로, 일부러 훔치는 행동은 아닙니다.

6. '시치미를 떼다'와 '입을 닦다'는 모두 자신의 이익을 위해 모른 척하는 행동을 가리키는 말입니다.

어법·어휘편 해설

[1단계]
[1] '웬'은 '어찌된 일로'라는 의미로 생각하지 못했던 일이 일어났을 때 씁니다.
[2] '왠지'는 '왜인지'의 줄임말로 '왜 그런지 모르게'라는 의미입니다. '왠'은 따로 쓰지 않고 '왠지'로만 꼭 붙여서 사용합니다.

[2단계]
'재빨리'와 '잽싸게'는 동작이 빠른 모양, '한평생'과 '일평생'은 살아 있는 동안, '한복판'과 '한가운데'는 바로 가운데를 뜻하는 비슷한 말입니다.

[3단계]
'온'은 '전부' 혹은 '모두'를 의미합니다. 즉, 마을 사람들이 '모두' 모여들었다는 뜻입니다.

21회 본문 090쪽

1 ⑤
2 형 - ㉮ 동생 - ㉯
3 바다, 물고기, 조개, 농사, 동생
4 1, 2, 4, 3
5 규민에 O표

어법·어휘편

[1단계]
[1]에 O표

[2단계]
터

[3단계]
갯벌

22회 본문 094쪽

1 첫 번째 그림에 O표
2 ②
3 희진에 O표
4 힘
5 [1]에 O표

어법·어휘편

[1단계]
[1] ② [2] ①

[2단계]
[1] 활용 [2] 교환 [3] 문화

[3단계]
[1] 가족 [2] 조상

---

1. 이 이야기는 '백제'의 건국에 관한 이야기입니다. 형의 나라는 먹을 것이 부족하여, 결국 동생의 나라와 합치기로 하였습니다.

2. 형은 '바다'가 보이는 곳에 나라를 세운다고 했으므로 바다 근처에 있는 ㉮가, 동생은 산과 강이 있는 곳에 나라를 세운다고 했으므로 산과 강이 근처에 있는 ㉯가 적절합니다.

3. 이야기를 읽어보고 정리하는 문제입니다. 다섯 번째 문단을 잘 읽어보면 답을 쉽게 찾아 쓸 수 있습니다.

4. 글을 읽어보면 '수나라가 중국을 통일'하고, '오랜 준비 끝에 100만 명의 군대로 고구려를 침략'하고, '고구려의 끈질긴 저항에 연달아 패배'하고, '살수에서 크게 당하고 2천 명 남짓만이 남아 후퇴'한 순서대로 글이 전개되었음을 알 수 있습니다.

5. 수나라는 처음 시작은 대단했지만 끝은 초라하게 후퇴했기에 '용두사미'입니다. 따라서 규민이의 말이 적절합니다.

어법·어휘편 해설

[1단계]
'가지각색'은 '모양 등이 서로 다른 여러 가지'라는 뜻입니다. 따라서 '각양각색'이 가장 비슷한 뜻을 가진 낱말입니다.

[2단계]
'나라나 도시, 건물 등을 세울 좋은 땅을 고르다'라는 뜻을 가진 표현은 '터를 잡다'입니다.

[3단계]
문제에서 설명하고 있는 대상은 '갯벌'입니다. '갯벌'은 '밀물 때 물에 잠기고, 썰물 때 드러나는 바닷가의 진흙땅'입니다.

1. 글에 따르면 품앗이는 혼자 하기 힘든 일을 함께 도와서 하는 것입니다. 따라서 마을 사람들과 힘을 합쳐 모내기를 하는 첫 번째 그림이 가장 적절합니다.

2. 글에 따르면 우리 조상들은 다른 사람의 도움이 필요하면 서로 도움을 주고받았습니다.

3. '백지장도 맞들면 낫다'는 '함께 힘을 합치면 더욱 쉽게 할 수 있다'는 뜻입니다. 따라서 올바르게 사용한 친구는 희진입니다.

4. '백지장도 맞들면 낫다'라는 말처럼 보경이와 지수, 연주 등이 혜빈이와 '힘'을 합쳐서 청소가 빨리 끝날 수 있었습니다.

5. 혜빈이는 친구들이 힘을 합쳐 도와줬기 때문에 '고마움'을 느꼈을 것입니다.

어법·어휘편 해설

[1단계]
'널리'는 '지역적으로 넓게', '전통'은 '옛날부터 이어져 내려오는 것'이라는 뜻을 가지고 있습니다.

[2단계]
'활용'은 '살려서 잘 응용함', '교환'은 '서로 맞바꿈', '문화'는 '사람들의 생활양식'이라는 뜻을 가지고 있습니다.

[3단계]
'식구'는 '가족', '선조'는 '조상'과 뜻이 비슷한 낱말입니다. 참고로 이러한 낱말 관계를 유의어 관계라고 합니다.

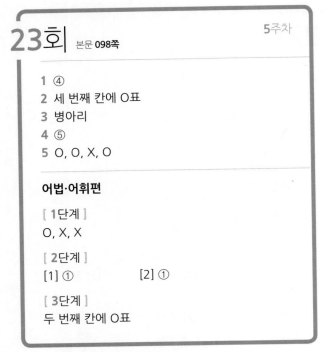

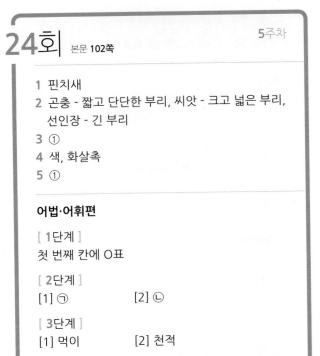

1. 부자는 농부와 부딪히는 바람에 병아리가 사라져버리자 농부 탓을 했습니다.

2. 농부는 부자에게 병아리를 키우는 데 쓰는 모이 값을 자신 덕분에 아끼게 되었으니 부자에게 모이 값을 달라고 하였습니다. 따라서 세 번째 글자자가 정답입니다.

3. 부자는 병아리 값으로 큰 닭을 살 수 있는 돈을 달라고 했습니다. 이처럼 터무니없이 비싼 값을 내야 할 때 '바가지를 쓰다'라는 표현을 사용합니다.

4. 동영상 제목인 '여행 가서 바가지 쓰지 않는 방법 7가지'를 통해 정답이 ⑤번임을 알 수 있습니다.

5. 작성자가 동영상을 올린 사람입니다. 제목을 보면 내용을 알 수 있습니다. 또한 오늘도 새로운 동영상을 만들어 왔다는 표현을 보면 이전에 동영상을 올린 적이 있다는 것을 알 수 있습니다.

어법·어휘편 해설

[1단계]
'모이'는 물고기나 새들에게, '마리'는 동물에게 사용하는 표현입니다. 돼지에게는 '모이'가 아닌 '먹이'나 '사료'가, 연필에는 '마리'가 아닌 '자루'가 올바른 표현입니다.

[2단계]
'서슴지 않다'는 '거리끼지 않다', '작성하다'는 '쓰다'와 바꿔 쓸 수 있습니다.

[3단계]
'줌'은 한 손에 쥘 만한 양을 세는 단위입니다.

1. 이 글은 '핀치새'의 부리 모양이 제각각인 까닭에 대해 설명하는 글입니다.

2. 두 번째 문단에 따르면 곤충을 주로 먹는 핀치새는 짧고 단단한 부리를 가지고 있고, 씨앗을 주로 먹는 핀치새는 크고 넓은 부리를 가지고 있으며, 선인장을 주로 먹는 핀치새는 긴 부리를 가지고 있습니다.

3. 이 글에 나오는 핀치새들이 가진 부리가 모두 제각각인 것처럼 여러 가지 사물들이 모두 차이가 있고 구별이 있을 때 '천차만별'이라는 표현을 씁니다.

4. 카멜레온은 주변의 사물과 비슷한 '색'으로 몸을 꾸며 천적의 눈을 피합니다. 독화살 개구리라는 이름은 원주민들이 이 개구리의 독을 화살촉에 발라 '독화살'로 사용한 것에서 유래가 되었습니다.

5. '천차만별'은 여러 가지 사물들이 모두 차이가 있고, 구별이 있을 때 쓰는 표현이므로 '다양합니다'라는 표현과 어울립니다.

어법·어휘편 해설

[1단계]
'제도'는 여러 섬을 뜻하므로 '군도'와 비슷한 뜻을 가진 낱말입니다.

[2단계]
기술의 진화는 점차 발달해 간다는 ㉠이, 인간의 진화는 적응하여 변화해 나간다는 ㉡이 어울리는 뜻입니다.

[3단계]
본문에 나오는 낱말로 빈칸을 채워보면 파리는 개구리의 '먹이'이고 뱀은 개구리의 '천적'입니다.

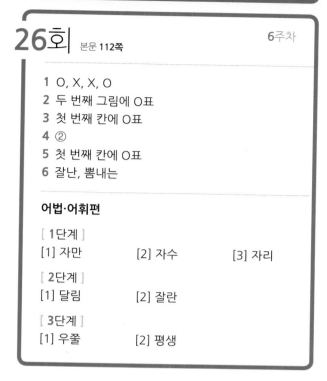

25회 본문 106쪽

1 ③
2 청년, 그늘, 안방, 친구
3 ⑤
4 ③
5 ③

어법·어휘편

[1단계]
[1] 골똘히　　　　[2] 화들짝

[2단계]
첫 번째 칸에 O표

[3단계]
③

26회 본문 112쪽

1 O, X, X, O
2 두 번째 그림에 O표
3 첫 번째 칸에 O표
4 ②
5 첫 번째 칸에 O표
6 잘난, 뽐내는

어법·어휘편

[1단계]
[1] 자만　　　[2] 자수　　　[3] 자리

[2단계]
[1] 달림　　　[2] 잘란

[3단계]
[1] 우쭐　　　[2] 평생

---

1. 청년은 영감에게 100냥이 아니라 10냥을 주고 그늘을 샀습니다. 100냥은 이야기 뒷부분에서 영감이 청년에게 준 돈입니다.

2. 영감은 조상님이 심으신 나무라고 속여 청년에게 그늘을 팔았습니다. 그러나 그늘이 길어져 청년이 친구들과 함께 영감의 안방을 침범하자, 영감은 어쩔 수 없이 판값의 10배를 돌려주고 되사야 했습니다.

3. 성용이는 꾀를 부렸지만 오히려 하기 싫은 숙제를 하게 되었으므로 ⑤번이 가장 적절합니다.

4. ③번에서 청년은 단호하게 말하는 것이 더 어울립니다.

5. 청년이 영감의 방으로 들어가기 위해서는 영감의 방이 그늘져야 합니다.

어법·어휘편 해설

[1단계]
'골똘히'는 '생각할 때', '화들짝'은 '놀랄 때' 쓰는 표현입니다.

[2단계]
'말문이 막히다'에 대한 설명에 따르면 '말문'은 우리가 하는 '말'에 열고 닫는 '문'이 합쳐진 말입니다. 따라서 '입을 연다'는 뜻입니다.

[3단계]
'제 꾀에 제가 넘어가다'에서 '넘어가다'는 '속임수에 빠지거나 마음을 뺏기다'라는 의미이므로 ③번이 가장 적절합니다.

---

1. 아테네가 노인으로 변신하여 아라크네를 찾아갔습니다. 또한 아테네가 아니라, 아라크네가 아테네의 저주 때문에 거미가 되었습니다.

2. 이 이야기와 어울리는 그림은 자수를 짜고 있는 모습이 나오는 그림으로, 벨라스케즈의 「실 잣는 사람들」이라는 작품입니다. 첫 번째 그림은 카라바조의 「나르키소스」로, 자신의 모습에 반한 나르키소스를 그린 작품입니다.

3. '콧대가 높다'는 말은 '잘난 체하고 뽐내는 태도'를 보이는 사람에게 쓰는 표현입니다. 따라서 첫 번째 글상자가 가장 어울립니다.

4. 진호는 친구들에게 수학 실력을 뽐내며 잘난 체해서 친구들과 멀어졌습니다.

5. 진호는 콧대 높게 행동했던 자신을 반성했습니다. 따라서 첫 번째 글상자가 가장 어울립니다.

6. '콧대가 높다'는 '잘난' 체하며 '뽐내는' 태도를 뜻합니다.

어법·어휘편 해설

[1단계]
'자수'는 '옷감, 헝겊 따위에 여러 가지 색실로 그림, 글자 등을 수놓는 일', '자만'은 '자신이나 자신과 관련 있는 것을 스스로 자랑하며 뽐냄', '자리'는 '사람이나 물체가 차지하고 있는 공간'을 뜻합니다.

[2단계]
'달님'는 [달님]으로, '잘난 체'는 [잘란 체]로 발음합니다.

[3단계]
'자꾸 뽐내며'는 '우쭐대며'로, '죽을 때까지'는 '평생'으로 바꿔 쓸 수 있습니다.

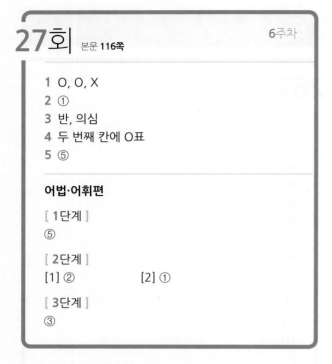

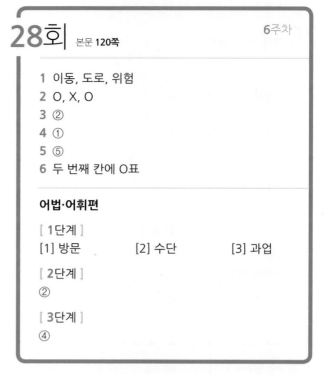

27회 본문 116쪽

1 O, O, X
2 ①
3 반, 의심
4 두 번째 칸에 O표
5 ⑤

어법·어휘편

[1단계]
⑤

[2단계]
[1] ②   [2] ①

[3단계]
③

---

1. 선덕여왕은 씨앗에서 향기 없는 모란꽃이 필 것이라고 생각했습니다.

2. 선덕여왕은 모란꽃 그림에 나비가 없었기 때문에 모란꽃에 향기가 없을 것이라고 말했습니다.

3. '반신반의'는 '반은 믿지만 반은 의심한다'는 뜻입니다. 신하들은 선덕여왕의 말을 듣고는 '반'은 믿으면서 반은 '의심'하며 뜰에 씨앗을 심었습니다.

4. 선덕여왕의 편지에 따르면 향기 없는 꽃은 신라의 임금을 의미합니다. 당나라 임금은 향기가 없는 꽃에는 나비가 따르지 않듯, 신라의 임금에게도 백성이 따르지 않을 것이라 생각하였습니다. 따라서 정답은 두 번째 글상자입니다.

5. 선덕여왕은 백성들이 자신을 따르지 않을 거라고 생각하는 당나라 임금의 생각에 반박하기 위해 편지를 보냈습니다.

어법·어휘편 해설

[1단계]
⑤번을 제외하고 나머지는 해당 신체 기관으로 할 수 있는 일을 연결한 것입니다. '손'과 '쉽다'는 그러한 관계가 아닙니다. 적절하게 고치려면 '들다', '만지다' 등이 되어야 합니다.

[2단계]
'다스리다'는 '나라에서 여러 일을 보살피거나 아랫사람을 이끌다', '거듭나다'는 '지금까지의 태도나 모습을 버리고 새롭게 바뀌다'의 뜻을 가지고 있습니다.

[3단계]
'신하'는 우두머리를 따르고 돕는 사람입니다.

28회 본문 120쪽

1 이동, 도로, 위험
2 O, X, O
3 ②
4 ①
5 ⑤
6 두 번째 칸에 O표

어법·어휘편

[1단계]
[1] 방문   [2] 수단   [3] 과업

[2단계]
②

[3단계]
④

---

1. 우리나라는 예로부터 산이 많았고, 걸어서 이동해야 했던 조상들이 산을 넘는 데는 많은 어려움이 있었습니다.

2. 글의 첫 번째 줄의 내용에 따르면 우리나라는 전체 땅의 70%가 산으로 이루어져 있습니다.

3. '산 넘어 산이다'는 어려운 것을 끝내니 또 어려운 것이 나왔다는 뜻입니다. 따라서 이 조건을 만족하는 보기는 ②번입니다.

4. '산 넘어 산이다'는 '일이 점점 더 어려워진다'는 의미를 가진 '갈수록 태산'이라는 표현과 비슷한 뜻을 갖고 있습니다.

5. '산 넘어 산이다'는 '힘든 일을 끝내니 더 힘든 일이 생긴다'는 뜻입니다. 헤라클레스가 괴물 멧돼지를 잡았더니 더러운 우리를 청소해야 하는 일이 생겼으므로 ⑤번이 적절합니다.

6. 헤라클레스는 '힘이 장사이기 때문에' 청소를 '혼자 힘으로' 할 수 있었습니다. 따라서 친구들의 도움을 받았다는 짐작은 정답이 될 수 없습니다.

어법·어휘편 해설

[1단계]
'방문'은 '찾아옴', '수단'은 '방법', '과업'은 '힘든 일'을 뜻합니다.

[2단계]
'유적'에서의 '적'은 도둑을 뜻하는 글자가 아니라 '자취'를 뜻하는 글자입니다.

[3단계]
'닦다'는 '바닥을 골라서 터나 길을 만들다', '때를 없애려고 문지르다', '학문이나 기술을 배우고 익히다' 등의 다양한 뜻을 가지고 있습니다.

1 첫 번째 그림에 O표
2 1, 3, 4, 2
3 당나귀
4 남자 - "왜 당나귀 등에 타지 않고 걷고 있소?"
  노인 - "아버지는 걷고 있는데 아들은 …"
  아주머니 - "쯧쯧, 아들만 불쌍하게 걷고 있구나."
5 ④
6 '타다'에 O표

어법·어휘편

[1단계]
[1] 웃다   [2] 후회하다
[2단계]
[1] 시장 - 장터   [2] 장대 - 긴 막대
[3] 마을 - 동네
[3단계]
[1] 운반   [2] 부자

1. 이야기 첫 부분을 읽어보면, '부자(아버지와 아들)'의 이야기임을 알 수 있습니다.

2. 처음엔 남자의 말을 듣고 '아들이 타고' 가다가, 노인의 말을 듣고 '아버지가 타고' 가다가, 아주머니의 말을 듣고 '함께 타고' 가다가, 젊은이의 말을 듣고 당나귀를 '메고' 갔습니다.

3. 이 이야기에 등장하는 동물은 당나귀뿐이며 [보기]의 설명 또한 당나귀에 대한 설명입니다.

4. 위의 2번 문제를 참고하여 해당 등장인물의 말을 정리해보면 됩니다.

5. '귀가 얇다'는 '남들이 하는 말을 너무 쉽게 믿고 행한다'는 뜻입니다. 따라서 ④번이 가장 적절합니다.

6. '타다'는 '무언가의 위에 올라타다', '불이 타오르다', '가루를 액체에 섞다' 등의 의미를 가지고 있습니다.

어법·어휘편 해설

[1단계]
'배꼽을 쥐고'는 크게 웃을 때 사용하는 표현이므로 '웃다'와, '땅을 치며'는 크게 후회할 때 사용하는 표현이므로 '후회하다'와 어울립니다.

[2단계]
'시장'은 '장터'와, '장대'는 '긴 막대'와, '마을'은 '동네'와 뜻이 비슷한 낱말입니다.

[3단계]
'운반'은 '옮겨 나르다', '부자'는 '아버지와 아들'의 뜻을 가지고 있습니다.

1 고구려, 활
2 ②
3 ④
4 천신만고
5 ⑤

어법·어휘편

[1단계]
[1] 목적   [2] 작별   [3] 손자
[2단계]
①
[3단계]
[1] 미리   [2] 뒤늦게   [3] 이유

1. 주몽은 어려서부터 '활'을 잘 쏘기로 유명했으며, '고구려'를 세웠습니다.

2. 주몽의 형제들은 주몽의 뛰어난 실력을 질투하여 해치려 하였습니다.

3. 주몽이 강에 대고 "나는 해모수의 아들이고 하백의 손자다!"라고 말하자 수많은 물고기와 거북이들이 주몽이 건널 수 있도록 다리를 만들어주었습니다.

4. '온갖 어려움'은 '천신만고'의 뜻입니다.

5. 낙엽은 겨울바람 덕에 햇볕이 있는 곳으로 올 수 있었지만, 그 사이 해가 져 버려 햇볕이 사라졌습니다.

어법·어휘편 해설

[1단계]
'목적'은 '무언가를 하는 까닭과 목표', '손자'는 '자신의 자식이 결혼을 해서 낳은 아이', '작별'은 '헤어짐'의 뜻을 갖고 있습니다.

[2단계]
'들다'는 '미치어 비치다', '몸에 배다', '힘을 주거나 가하여 올리다' 등의 뜻을 갖고 있습니다.

[3단계]
'먼저'는 '미리', '나중에'는 '뒤늦게', '까닭'은 '이유'와 비슷한 뜻을 갖고 있습니다.

31회 본문 134쪽

1 ②
2 ㉮, ㉰, ㉱, ㉯
3 나그네, 비단
4 ③
5 ④
6 ⑤

어법·어휘편

[1단계]
[1] 대가　　　　[2] 주위　　　　[3] 생떼

[2단계]
[1] ①　　　　[2] ②

[3단계]
[3]에 O표

32회 본문 138쪽

1 미운 아기 오리를 따돌렸다 - 아기 오리들, 고양이, 닭
　미운 아기 오리를 도와주었다 - 할머니, 백조
2 ③
3 없고, 빠져서
4 풀, 빳빳, 풀이 죽다
5 ②

어법·어휘편

[1단계]
[1] 따돌림　　　　[2] 마음씨

[2단계]
빳빳한 - 두 번째 그림, 흐물흐물 - 첫 번째 그림

[3단계]
[1] 끌이면X → 끓이면　　　　[2] 몇 일X → 며칠

---

1. 이 이야기에는 나그네의 효심에 대한 내용이 전혀 나오지 않습니다.

2. 이 이야기를 순서대로 정리해보면 나그네가 비단 장수에게 비를 함께 피할 수 있도록 부탁하고, 비단을 두고 갑자기 나그네가 비단 장수와 말다툼을 벌인 후, 원님의 판결로 비단을 반만 돌려받게 된 비단 장수가 울상이 되었다가, 지혜로운 원님 덕분에 나그네는 원님에게 혼쭐이 나고 비단 장수는 비단을 돌려받게 됩니다.

3. '물에 빠진 놈'은 속담에서 어려움에 처한 사람이므로, '나그네'에 해당하고, 나그네가 요구한 '보따리'는 '비단'에 해당합니다.

4. 비단 장수는 나그네가 자신에게 도움을 받고서도 뻔뻔하게 비단을 자신의 것이라고 우기자 '물에 빠진 놈 건져 놓으니 보따리 내놓으라 한다'고 말했습니다.

5. 옆 반 친구는 체육복을 받는 도움을 받았음에도 운동화까지 내놓으라고 도리어 화를 내고 있습니다.

6. 원님은 엉뚱한 판결을 통해 두 사람의 반응을 살펴 진짜 주인을 찾아내고자 하였던 것입니다.

어법·어휘편 해설

[1단계]
'대가'는 '무언가를 통해 얻게 되는 결과', '주위'는 '주변', '생떼'는 '억지'를 뜻합니다.

[2단계]
'오히려'는 '도리어', '깊이'는 '곰곰이'로 바꿔 쓸 수 있습니다.

[3단계]
'울상'에서 '상'은 얼굴 모양을 뜻하므로 '죽을상'에서의 '상'과 같은 의미입니다.

---

1. 이 이야기에서 아기 오리들, 고양이, 닭은 미운 아기오리를 따돌렸고, 할머니와 백조들은 미운 아기오리가 혼자 외롭지 않게 도와주었습니다.

2. 아기 오리들은 색깔이 다르다고 새끼 백조를 따돌렸습니다. 하지만 겉모습이 다르다고 해서 따돌리는 것은 옳지 않은 행동입니다. 누군가와의 관계에 있어서 훨씬 중요한 건 겉모습이 아니라 속마음이기 때문입니다.

3. '풀이 죽다'는 따돌림 당하던 미운 아기 오리처럼 기운이 '없고', 몸에 힘이 '빠져서' 걸어 다니는 모습을 말할 때 사용합니다.

4. 글에 따르면 옛날에는 빨래를 할 때, 쌀이나 밀가루를 끓이면 나오는 끈끈한 물질인 '풀'을 옷에 스며들게 만들었습니다. 그리고 옷이 마르면서 '빳빳'해지면서 광택이 나게 됩니다. 그러다가 시간이 지나면 옷이 흐물흐물해지게 됩니다. 이 때, 옷이 흐물흐물해진 모습이 축 처진 사람의 모습과 닮아서 '풀이 죽다'라는 표현이 생겼습니다.

5. 동현이는 꾸중을 들었기 때문에 축 처진 상태로 걷고 있을 것이므로 동현이가 '풀이 죽다'의 모습과 가장 어울립니다. '터덜터덜'은 힘없이 걷는 소리나 모양을 나타내므로 '풀이 죽다'라는 표현과 어울리는 표현입니다.

어법·어휘편 해설

[1단계]
'따돌림'은 '주위 친구들에게 외면과 놀림을 당함', '마음씨'는 '마음을 쓰는 씀씀이'를 뜻합니다. '따돌림'은 옳지 않은 행동이니 절대 해서는 안 됩니다.

[2단계]
'빳빳한'은 옷이 말라서 쫙 펴진 모습과, '흐물흐물한'은 옷이 축 처져서 펄럭이는 모습과 어울립니다.

[3단계]
'끌이면'은 '끓이면', '몇 일'은 '며칠'로 바꿔 써야 합니다. 우리말에 '몇 일'이라는 낱말은 없습니다.

33회 본문 142쪽

1 [1] 물　　　　　[2] 독수리 떼
2 ④
3 세 번째 칸에 O표
4 ⑤
5 첫 번째 칸에 O표
6 ③

어법·어휘편

[1단계]
[1] 발견 - 미처 알거나 보지 못했던 것을 찾아냄
[2] 양보 - 남을 위해 자신의 이익을 포기함
[3] 초원 - 풀이 난 들판

[2단계]
[1] 모두　　　　[2] 우두머리

[3단계]
[1] 때　　[2] 때　　[3] 떼　　[4] 떼

1. 이 이야기에서는 샘의 '물' 때문에 염소와 사슴들이 싸우게 되었고, '독수리 떼' 때문에 싸움을 멈추게 되었습니다.

2. '만장일치'는 '모여 있는 모두의 뜻이 하나로 같음'이라는 뜻입니다.

3. 이 글에서 염소와 사슴 무리는 둘이 싸우다 독수리의 먹이가 될 바에는 싸우지 말고 서로 나눠 먹자고 만장일치로 결정했습니다.

4. 이 글에 따르면 〈기생충〉의 황금종려상이 더 의미 있는 까닭은 한국 영화가 황금종려상을 오랜만에 수상한 것이 아닌, 첫 수상이고 심사위원들의 만장일치로 받은 상이기 때문입니다.

5. 이 글의 내용상 '수상'은 '상을 받음'이라는 뜻을 가진 것이 적절합니다. '수상'이 '물 위'라는 표현으로 사용되는 경우는 '수상 스키' 등이 있습니다.

6. '만장일치'는 '모여 있는 모두의 뜻이 하나로 같다'의 뜻이므로 '심사위원 모두가 〈기생충〉에 황금종려상을 주는 것에 동의'했다는 ③번이 가장 적절합니다.

어법·어휘편 해설

[1단계]
'발견'은 '미처 알거나 보지 못했던 것을 찾아냄', '양보'는 '남을 위해 자신의 이익을 포기함', '초원'은 '풀이 난 들판'의 뜻을 갖고 있습니다.

[2단계]
'전부'는 '모두'와, '대장'은 '우두머리'와 바꿔 쓸 수 있는 낱말입니다.

[3단계]
'때'는 '시기', '몸에서 나오는 각질' 등의 뜻을, '떼'는 '무언가의 무리들', '고집' 등의 뜻을 가지고 있습니다.

34회 본문 146쪽

1 함정
2 첫 번째 칸에 O표
3 어디로 가야 할지 몰라 이리저리 돌아다니다
4 간언
5 사간원

어법·어휘편

[1단계]
[1] 불안　　　　[2] 무시　　　　[3] 발견

[2단계]
[1] 임금은 백성을 - 다스린다.
[2] 신하는 임금을 - 섬긴다.

[3단계]
①

1. 아내 꿩은 콩이 사냥꾼의 '함정'처럼 보여 남편 꿩에게 콩을 먹지 말라고 말렸습니다.

2. '입에 쓴 약이 몸에 좋다'는 '자기에 대한 충고나 비판이 당장은 듣기에 좋지 아니하지만 언젠가 자신에게 큰 도움이 된다'는 뜻입니다.

3. '헤매다'는 '어디로 가야 할지 몰라 이리저리 돌아다니다'라는 뜻입니다.

4. 신하들이 임금님에게 하는 '쓴소리'를 '간언'이라고 하며, 이러한 '간언'이 임금님에게 '입에 쓴 약'이었습니다.

5. 조선시대에 임금님이 옳지 못하거나 잘못된 일을 고치도록 간언을 맡아 했던 곳은 '사간원'입니다.

어법·어휘편 해설

[1단계]
'불안'은 '마음이 편치 않은 것', '무시'는 '어떤 것을 하찮게 여기는 것', '발견'은 '어떤 것을 알아내거나 찾아내는 것'입니다.

[2단계]
임금은 백성을 '다스리고', 신하는 임금을 '섬기는' 역할을 합니다.

[3단계]
'머지않아'는 '곧'과 비슷한 뜻을 가진 표현입니다.

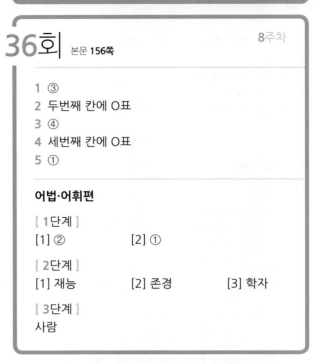

35회 | 본문 150쪽

1 ②
2 삼베옷, 왕
3 두 번째 칸에 O표
4 봉황
5 ⑤

어법·어휘편

[1단계]
[1] 가망 - 가능성 있는 희망
[2] 굴욕 - 업신여김을 당함
[3] 속죄 - 죄를 뉘우침

[2단계]
세 번째 칸에 O표

[3단계]
[3]에 O표

1. 이야기에 따르면 마의 태자는 나중에 왕이 되지 않고 금강산에 들어가 살았습니다.

2. 마의 태자는 신라가 고려에 항복한 후부터 평생 '삼베옷'을 입으며 살았기에 '삼베옷'이라는 의미인 '마의', 원래 신라의 '왕'이 될 사람이었기 때문에 '태자'라는 호칭이 붙었습니다.

3. 신하들은 마의 태자가 부귀영화를 마다하고 산으로 들어가 죄를 뉘우치며 살겠다고 고집을 부려서 혀를 내둘렀습니다.

4. 글의 마지막 부분에 따르면 봉이 김선달의 '봉이'는 '봉황'에서 유래했다는 사실을 알 수 있습니다.

5. 사람들은 김선달의 상상 이상의 꾀에 놀랐기 때문에 '혀를 내둘렀다'가 알맞은 답입니다.

어법·어휘편 해설

[1단계]
'가망'은 '가능성 있는 희망', '굴욕'은 '업신여김을 당함', '속죄'는 '죄를 뉘우침'의 뜻을 가지고 있습니다.

[2단계]
한국을 잠깐 여행하는 사람의 국적은 일본입니다.

[3단계]
'받아들이다'는 '동의, 허락' 등의 의미로, '마다하다, 거부하다'와 반대의 뜻을 가지고 있습니다.

36회 | 본문 156쪽

1 ③
2 두번째 칸에 O표
3 ④
4 세번째 칸에 O표
5 ①

어법·어휘편

[1단계]
[1] ②   [2] ①

[2단계]
[1] 재능   [2] 존경   [3] 학자

[3단계]
사람

1. 세종대왕은 우리글이 없이 살아가는 백성들을 안타까워했습니다. 중국의 한자가 한글보다 더 뛰어나다고 생각했다는 내용은 본문에서 찾을 수 없습니다.

2. [보기]는 '편경'에 대한 설명으로, '편경'은 악기이므로 '음악적 재능'과 관련이 있습니다.

3. 세종대왕은 정치, 음악, 언어 등 많은 분야에서 뛰어났기 때문에 글에서 '다재다능'하다고 표현되었습니다.

4. 이 글에 따르면 파스칼은 물리학, 신학, 발명 등에도 조예가 깊은 다재다능한 수학자였습니다. 계산기를 처음 발명하기도 했으며, <팡세>라는 대표작을 남겼습니다.

5. '다재다능'은 말 그대로 '재능이 많다'는 뜻입니다.

어법·어휘편 해설

[1단계]
'미세한'은 '아주 작은', '방면'은 '분야'로 바꿔 쓸 수 있습니다.

[2단계]
'재능'은 '무언가를 잘하는 능력', '존경'은 '우러러 봄', '학자'는 '어떤 분야를 공부하는 사람'의 뜻을 가지고 있습니다.

[3단계]
'자(者)'는 '사람'을 뜻하는 한자입니다.

1 ②
2 ㉠, ㉡, ㉢, ㉣
3 지은에 O표
4 ①
5 ③
6 동주에 O표

어법·어휘편

[1단계]
[1] 초식 - 풀을 먹음
[2] 육식 - 고기를 먹음

[2단계]
[1] 탄생   [2] 인류   [3] 멸종

[3단계]
[1] 공뇽X → 공룡 [2] 온석X → 운석

1. 설명문은 '어떤 지식이나 정보를 알리는 글'이기 때문에 ②번이 가장 적절합니다.

2. 이 글은 '공룡의 등장 시기'인 2억 3천만 년 전, '식성에 의한 공룡의 분류'인 초식공룡과 육식공룡, '공룡의 개체 수가 증가한 원인', '공룡이 멸종된 원인'의 순서로 전개되고 있습니다.

3. 초식공룡은 육식공룡보다 먼저 자취를 감췄습니다.

4. '마른하늘에 날벼락'은 지구에 운석이 부딪힌 것처럼 '뜻밖에 당하게 되는 안 좋은 일'이라는 뜻입니다.

5. 제우스 신은 거북이가 자신의 초대를 무시해서 매우 화가 났습니다.

6. 거북은 제우스 신에게 등딱지를 받는 예상치 못한 벌을 받았기에 '마른하늘에 날벼락'이라고 말했습니다.

어법·어휘편 해설

[1단계]
'초식동물'에서 '초식'은 '풀을 먹음', '육식동물'에서 '육식'은 '고기를 먹음'의 의미입니다.

[2단계]
'탄생'은 '태어남', '인류'는 '사람', '멸종'은 '사라짐'의 뜻입니다.

[3단계]
'공뇽'은 '공룡'으로, '온석'은 '운석'으로 고쳐 써야 합니다.

1 첫 번째, 세 번째 그림에 O표
2 하루 종일, 계획, 바쁜
3 ③
4 상욱
5 ⑤
6 토끼, 시계

어법·어휘편

[1단계]
[1] 조수 - 어떤 사람 밑에서 배우면서 그 일을 …
[2] 설계 - 무언가를 만들기 위해 계획을 세우는 일
[3] 해부 - 생물체의 일부를 갈라 헤쳐 …

[2단계]
[1] ②   [2] ①

[3단계]
[1] 끝   [2] 셀

1. 「인체비례도」는 본문에서 레오나르도 다빈치가 그린 '또 다른 그림'으로 등장했고, 「최후의 만찬」과 「모나리자」도 소개되어 있습니다. 천지창조는 미켈란젤로의 작품이며, 본문에 나오지 않았습니다.

2. 화가 레오나르도 다빈치는 '하루 종일' 쉬지 않고 여러 '계획'이 많은 '바쁜' 모습을 보였습니다.

3. '눈코 뜰 사이 없다'는 '정신을 못 차릴 만큼 매우 바쁘다'는 뜻입니다.

4. 상욱이는 계획이 빠듯하여 매우 바쁜 상황이므로 '눈코 뜰 사이 없다'와 어울립니다.

5. '눈코 뜰 사이 없이 바쁘다'는 '무척' 바쁘다와 바꿔 쓸 수 있습니다.

6. 엘리스는 동물인 '토끼'가 말을 하고 '시계'까지 보자 깜짝 놀랐습니다.

어법·어휘편 해설

[1단계]
'조수'는 '어떤 사람 밑에서 배우면서 그 일을 도와주는 사람', '설계'는 '무언가를 만들기 위해 계획을 세우는 일', '해부'는 '생물체의 일부를 갈라 헤쳐 그 내부를 자세히 조사하는 일'이라는 뜻을 가지고 있습니다.

[2단계]
'내내'는 '온종일', '바쁘게'는 '분주하게'와 비슷한 뜻을 가진 말입니다.

[3단계]
'꽃'은 '끝'으로, '샐'은 '셀'로 고쳐 써야 합니다.

39호 본문 168쪽

1 에베레스트
2 1953, 1977
3 일곱 칠 - 일곱 번, 넘어질 전 - 넘어져도,
  여덟 팔 - 여덟 번, 일어날 기 - 일어난다.
4 ㉠, ㉡, ㉢, ㉣
5 우인에 ○표

어법·어휘편

[1단계]
○, X, ○, ○

[2단계]
수색, 인류, 등산가

[3단계]
1200

---

1. 이 글은 첫부분에서부터 알 수 있듯 '에베레스트' 산 등반의 역사에 관한 이야기입니다.

2. 글의 세 번째 문단과 네 번째 문단을 통해 각각 1953년, 1977년임을 알 수 있습니다.

3. '칠전팔기'는 '일곱 번 넘어져도 여덟 번 일어난다'는 뜻입니다.

4. 이야기를 읽어보면 '일곱 번' '거미줄을 치우는' 부분은 각각 일곱 번 넘어지는 부분과, '여덟 번'째로 '집을 짓는' 부분은 각각 여덟 번 일어나는 부분과 관련이 있습니다.

5. 거미는 포기하지 않고 계속 노력했으므로 우인의 반응이 적절합니다.

어법·어휘편 해설

[1단계]
[2]는 '드디어'보다는 '결국'이 어울립니다.

[2단계]
'산을 오르는 사람'은 '등산가', '구석구석 뒤져 찾음'은 '수색', '세계의 모든 사람'은 '인류'입니다.

[3단계]
'해발고도'는 바다 바로 위에서부터 잰 높이이므로 바다 바로 위에서 재고 있는 1200m가 정답입니다.

40호 본문 172쪽

1 ⑤
2 첫 번째 칸에 ○표
3 [1] 박문수   [2] 여인
4 흙덩이
5 첫 번째 칸에 ○표

어법·어휘편

[1단계]
'입은 옷'에 ○표

[2단계]
[1] 소문난 - 유명한
[2] 잠자코 - 가만히

[3단계]
[1] 죄책감   [2] 잔뜩

---

1. 박문수는 몽둥이를 든 사람들에게 여인이 숨은 곳을 알려주지 않았습니다.

2. 소년은 '만약 눈이 보이지 않는 척을 했다면 여인이 눈앞을 지나가도 볼 수 없을 것이기에' 여인도 구하고 얻어맞지도 않았을 것이라고 생각했습니다.

3. '원숭이'는 원래 재주가 많았지만 실수를 한 '박문수', '나무에서 떨어진다'는 그러한 실수의 내용인 '잘못된 판단으로 여인을 구해내지 못한 일'과 연결됩니다.

4. 안회는 솥의 뚜껑을 열자 천장에서 흙덩이가 밥으로 떨어졌기 때문에 스승에게 차마 드릴 수 없어서 자신이 밥을 먹어치웠습니다.

5. '원숭이도 나무에서 떨어질 때가 있다'는 속담은 지혜로운 사람도 실수할 때가 있다는 말이므로, 세훈만 제대로 적용하였습니다.

어법·어휘편 해설

[1단계]
'차림'은 '입은 옷'과 관련이 있습니다.

[2단계]
'소문난'은 '유명한', '잠자코'는 '가만히'와 비슷한 뜻을 가진 낱말입니다.

[3단계]
'죄책감'은 '죄책감'으로, '잔득'은 '잔뜩'으로 고쳐 써야 합니다.

8주차 주말부록 정답
본문 176쪽

② 발명 / 발명

스스로 붙임딱지 활용법

공부를 마치면 아래 보기를 참고해 알맞는 붙임딱지를 '학습결과 점검표'에 붙이세요. ※붙임딱지는 마지막 장에 있습니다.

다 풀고 나서 스스로 대단하다는 생각이 들었을 때	**열심히 풀었지만 어려운 문제가 있었을 때**	**오늘 읽은 글이 재미있었을 때**	**스스로 공부를 시작하고 끝까지 마쳤을 때**
• 정답 수 : 3개 이상 • 걸린 시간 : 10분 이하	• 정답 수 : 2개 이하 • 걸린 시간 : 20분 이상	• 내용이 어려웠지만 점수와 상관없이 학생이 재미있게 학습했다면	• 학생이 스스로 먼저 오늘 할 공부를 시작하고 끝까지 했다면

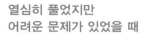

독해력 나무 기르기 붙임딱지 활용법

공부를 마치면 아래 설명을 참고해 알맞는 붙임딱지를 '독해력 나무 기르기'에 붙이세요. 나무를 완성해 가면서 끝까지 공부를 했다는 성취감을 느껴 보세요.
※독해력 나무 기르기는 뒤쪽에 있습니다.

❶ 그날 학습을 마쳤을 때, 학습을 한 회차 칸에 어울리는 붙임딱지를 자유롭게 붙이세요.

❷ 첫째~셋째 줄까지는 뿌리 부분(1~20일차)에 붙이는 붙임딱지입니다. 뿌리 모양 붙임딱지는 뿌리 끝의 모양에 맞춰서 붙여 보세요.

❸ 넷째~일곱째 줄까지는 나무 부분(21~40일차)에 붙이는 붙임딱지입니다.

2025 The 5th Mothertongue Scholarship for TOP Elementary School Students

2025 마더텅 제5기 초등학교 성적 우수 장학생 모집

2025년 저희 교재로 열심히 공부해 주신 분들께 장학금을 드립니다!

대상 **30만 원** / 금상 **10만 원** / 은상 **3만 원**

지원 자격 및 장학금 초1 ~ 초6

지원 과목 국어 / 영어 / 한자 중 1과목 이상 지원 가능 ※여러 과목 지원 시 가산점이 부여됩니다.

성적 기준
아래 2가지 항목 중 1개 이상의 조건에 해당하면 지원 가능
① 2024년 2학기 혹은 2025년 1학기 초등학교 생활통지표 등 학교에서 배부한 학업성취도를 확인할 수 있는 서류
② 2024년 7월~2025년 6월 시행 초등학생 대상 국어/영어/한자 해당 인증시험 성적표
책과함께 KBS한국어능력시험, J-ToKL, 전국영어학력경시대회, G-TELP Jr., TOEFL Jr., TOEIC Bridge, TOSEL, 한자능력검정시험(한국어문회, 대한검정회, 한자교육진흥회 주관)

위 조건에 해당한다면 마더텅 초등 교재로 공부하면서 느낀 점과 공부 방법, 학업 성취, 성적 변화 등에 관한 자신만의 수기를 작성해서 마더텅으로 보내 주세요. 우수한 글을 보내 주신 분들께 수기 공모 장학금을 드립니다!

응모 대상 마더텅 초등 교재들로 공부한 초1~초6

뿌리깊은 초등국어 독해력, 뿌리깊은 초등국어 독해력 어휘편, 뿌리깊은 초등국어 독해력 한국사, 뿌리깊은 초등국어 한자, 초등영문법 3800제, 초등영문법 777, 초등교과서 영단어 2400, 초등영어 받아쓰기·듣기 10회 모의고사, 비주얼파닉스 Visual Phonics, 중학영문법 3800제 스타터 및 기타 마더텅 초등 교재 중 1권 이상으로 신청 가능

응모 방법

① 마더텅 홈페이지 이벤트 게시판에 접속
② [2025 마더텅 초등학교 장학생 선발] 클릭 후 [2025 마더텅 초등학교 장학생 지원서 양식]을 다운
③ [2025 마더텅 초등학교 장학생 지원서 양식] 작성 후 메일(mothert.marketing@gmail.com)로 발송

접수 기한 2025년 7월 31일　　수상자 발표일 2025년 8월 12일　　장학금 수여일 2025년 9월 10일

뿌리깊은 초등국어 독해력 나무 기르기

＊하루 공부를 마칠 때마다 붙임딱지를 붙여서 독해력 나무를 길러보세요!

| 이름 | | 공부 시작한 날 | 년 월 일 | 공부 끝난 날 | 년 월 일 |

● 가장 좋았던 글은 무엇이었나요? 제목

이유

독해력 나무 기르기 완성하고, 선물 받으세요!

 책을 다 풀고, SNS 또는 커뮤니티에 완성한 독해력 나무 사진을 업로드

 좌측 QR코드를 스캔하여 작성한 게시물의 URL 인증

참여자 전원 증정!
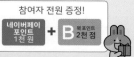 네이버페이 포인트 1천 원 ＋ B 북포인트 2천 점